U0002051

SCARCITY BRAIN

打破「匱乏循環」，在數位浪潮中奪回生活主導權

FIX YOUR CRAVING MINDSET AND REWIRE YOUR HABITS TO THRIVE WITH ENOUGH

大腦不滿足

by
MICHAEL EASTER

麥可・伊斯特／著
林慈敏／譯

方舟文化

當然是——
獻給 莉亞

推薦序

匱乏大腦的使用說明書

《Sherry's Notes 雪力的心理學筆記》YT頻道主持人

雪力（夏瑄澧）

以前的我曾經認為，雖然外在環境沒有辦法控制，但是我們的身心一定是自己可以控制的。然而，在生活的許多小細節中，我卻時常發現無法完全掌控自己的行為。例如，明明覺得應該要運動，最後時間卻在滑手機中默默地流逝；明明知道不應該吃宵夜，怎麼還是發現自己常常站在冰箱前「打獵」……。每一次管不住自己，隨之而來的就是羞愧與自責，越是這樣，就越是對自己的自律能力沒有信心。

為什麼我們會這樣？是不是我們不夠了解自己與生俱來的生理與心理機制，才讓我們做出那些自己也認為不合理的行為？近年來我開始研究，就發現，我們人跟一支手機一樣，看似簡單，實則複雜，原以為所有功能應該都是不言自明的，但其實有些隱藏的機制，如果沒有去閱讀使用說明書，可能根本就不會知道還有這些運作方式。麥可・伊斯特（Michael Easter）的這本書，讓我們可以窺探在人類進化的過程中，原先協助我們生存的「匱乏的大腦」（Scarcity Brain），由於外在環境的變化，反而變得對我們有害。如果不了解這個問題，我們在現在這個社會，很難贏過那些在進化過程中就一直存在的機制。

現在我們一直在探討如何與ＡＩ競爭，我倒認為當務之急是我們先要理解自己天生的配備，我們自己的使用說明書，因為很多生存機制，早已經與我們現今的社會格格不入。例如「無聊」其實是一種提醒我們的不舒適，是給我們警訊，讓我們知道自己現在正在做的事投入的時間回報已經消磨殆盡，是時候要找其他的東西了。但是現在的社會資訊太過發達，古老的機制作用有限，我們可能因此就陷入網路中的循環，永遠走不出來。

我們無法阻止世界的發展，但是我們需要看到自己天生的機制與這種發展之間所產生的衝突，並且理解自己，帶著愛來看自己的人生，看見那些因為「匱乏的大腦」所面臨的問題，有意識地透過書中的一些策略，協助自己脫離這個永無止境的循環。

推薦序

大腦不滿足的根源和解方

心理學作家／愛智者書窩版主 **鐘穎**

一句話談完這本書的重點：人們為何不滿足？

作者的答案是演化過程中，大腦「完美的」匱乏循環。之所以說它完美，是因為匱乏循環只需要小小的提示就會被激起，然後快速反應，一再重複，直到我們成癮。

我們成癮的對象已不再限於食物。食物的取得對人類的祖先曾經性命攸關，但匱乏循環並未因為我們過多的熱量攝取而停歇，除了食物外，現代人也對購買（擁有更多物品）、資訊、關注等成癮。

它背後反映的並不真的是我們有欠缺，東西或資訊不夠用，而是我們本能地在追逐更多，否則我們就覺得低落，覺得比不上其他人，覺得自己不幸福。

在幸福的心理學研究中，有一個被稱為「幸福水車」的名詞，它指出人對幸福的渴求猶如空踩水車，永不停歇。原因正在於人總會向上比較、永不知足。所以富豪經常感到自己貧窮，原因是他的比較基礎不是一般人，而是富豪圈的同溫層。

然而，卻是這本書發現了人向上比較的原因，這個原因就是被作者解構為「機會、無法預測的獎賞、快速重複性」的匱乏循環三要素。

早在匱乏循環被發現之前，行為心理學家就已經注意到，動物實驗中的小老鼠對「變動時距增強」及「變動比例增強」特別容易著迷。一旦加以混用，就可以達到「吃角子老虎機」的成癮現象。

果然，這樣的原理至今已經被大幅運用在賭場以及所有數位商品上，包含手機遊戲以及社群媒體。舉後者為例，他們當然知道你在追求觸及，但他們不會平白無故給你，或者根據某種公平的原則來滿足你的預期。這是許多自稱「社群媒體觀察者」的誤解。

正是要破壞你的預期，讓你時而得到激勵，時而感到失望，你才會成癮，不會移情別戀轉戰其他媒體。這就是網路公司的詭計，他們雇用了一群精通行為科學的專家。

解方是什麼？解方是機會消失、獎賞不再流入、重複速度減慢。跟你以為的相反，其實成癮的治療並不困難，只要你離開有害的環境。在越戰中毒品成癮的軍人返國後幾乎全部康復，原因就在環境的轉換。那些戰後未能戒毒的人，基本上在入伍前就有使用毒品的習慣。

當然，手機或網路成癮的自癒之路更困難，因為網路已經覆蓋了全球，你必須從日常生活中找出方法終止不健康的匱乏循環，甚至讓自己對健康的事物養成匱乏循環的習慣。這是一個值得關注的領域，不論是從健康還是幸福的角度來說都是如此。

國際讚譽

你是否有過度消費的渴望？這些行為是否與你的人生目標背道而馳？本書解開了其中的奧祕，讓你意識到陷阱，並珍惜你擁有的事物，而非大腦認為它需要的事物。伊斯特將幫助你了解阻礙幸福渴望的古老根源，來分辨短期舒適與長期有意義的成長兩者間的不同。今天就拿起這本書，避開陷阱，開始生活！

——**傑克・卡爾**（Jack Carr），前海豹部隊成員、狙擊手，《詹姆斯・里斯的終極名單》系列（*James Reece Terminal List series*）作者

伊斯特揭露了，如果我們知道自己多容易受到匱乏心態的驅使，就能更了解並克服面對行為改變的挑戰。透過有科學根據的深刻洞見、個人故事、實用的指導與可理解的方法，本書適合有興趣踏上自我發現與賦權之旅的人，活出更健康、更滿意、更有所發揮的人生。

——**茱麗葉・史達雷**（Juliet Starrett）、**凱利・史達雷**（Kelly Starrett），紐約時報暢銷書《為活動而生》（*Built to Move*）作者

伊斯特說明了人類如何天生就具有追求更多的傾向，即使尋求獎賞的行為與幸福相悖。他勇於展現脆弱地描述個人經驗，配上最新研究與當前發生的事件，迫使你檢視自己的人生與模式。將這本引人入勝的讀物視為保持好奇心的指令，比起羞愧或批判，是一種更有效、能帶來意義、正面、持久改變的工具。

——**莉茲・普洛賽爾**（Liz Plosser），《女性健康》（*Women's Health*）雜誌主編

伊斯特的天賦是提供數據資料，支持我們直覺相信的事物。他的研究成果啟發了許多人去改善他們的生活。

——**彼得・阿提亞醫師**（Peter Attia），《活得更長》（*Outlive*）作者

本書是寫給渴望打破不斷瀏覽負面訊息、持續渴望與不斷追求更多（更多確定性、更多糖、更多錢、更多物品）的人。本書揭露了大腦癖好背後的生理與演化基礎，讓你能停止尋求，開始生活。

——**梅麗莎・厄本**（Melissa Urban），Whole30 執行長暨《界限之書》（*The Book of Boundaries*）作者

不同於任何你讀過的談論習慣的書，它將深植於你的腦海中，並在未來的歲月中改善你的生活。

——**理查・多門特**（Richard Dorment），《男性健康》（*Men's Health*）主編

Contents

前言

匱乏的大腦

我在伊拉克的中間人庫泰巴・埃爾比德（Qutaiba Erbeed）是我見過最會胡說八道的人。他就是這樣花言巧語地把我們騙到巴格達郊外一座防禦堅固的警察大樓。

我們坐在一間臨時接待室裡的硬木板凳上，背後的牆上貼滿了恐怖份子與販毒首腦的照片，每張照片裡都站著一個被銬上手銬的男人，他的前方展示著被沒收的武器與化學化合物。一大袋一大袋的藥丸、一塊塊的毒粉磚、AK—四七步槍、土製炸彈、火箭推進榴彈發射器。用阿拉伯文寫的照片說明列出了人名、地點與查獲物品。

一部閉路電視掛在角落，正播放著拘留所裡的即時影像。一間戒備森嚴的牢房容納了該地區警方最想緝拿與最危險的八個人。

我們正在等待與巴格達的緝毒局局長穆罕默德・阿布杜拉（Mohammed Abdullah）會談。埃爾比德用一份詳細的「預定行程表」引誘我到伊拉克，上面寫著他會安排各種重要的會晤，其中之一便是在阿布杜拉的精銳部隊去突襲毒品與恐怖份子據點時隨同前往。

但是，到伊拉克四天之後，什麼事都沒發生。我抵達並付錢給埃爾比德後，他才承認：「預定行程……只是……**提案**，沒錯，是個**提案**。」

不過，此時看來，埃爾比德或許已說服巴格達的最佳部隊讓這次隨同前往得以成真。「他們說沒問題，但我們必須穿上防彈背心。」埃爾比德洋洋得意地說道，「我們現在只要等候最後的回覆。」

我們坐在那裡時，身著便衣、留著厚厚的鬍鬚，牛仔褲的腰帶上掛著手槍的伊拉克緝毒警探，像郊狼一樣從辦公室裡出現，全都想嗅出這個高瘦的美國人為什麼坐在接待室裡。他們繞著我轉，但沒有與我交談，相反地，他們全都在聊天、不斷抽菸，並斜眼看我。

終於有個人從辦公室裡走出來，靠近我們。他開口說：「隨同前往？」他說道。「誰跟你們說可以的？不，不可能，太危險了。」

「有多危險？」我問。

「上星期我就被人開槍射擊三次。」那名警官說。埃爾比德跟我努力讓自己看起來很鎮定。

「那些毒販變得越來越暴力，」警官繼續說道。「許多人運送與販賣毒品的量，大到足以被判死刑，所以他們會奮力逃跑。」

埃爾比德與我重新整理了一下思緒，私下討論並仔細考慮了現況。接著我們說明，我們接受這個風險，也會待在後面把自己顧好。

那名警官眼睛直視著我，而且盯著不放，一邊有條不紊地指著他胸膛上的三個點。「上星期我若是沒穿防彈背心，我早就死了。」他說。

然後他聳聳肩。「不過，沒關係，我問一下。」

他踮著腳走向阿布杜拉的辦公室，輕輕敲門，進門時鞠了個躬。

對獨立記者來說，巴格達普遍被認為是遭到劫持後賣給伊斯蘭國（ISIS）的好地方，無論他們在那裡的目的是什麼。我去那裡是為了毒品。

我當時正在調查一種被稱為苯甲錫林（Captagon）、新甲基安非他命類的街頭毒品的迅速崛起。這種毒品在美國幾乎沒人知道，但在中東地區正造成巨大混亂，正在擴散中。無論如何，我是怎麼到伊拉克來的，需要一點解釋。

比較簡短的答案是：因為疫情，而且我的思考很不理性。但還有一個比較長的答案。

身為一名科學記者與教授，我對人類行為很感興趣。每個人都喜歡把焦點放在培養新的好習慣，但我想知道我們可以如何解決對自己傷害最大的行為。因為事實是：不管我們給新的好習慣多少汽油，如果不去解決壞習慣，我們的腳還是踩在煞車上，無法前進。

而我也開始注意到，對我們傷害最大的行為，其中有一個特徵：能快速地重複去做。最壞的習慣，就是那些能一而再、再而三快速連續去做的事——最終對我們有害。這些行為通常很有趣，且能在短期內得到獎賞，但長期下來會事與願違。

某種程度上我們都會做這樣的事，即使我們明白這些行為已產生不良後果，還是很難不去做。每個人都知道，只要適度節制，任何行為都是好的。但是，我們為什麼如此不擅長節制？為什麼吃飽了還是會繼續吃？為什麼已經擁有很多了，還是繼續逛街買東西？當我們已經喝醉了，為什麼還會繼續喝？當社群媒體讓我們感到痛苦時，為何還是一直滑手機？當我們知道螢幕之外有意義的人生正與自己擦肩而過，為何還是狂追劇？為什麼我們會被困住呢？一次又一次地重複著令我們後悔的事。

我認識到，這些行為通常是對「匱乏」感受的反應，只需要一個小小的「匱乏提示」，就能激起這些反應。

匱乏提示，是一小段激發研究人員所稱的「匱乏心態」的訊息，能引導我們去相信我們擁有的不夠。之後，我們就會出於本能，專注於得到或做到那一件事，我們以為那件事會解決自己的問題，並且讓我們感覺更完整。

匱乏提示就像空氣，在我們的四周，也在我們的體內。它們透過廣告、社群媒體、新聞、與同事閒聊、在家附近散步，以及更多的方式攻擊我們。它們可以是直接與全面的，像是經濟蕭條或全球性的疫情；也可能是微妙且微不足道的，像是鄰居買了一輛閃亮的新車。

我們對匱乏的反應不是什麼新鮮事。那是一種古老的行為體系，在人類心智中自然地演化，幫助我們的祖先生存下來。

早在一七九五年，科學家便詳細描述了我們的匱乏心態，以及對匱乏提示的反應。如今這個主題已成為心理學家、人類學家、神經科學家、社會學家、經濟學家與生物學家的熱門研究領域。

如今大家普遍接受的觀點是，在人類歷史上的大多數時刻，遵從下一個匱乏提示，並不斷地渴望與消費更多物品，讓我們得以生存下來。我們在嚴酷的環境中進化，這些環境有一個共通點：它們都是物資較少、匱乏的世界。

對我們的生存來說不可或缺的事物，像是食物、資訊、影響力、財產、地球上的時間、做了會讓我們感覺良好的事等等，都是稀有、難以找到且短暫的。存活下來並將基因傳遞下去的人追求更多，他們天生傾向於暴飲暴食、大量收集物品與資訊、尋求對他人與環境的影響力，並過度追求享樂與生存動力。

遵循這些演化的渴望讓我們得以生存，對所有物種來說也仍然有意義，除了一種之外。

當人類在工業革命期間想出以更快速又便宜的方法生產物品，我們的匱乏環境便快速轉變為富足的環境。到了一九七〇年代，這場革命的好處已擴展至已開發國家大多數人民的身上，之後便一直蔓延到全球。

如今我們已擁有進化所渴望的豐盛——有人可能會說是過量——物品，例如食物（特別是高鹽、高脂、高糖的種類）、財產（堆滿網購商品的家）、資訊（網路）、情緒調節劑（藥物與娛樂），以及影響力（社群媒體）。

然而，我們依然被設定成像是擁有的還不夠似地去思考與行動，彷彿我們還處於那些匱乏的古老年代，頭顱中的那三磅神經束總是在掃描背景，挑出並優先考慮匱乏提示，且促使我們做出更多花費。

我們仍然被迫吃下比身體所需還要多的食物，衝動地搜尋更多資訊，買更多不必要的東西，運用手段爭取對他人有更大的影響力，盡我們所能去得到另一次短暫的快樂，專注於獲取我們沒有的東西，而非運用並享受我們已有的東西。我們擁有一顆匱乏的大腦。

科學研究顯示，匱乏的大腦在現代富足的世界中並非總是有意義，如今它經常對我們不利，而外在的力量正在利用它以影響我們的決定。我們無法撼動的，似乎是這些適得其反的行為的根源。那些習慣嚴重阻礙了我們改善身心健康、幸福，以及發揮全部潛能的能力。成癮症、肥胖、焦慮、慢性疾病、債務、環境的破壞、政治爭端、戰爭等等，不都是由我們對更多的渴望所驅使的嗎？

人類過去經歷過重要的匱乏提示，但新冠疫情發生在一個奇怪的時刻。在這個時刻，科技已加速發展，使我們能夠充分獲得天生所渴望的一切，同時也讓企業得到前所未有的洞察力，讓他們能確切了解如何利用匱乏的大腦來影響我們的行為；特別是那些能快速連續一再重複的行為——最終會對我們造成傷害。彷彿有某種更大的行為模式在發揮作用，幾乎就像一個匱乏的循環，我甚至開始稱這個我注意到的模式為「匱乏循環」，它似乎是扼殺「適度」的連續殺手。

我們或許已走出疫情，但它所造成的渴望與花費的浪潮卻尚未退去。我們總是一直朝著「更多」前進。而更小的匱乏提示也總是微妙地引導著我們的日常生活，即使是在最好的時候，仍會促使我們進入快速重複花費的匱乏循環行為模式中。

這就是我會在巴格達警察大樓的原因，我懷疑在這個危險的城市，那種新毒品苯甲錫林的崛起對其他人來說有著特別的含義，能幫助我們了解，當匱乏的大腦碰上一種突然變得很充足的物質，而這種物質把我們推進匱乏循環——短期內能滿足我們，但長期下來會傷害我們的時候，會發生什麼事。在那裡，我就能開始解釋我們對所有適得其反的行為可以採取的措施。

伊拉克只是我必須去的地方之一。我想了解匱乏的大腦，並找到其解決方案的欲望，帶領我走上了一段長達兩年、四萬哩（約六萬四千公里）的旅程。除了巴格達以外，我還去了玻利維亞的叢林、新墨西哥州山中的一座修道院、全國各地的實驗室、蒙大拿州的偏遠地區，甚至（某種程度的）外太空。

我想要了解匱乏的大腦與匱乏循環，並且與已經找到擺脫方法的創新者會面。這些人理解「更多」的不利之處，但他們也明白，我們試圖解決許多現代問題的方法有著嚴重的錯誤。

當我們意識到過度花費正在引發問題，我們經常被告知的解決方法就是：要努力做到「更少」。吃少一點來減重，買少一點、丟掉過多的東西以激發喜悅，花少一點時間看螢幕來變得更快樂，做少一點工作來避免焦慮和筋疲力竭，花少一點錢來解決財務問題或重整業務。

但我發現，「更少」有它自己的問題。一些強有力的研究顯示，盲目地追求「更少」，可能讓我們變得更糟。甚至有些時候，我們應該全心投入「更多」。

我在旅程中遇見的人，問的是更深刻且具挑戰性的問題。但他們的努力也揭示了有效的答案。他們發現，永久的改變與持續的滿足就在於找到**「足夠」**，不是太多，也不是太少。有些人甚至把匱乏循環轉變成一個「豐盛循環」，用那個循環去做更多能幫助我們的事。

阿布杜拉上校的辦公室門突然打開，接待室陷入一片寂靜，走出來的是上校本人。

「那個美國人在哪裡？」他問道。每個人的頭都轉向了我。

CHAPTER 1

匱乏循環

The Scarcity Loop

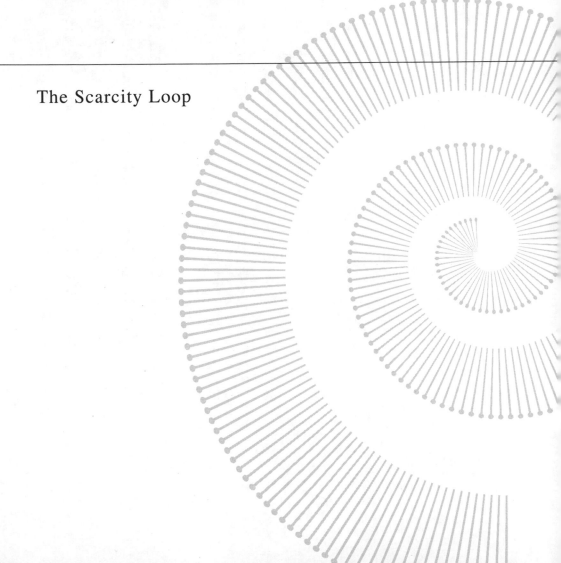

早在伊拉克之前，我的旅程就從我的家鄉拉斯維加斯開始了。這個城鎮對匱乏的大腦來說，就像梵蒂岡對天主教的意義一樣。很少地方比這裡更能把現代的消費能力濃縮到一個地點。

但在這個城市所提供的一切事物當中，沒有什麼東西能像吃角子老虎機那樣觸發匱乏的大腦。拉斯維加斯不是建立在贏家身上，而是建立在旋轉的滾輪之上，這些滾輪被裝在叮噹作響、閃爍的機殼裡，人們一遍又一遍地玩這些機器——最終對自己造成傷害，這也解釋了那些機器無所不在的原因。

一點也不奇怪的是，在拉斯維加斯大道上的賭場是座吃角子老虎機的巨大迷宮，但它也存在於加油站、雜貨店、酒吧、餐廳與機場登機口。人們一天到晚都在玩這些吃角子老虎機，一次玩好幾個小時。他們早上六點就在雜貨店裡玩，午餐與晚餐時間就在當地餐館玩。有一次我還看見一名男子緊貼著 7-Eleven 裡的吃角子老虎機，叫外送披薩來吃。

我問店員那是否正常。「你在開玩笑嗎？」他說。「我們還有常客呢。」

但是，拉斯維加斯並非唯一經常出現不正常人士的地方。有三十四個州允許設置吃角子老虎機，就像內華達州，許多州允許在賭場以外的地方設置這些機器——在各種日常生活的角落與縫隙中。無論我們把吃角子老虎機放在哪裡，它們都是我們的搖錢樹。

光是在美國，這個機器每年就賺了超過三百億美元，大約是每個美國人每年一百美元，比我們花在電影、書籍與音樂的費用**總和**還要多。而這個數字每年還會上升約一〇%。

我想知道為什麼。這些機器為何如此特別令人著迷？想像一下：某個週二早上八點，你因為在雜貨店玩一台名為「Kitty Glitter」的吃角子老虎機，玩到沉迷其中，結果讓容易腐壞的東西爛掉了。

我從打電話給少數研究賭博上癮問題的研究人員開始。

這是一條死路，死得很徹底。

那些研究者控訴賭場利用奇怪、近乎顛覆性的方法來引導我們賭得更多。我們可能都聽過其中一些方法。例如，一名科學家告訴我，賭場把時鐘移開，好讓我們在賭博時失去時間感。另一位有著博士學位的反賭博研究者告訴我：「賭場絕不會有九十度的直角。」理由是直角據說會迫使我們啟動大腦負責理性、決策的部位。「直角會使你認清自己是個做決定的人，可能放慢你在機器上賭博的速度。」那位研究人員這麼說。還有另一位研究者解釋，賭場吃角子老虎機播放的音樂只有令人愉悅的C大調，據說能令我們放鬆心情，從而放鬆我們的錢包。這些主張甚至曾廣受《大西洋》（*Atlantic*）雜誌、《紐約時報》（*New York Times*）等媒體的報導。

但沒有一件事是合理的。

只要有一點常識以及拜訪幾次賭場，便可證明這些主張要不是迷思，就是標準的商業慣例。例如，賭場確實不會在每一面牆上都掛時鐘，但像是你家當地的好市多（Costco）、梅西百貨（Macy's）或家得寶（Home Depot）也不會這麼做。我猜想，大多數企業不會到處掛時鐘，是因為人類都會戴手錶，也有自己的手機。

而當我造訪幾家拉斯維加斯最賺錢的賭場，我發現到處都有直角。我說的是到處。拜託！吃角子老虎機的螢幕就是正方形。賭場的某些區域看來彷彿就是立體派設計師設計的。

我甚至聯絡彼得・井上（Peter Inouye），他是位吃角子老虎機的音樂作曲家。「我可以確定我並不總是用C大調。」他告訴我。他會用各種音調來寫吃角子老虎機的音樂。

但最神祕的是另一件不合理的事。大多數這些關於賭場用來吸引我們去玩吃角子老虎機的「顛覆性詭計」的迷思，至少從一九六〇年代就開始廣為流傳。但那時吃角子老虎機還不普遍，加油站或超市不但沒有吃角子老虎機，連賭場的樓層都很少看見它們。

然後，大約在一九八〇年，吃角子老虎機就像病毒一樣四處傳播，征服了所有賭場，並從賺很少錢到占賭場年收入的八五%。

或許那是拜我在賭場裡看見的所有直角所賜，但我有了一個理性的領悟。與其和希望我們所有人都**停止**賭博的人談話，我反而需要去跟希望我們**開始**賭博的人談談。我必須去做總是帶領記者找到最佳答案的事，必須跟著金錢走。

這使得我來到離我家只有十五分鐘路程的一家奇特的賭場。

那是城裡最新也最尖端的賭場，擁有賭博業所能提供的最迷人的吃角子老虎機、最豪華的賭桌、最舒適的旅館房間，以及最棒的餐廳。

但重點是：大多數賭場會想盡辦法來讓你進門，但在這一家——就像一間巴格達的警察局——你卻不受歡迎。

黑火新創公司（Black Fire Innovation）像個巨大的魔術方塊般，矗立在靠近拉斯維加斯莫哈韋沙漠（Mojave Desert）的邊緣地帶。這座建築物占地十一萬平方呎（約三千坪）、有四層樓，都是方形窗戶，線條簡潔現代。離空曠沙漠的紅色岩石與仙人掌只有幾分鐘路程，但這塊野地被開墾成鋪面道路，從那裡，所有的道路都通往市中心。

從羅伯特・里皮（Robert Rippee）辦公室的寬闊玻璃窗，我可以看見拉斯維加斯大道。沙漠陽光無情的光線從賭場度假村照射出來，消費的大教堂都裝飾著霓虹燈，排列在四・二哩（約六・八公里）的拉斯維加斯大道上。

里皮坐在書桌旁，背挺得很直。博士學位證書掛在辦公室牆上。但這名男子並不像我所期待的呆頭呆腦、徒具博士資格的學究。透明的設計師鏡架掛在他臉上，手腕上纏繞著佛教徒的佛珠，他有一副鐵人三項運動員的體格，留著修剪得完美無瑕的花白鬍鬚，穿著剪裁合身的衣服。

如此複雜精緻的氣質，是他在拉斯維加斯大道上最大也最賺錢的賭場之一擔任執行長的那些年所培養出來的。這份工作需要分析人類行為的資料，然後做出改變數百萬名訪客行動的決定。他在五十多歲的時候轉向學術界，正式研究這個主題。里皮想深刻了解使我們去做某件事的原因。

在我們會面的半世紀前，里皮正在與凱薩集團的一位執行長共進午餐。凱薩集團是世界最大的賭場企業之一，在全美國擁有超過五十個大型賭場，賭徒每年會在那裡花掉一百億美元。這位執行長當時正在抱怨一個特定的問題。

凱薩集團正在購買各種新科技，他們被告知這些新科技能提高盈利。例如，一種具備新的類似電視遊樂器特色的吃角子老虎機，將使人們被迫玩得更久。或是一種由人工智慧驅動的數據追蹤器，能根據個別客人如何下注、喝飲料與購物，創造出詳細的人物側寫，然後生成引導他們在賭場花更多錢的提示。

但是凱薩集團在花費數百萬美元使用這些新科技之前，不會知道它們是否有效。這有點像是凱薩集團自己的賭博，而在這種情況下，莊家正在輸錢。

里皮提議，要是凱薩集團與內華達大學拉斯維加斯分校（University of Nevada, Las Vegas, UNLV）合作呢？那是里皮與其他科學家團隊研究科技如何影響賭場裡人類行為的地方。內華達大學與其各種研究部門，就像哈佛遇上劍橋再遇上五十一區[註1]，為的是影響拉斯維加斯大道及其他地區的人類決策。

他們知道什麼**有效**，而那些與幾何或音符沒什麼關係。

假如他們打造一個賭場實驗室呢？假如他們建造一座賭場，但完全用於研究呢？打造一個真正的賭場，但裡面充滿的是一群博士、傑出的科技人才與研究參與者。那可能成為一個測試遊戲，以及人們在得到明確的與下意識的提示之後，會如何下注的地方。或是調查對吃角子老虎機做最細微的調整，會如何觸發我們去做一件事。它可以成為一個孵化器，擁有下一個偉大創意的人們可以在這裡合作、尋找創投資金，並接觸傑出科學家和業內人士的思想。

結果就是這個地方，黑火新創公司，某種賭場的模糊區域。

「我們是個模擬拉斯維加斯大道上賭場度假村的巨大實驗室。」里皮說道。「我們可以在這裡探索新科技、行為的改變，以及更多。我們已模擬過完全整合的賭場度假村，從飯店房間到食物與飲料、娛樂、賭博，甚至零售店與招牌。」

里皮一邊告訴我、一邊走出辦公室，再走進實際上已是座賭場的區域，唯一不同的是，沒有人抽菸，以及有更多科學設備與擁有高學歷的人。

「這個區域是模擬一座體育博彩站。」他說。多樣的投注窗口與售票機沿著牆壁排列，深灰色軟墊皮椅面對著一個跟信用卡一樣薄的巨大螢幕，上面正在轉播一場明尼蘇達雙城隊對紐約洋基隊的比賽。在它兩側是較小的螢幕，上面滾動顯示的是當天的體育賭注賠率。休士頓太空人隊贏德州遊騎兵隊的賠率是負一九〇，波士頓紅襪隊贏西雅圖水手隊的賠率是負一二五，紐約大都會隊贏聖路易紅雀隊的賠率是一比一。

接著我們走向一排有綠色毛氈鋪面、用深色硬木與皮革包裹住的桌子。黑色與紅色的豪華皮椅圍繞著桌子。「這些是傳統的桌上賭博遊戲，我們在這裡可以測試新的遊戲、科技，並追蹤玩家的行為。」他說道。

1 譯註：Area 51，美國空軍在冷戰時期於內華達州建立的設施，用作研發和建造新型戰機，但陰謀論者認為這個區域有外星生物。

然後里皮指向一部圓形的機器，周圍擺放著六張椅子，一個大螢幕從它的中間升起。「我們也有電子桌上遊戲。」他說道。在那些遊戲中，參與研究的賭客在各自的螢幕下注，同時一名虛擬發牌員在中央較大的螢幕上洗牌或轉動輪盤。你最好相信人工智慧革命在賭博遊戲產業中並未被忽略。

里皮隨後指向房間遠處角落的一條走廊。走廊盡頭有兩扇左右並排的門，每一扇門都有一個鑰匙卡入口。「那會通往兩間飯店房間。」他說。附近是一個大型開放式廚房。越過廚房，是一座雞尾酒吧，接著是咖啡吧。在那些地方，研究人員可以測試賭場的房間、食物與飲料的每一個細節是如何回饋到客人的整體體驗中。

導覽繼續進行。他指向被電視螢幕占滿的牆面，上面全都在播放著測試廣告，然後指向一面互動式的智慧鏡子，那是設計用來指引賭客到達賭場裡的重要據點，接著再指向「一個為科技實驗提供的數位休息室，」他說。「再過去是一座電競體育館。」

「所以整體的概念，」里皮告訴我。「是可以把一小群人帶進來，讓他們接觸不同的情境，然後回頭去衡量他們的期待與行為，從中獲得一些行為如何隨著科技進步而改變的見解。」

「這一切都是可能的，」他繼續說道，「有七十三家以上的公司與我們合作，提供資金或設備。」凱薩集團是主要的合作夥伴。但像是奧多比（Adobe）、英特爾（Intel）、樂金（LG）、惠普（Hewlett-Packard）、松下電器（Panasonic）、Zoom、波伊德博彩公司（Boyd Gaming）與數位體育娛樂遊戲公司 DraftKings 等科技與遊戲巨頭也投入財務上的協助。

拉斯維加斯的賭場已不再像以前那樣由黑幫經營，如今成了生活研究實驗室與測試場所，是龐大的人類行為數據銀行。這就是為什麼在建商把破爛的賭桌與輪盤帶入這個地方之前，他們就安裝了它的大腦：一部有超級運算能力的數據主機。里皮朝它點頭示意。

那部主機位於一個有空調的玻璃房間，大小相當於四台冰箱。它發出嗡嗡聲，彷彿在呼吸。五顏六色的電線從中伸出來，它們全都被綁在一起，像血管一樣爬上牆面，最終消失在天花板中。就像遍及拉斯維加斯賭場中的數據主機，在這裡的這部主機將觸角悄悄地延伸到每一個事件中。在拉斯維加斯發生的事，不再只留在拉斯維加斯。每一個人類行為及其隨之而來的連鎖反應都聚集到雲端，在那裡被干涉、刺激與過度分析。

接著里皮帶我去看這個地方的最後一個特色，是我來這裡想要了解的事，一部用來了解人類行為的過去、現在與未來的經久耐用的機器。一個代表人類新時代的隱喻，在其中我們被推向快速重複的行為，一次又一次。對於其中的原因，我們可能都尚未完全了解。

「這裡就是吃角子老虎機，」他說。這些機器靠著一面牆擺放，鉻黃色的機殼閃閃發光，螢幕全都暫停。「但我想讓你跟另一個人聊聊，」里皮說道。「他的名字叫丹尼爾・薩爾（Daniel Sahl）。」

• • • ● • • •

正在改變人類的不再是二十世紀初期的石油大亨，也不是一九八〇年代的華爾街富豪。

他們是像薩爾這樣的人，數學型的人，同時又是「了解什麼會吸引人」的人，他這麼說道。

薩爾身穿牛仔褲與運動夾克，裡面是一件印有電影《玩具總動員》（*Toy Story*）中「披薩星球」標誌的T恤。他的頭髮看起來該剪了。在他經過吃角子老虎機與撲克牌、骰子與輪盤賭桌，穿越實驗室朝我走來時，跟我都沒有任何眼神上的接觸。

要了解我們為何會如此深刻又快速地被推向「更多」，必須了解匱乏循環的機制。而沒有什麼比弄清楚大約在一九八〇年左右發生在吃角子老虎機行業的一個特殊轉變來得更好的方法了，那件事放大了匱乏循環，並讓它成為主流，也把我帶到了遊戲創新中心（Center for Gaming Innovation）。

遊戲創新中心是黑火新創的一部分，創立於二〇一三年，那時薩爾還是博士生，正在研究如何把電玩理論運用在吃角子老虎機上。當時那是個激進的理論，但薩爾有個本領，可以設計出快速吸引人連續玩下去的賭場遊戲。短短兩年後，內華達大學拉斯維加斯分校就把實驗室給了薩爾。

薩爾的實驗室所創造的遊戲快速賺取了數不清的錢，數百萬美元已回流到實驗室。「我們得到了近三十個專利權，而且還在增加。我們已經賣出超過三十種遊戲給全世界的賭場。」我們坐到實驗室裡一張半圓形的牌桌旁之後，薩爾這麼跟我說。「那些錢全部回到中心與學生身上。你可以上一門課，在其中想出一個點子，六個月後就拿到一張支付全年學費的支票，這種情況可不常見。」

實驗室的畢業生最後不僅為世界最大的賭場、吃角子老虎機製造廠與行動下注APP工作，也跟著金錢走。他們正在為美國軍事承包商、執法單位、科技新創公司與大型線上零售商發展新的行為改變技術。假設你能設計出一款非常吸引人的遊戲，讓一個人即使知道自己可能輸錢，仍會連續玩數百次，那麼你也能設計出迫使人們重複其他行為的產品。這些畢業生就是匱乏心態的未來農夫。

整個一九七〇年代，賭場高層都忽略吃角子老虎機，把它們亂塞在角落。七〇年代拉斯維加斯的賭場管理者查爾斯・赫西（Charles Hirsch）稱吃角子老虎機為「用來殺時間與娛樂那些賭場真正客戶——紙牌或骰子的玩家——的朋友與家人的玩具」。

當時撲克牌與骰子遊戲為賭場賺取的錢，比吃角子老虎機多了十倍。賭客偏愛那些遊戲，是因為它們很吵雜、性感又令人振奮。加上那些「桌上遊戲」能讓賭客有將近一半的時間體驗到贏錢的快感。玩家在任何特定遊戲中，都有四〇%到四九%的贏錢機率。

另一方面，吃角子老虎機很無聊，因此很少有人去玩。那些機器是笨重、安靜的類比設備。賭客獨自安靜地坐著，拉動一個操縱桿，看著醜陋的鋼製滾輪旋轉，然後哐啷、哐啷、哐啷——滾輪會停下來，賭客可能會輸錢。

這是最大的問題。賭客每場遊戲只能下注一列符號，因此要贏的話，賭客需要將正確符號完美地在中間排成一列。這種情況很少發生：在所有吃角子老虎機當中，只有三%的機率會贏。

常識告訴我們，如果某件事一無所獲，我們很快就會停止去做。長達一個世紀的心理學研究也支持這一點。例如，如果我們轉動車鑰匙卻沒有啟動引擎，我們可能會多轉動鑰匙幾次；但如果沒動靜，我們就不會一再轉動鑰匙，而是會放棄，然後打開引擎蓋或打電話叫拖吊車。

心理學家將這種停止做沒有回報的行為稱為「削弱」（extinction），這在我們研究過的所有動物身上都很明顯。而當說到造成削弱，那個年代的吃角子老虎機就像殺死恐龍的彗星，非常善於造成削弱，以致很多吃角子老虎機前面甚至沒有椅子，很少人玩它們的時間會久到需要坐下來。

然後出現了一個叫做斯・雷德（Si Redd）的人，大約是在一九八〇年。雷德生於一九一一年，是密西西比州一名赤貧佃農的兒子。生長在經濟大蕭條時期改變了他的心靈，在他內心銘刻了堅定的動力與能量，讓他完全專注於致富。年僅十八歲，他就開始在南部與東北部打造彈珠台遊戲機與自動點唱機的王國。雷德非常成功，以致到了一九五〇年代末期，黑幫逼迫他接受一筆不公平的交易：賣掉你的生意，不然我們就殺了你。

因此，他帶著他的才能來到了拉斯維加斯。雷德身穿褐紫色的聚脂纖維西裝、戴著碟子大小的墨鏡，以及用高爾夫球大小的綠松石當作飾釘的波洛領帶，在拉斯維加斯閒晃，是牛仔與鼠黨[註2]的結合，充滿老派拉斯維加斯的風格。

一九七〇年代末期，雷德注意到新的雅達利[註3]電子遊戲機系統能抓住孩子的專注力好幾個小時，這對他來說是件蠢事，因為這些孩子們打贏一場電子遊戲，並未因此得到任何實質的回報。但這讓他有了一個點子。

雷德了解心理學上的削弱，他知道連續輸太多次並不好玩。當我們贏的時候，賭博會更令人感到興奮，即使那些勝利很小。

他心想，能否把吃角子老虎機數位化？與其使用那些笨重的物理類比滾輪，只提供一列符號下注且賠率很差，雷德開始製造有螢幕的吃角子老虎機來取代。這代表當賭客玩這個遊戲，就會啟動一部電腦，而「滾輪」就會在螢幕上現身旋轉。

螢幕打開了一個充滿下注與贏錢可能性的世界。雷德請人把機器設定好程式，讓玩家每次都可以下注不只一列、行或符號。有些機器還允許賭客在單場遊戲中下注一百行符號。想像各種奇形怪狀的線條越過五乘五的符號網格，直線、向下斜線、向上斜線、V型線、M型線等等，**任何**一個都可能贏。

透過在每場遊戲中對於十、二十、四十，甚至一百條不同的線下注一分錢或五分錢，賭客更有可能在一、兩條線上贏到**一些東西**。任何一部吃角子老虎機遊戲的勝率驟升到四五％。

你可能贏到大錢，但更常見的是贏的金額比原始投注的少。例如，一名賭客可能下注一美元，

---

2 譯註：Rat Pack，一群美國電影演員形成的非正式團體，領袖為亨弗萊・鮑嘉（Humphrey Bogart）。鮑嘉去世後，法蘭克・辛納屈（Frank Sinatra）成為這群藝人團體的頭頭，「鼠黨」並沒有嚴格的黨員名冊，大體上包括了辛納屈、小山姆・戴維斯（Sammy Davis Jr.）、狄恩・馬丁（Dean Martin）、彼德・勞福（Peter Lawford）以及喬依・畢夏（Joel Bishop）等人。從六〇年代初期到中期，他們在賭城拉斯維加斯的大本營金沙飯店登台表演，包括演唱、說笑話、模仿秀等等，讓金沙飯店成為當時最酷的地方。

3 譯註：Atari，於一九七二年在美國加州成立，是街機、家用電子遊戲機和家用電腦的早期拓荒者。不少經典早期電腦遊戲的發行，使雅達利在電子遊戲歷史上舉足輕重。

「贏」了五十美分。

說這是一種「贏」可能很怪，甚至根本是愚蠢的。但回溯到一九五〇年代的科學卻證實，雷德對人類行為有基本的認識。他了解人腦不會把那個結果視為**輸了**五十美分，而是傾向於忽略已投入的錢，把它視為**贏了**五十美分。賭場把這種贏得的金額比下注的少稱為「偽裝成贏的輸」。

挪威的研究人員最近發現，大腦對這些「偽裝成贏的輸」的反應，是將之視為小贏而非小輸。它們讓我們玩得更久、花更多錢，因為它們保持了希望、懸念與興奮。

一旦雷德利用了這個大腦的怪癖，他便透過一個從基本心理學教科書偷來的劇本來強化它。他讓這機器幾乎能誘發癲癇。數位機器讓雷德能加入響亮歡樂的聲音、明亮閃爍的光，以及富娛樂性的螢幕圖形。他在那些機器上安裝程式，讓真正的「贏」**以及**「偽裝成贏的輸」出現時，發出那些令人興奮的噪音、燈光與圖形。心理學家將接下來發生的事稱為條件反射。正如巴夫洛夫（Pavlov）的狗聽到鈴聲就流口水一樣，人類開始把機器奇妙的反應與真正大筆的贏，以及偽裝成贏的輸，聯想在一起。

要了解這個轉變，假設我們打算玩一部舊機器與一部雷德的機器，我們有十美元，每次遊戲下注一美元，以下就是會出現的樣貌。

舊機器

遊戲過程：輸，輸，輸，輸，輸，輸，輸，輸，贏二美元，輸，輸，輸，輸

最後結果：輸十美元

合計遊戲時間：一分鐘

再玩一次的興奮感與可能性：我們寧願去做根管治療。

雷德的機器

遊戲過程：輸，贏〇・五美元，贏〇・八美元，贏一・五美元，輸，贏〇・四美元，輸、贏〇・八美元，贏〇・二五美元，輸，輸，贏四美元，輸，贏〇・五美元，贏六美元，輸，輸，贏〇・二美元，輸，輸，繼續直到……

最後結果：輸十美元

合計遊戲時間：十五分鐘

再玩一次的興奮感與可能性：可以借我十美元嗎？

吃角子老虎機從快速、單調的燃燒變成長時間、緩慢、令人著迷、好玩到不行的悶燒，讓我們一再回頭去玩，有時甚至可以帶著比一開始更多的錢離開。

對玩家以外的人來說，不顧「偽裝成贏的輸」仍繼續玩似乎很不合理，但這是教科書上典型的人類行為。再回到破車的例子，假設我們轉動車鑰匙，車子沒反應，於是我們再轉動一次鑰匙，還是沒有。但是當我們第三次轉動鑰匙時，引擎轉動了一秒鐘，發出像是要啟動的聲音，接著又變得沒有聲音，也沒有啟動。我們面對這「偽裝成贏的輸」，當然會立刻再轉動一次鑰匙。只要引擎有活過來的跡象，我們就會坐在那裡轉動鑰匙。只有連續太多次失敗的嘗試，才會促使我們去打開引擎蓋或打電話叫拖吊車。一具需要細心注意的引擎，比一具壞掉的引擎更能吸引我們較長的注意力。

透過提高「贏錢」的出現頻率，並增加令人眼花撩亂的燈光、音效與圖形，雷德解決了機器的無聊問題。

但他還有一個問題要解決。人們**不知道**他的新吃角子老虎機如此有趣，依舊認為吃角子老虎機很單調乏味，所以雷德需要吸引大眾。

螢幕與數位化讓他得以像我們解決許多問題一樣，解決那個問題，他丟錢進去。

舊機器的累積獎金機率，取決於工程師能放在一個滾輪的符號數量。那些累積獎金還不錯——可能是五百到一千美元。但只要有一百美元，並且在幾場二十一點或輪盤遊戲中走運，任何一個普通人都能更輕鬆地贏到那麼多錢。

數位機器能依照任何雷德想要的賠率設定程式。假設累積獎金的賠率是二十五萬分之一，就能讓他提供更大的彩金。新機器的平均累積獎金膨脹到五、六位數的範圍。雷德甚至連接了橫跨整個內華達州的機器，並匯集它們的資金以提供數百萬美元的累積獎金。他稱這些為「廣域進行性累積獎金」，就像吃角子老虎機的威力球彩券。

這個只需押注一、兩元美金就能贏得改變人生的累積獎金的機會，吸引民眾去嘗試吃角子老虎機，有點像是當威力彩的累積獎金到達九位數字時，你家當地的加油站門外都有人大排長龍爭相購買樂透彩券。

有更多人去嘗試吃角子老虎機了。而一旦他們這麼做，就會覺得好玩並一直玩下去。吃角子老虎機的玩家知道他們很快就會贏，但是有多快？會贏多少錢？他們下注的一美元會讓他們得到四十美分嗎？還是會幫他們贏到四千萬美元？就像二〇〇三年在拉斯維加斯的賭場，一名二十五歲的軟體開發人員在雷德的「廣域進行性吃角子老虎機」上贏到的錢？

雷德沒有就此停手。他一直在尋找下一個輕微調整，好讓更多人玩得更多。那些吃角子老虎機上的笨重把手，可能會讓玩遊戲感覺像是體力活，因此他把它們拆掉，加上了旋轉按鈕。這個男人並不在乎你疲累的手臂，但他確實在乎損益平衡。旋轉按鈕讓賭客更快玩到下一局遊戲，平均每名賭客從一小時玩三百局增加到九百局。

雷德的機器開始走紅。人們大聲要求要玩這些機器，賭場高層將遊戲樓層的吃角子老虎機增加了五倍，他們重新設計賭場樓層，把吃角子老虎機放在前面與中央。高層甚至得訂購數千張椅子，因為吃角子老虎機的賭客會玩好幾個小時，需要坐下來。

每個人都變得富有，除了你、我，以及其他玩那些機器的人。

雷德的吃角子老虎機革命是百年難得一見的重大改變之一，就像網飛（Netflix）開始允許客戶線上收看電影，而非以DVD的形式來回寄送影片，便永久改變了我們觀看電視與影片的方式，或是當亞馬遜想到銷售書籍以外的東西，因而改變了我們購物的方式。

雷德藉由直覺開發了人類心智中一個強大的怪癖。我們會迅速連續進行的行為——從賭博到暴食，再到過度購買、狂追劇、狂喝酒等等——是由一種「匱乏循環」所驅動的，具有三個部分。

•••••••

機會→無法預測的獎賞→快速重複性

這個循環是匱乏心態的終極觸發器。雷德發現的是近乎強迫性的重複消費，無論是什麼行為，我們快速重複它的機會與欲望越多，它對我們的影響就越大。

他對匱乏心態如何運作與爆發因素的直覺，讓吃角子老虎機的收入增加了十倍，並讓桌上遊戲變成了餘興節目。

如今，像薩爾這樣的新一代行為工程師正在琢磨雷德的作品。他們正在用一個世紀的心理學研究與賭場數據，去優化匱乏循環，讓遊戲變得更令人注目，全都是為了加強莊家的微小優勢。

•••••••

薩爾一談完實驗室的成功後，就想談談數學，這是他的舒適圈。

「一名賭客每下注一美元，每一種賭場遊戲的平均回報率是八十七到九十八美分。」他告訴我。這給了賭場大約七%的利潤，那是相當低的金額。獲利仰賴交易量，要讓很多人玩很長的時間。

話題進入匱乏循環。薩爾開始對我描述吃角子老虎機賭博為何如此引人注目。「當滾輪轉動時，對賭客來說發生的事情是……」他一邊說，一邊盯著桌子看，然後停了下來。

「來，讓我展示給你看。」薩爾說道。我們走到一部機器前，那個遊戲的名稱是「Scarab」，主題以古埃及為中心，螢幕上展示的裝飾符號看來像是古埃及的象形文字。薩爾開始猛按機器的旋轉按鈕。

機器螢幕上的滾輪轉動，同時投射出接二連三的聲音攻擊與閃亮的金色強光，把我們的注意力集中在有價值的符號上。接著薩爾開始介紹吃角子老虎機與其對匱乏循環強而有力的利用。

一、機會

匱乏循環的第一部分是機會，獲取某件能改善我們生活的有價值事物的機會。

但這個機會也伴隨著風險。我們可能得到某件有價值的事物，例如金錢、財產、食物甚至是地位，但也有可能得不到，甚至可能會失去它。

「賭博之所以如此引人注目，是因為與獎勵相關的是可量化的風險，」薩爾告訴我。「它不只是可能贏錢，也有可能輸掉在整個社會中某些真正有價值的事物。金錢是有形的，風險與機會是明確的。」

哥倫比亞大學（Columbia University）進行的研究支持了薩爾的主張。科學家發現，一個事件越能導致明確的獎勵或損失，例如贏得大獎或得知醫學診斷的結果，等待結果的時候，我們越能進入一種出神般的定格狀態。

二、無法預測的獎賞

匱乏循環的第二階段是無法預測的獎賞。日常行動的獎賞是可預測的，如果皮膚發癢，我們去抓癢，就知道發癢的感覺會得到緩解。那個獎賞，發癢的感覺消失，是可預測的。

但數十年的研究顯示，這些可預測的獎賞可能很單調乏味。

無法預測的獎賞則不然。如果我們知道自己會收到一份獎賞，但不知道何時會收到，就會陷入其中。在我們等著要看看這次機會是否會帶來好東西，就會體驗到一種興奮、緊張的焦慮感。我們的大腦會全神貫注於無法預測性，會自然抑制接收其他資訊的系統，會專注於任何無法預測的東西。一份研究發現，無法預測的獎賞「能利用人類認知與情緒的基本面向」。

在按旋轉鈕之間，薩爾解釋著匱乏循環第二階段的細節。他的注意力會經常轉向我，足以提醒我，他並沒有因為玩遊戲而完全忽視我。「賭博的關鍵是你在期待一份獎賞，」他說。「你知道你終究可能得到一份獎賞，但你不知道何時或確切會是什麼。」

薩爾再按一次旋轉鈕。當滾輪旋轉並開始穩定下來時，他說：「這次旋轉，我們會失望嗎？

還是我們會很開心？我們只會有一點快樂，還是會真的非常快樂？那就是令人興奮之處。一次旋轉的結果可能什麼都沒有，也可能會改變人生。」

薩爾告訴我，還有其他方式可以提高對無法預測的獎賞的期待。他巧妙地設計了潛在勝利的呈現方式。

回想一下，日常行為每一次都以同樣方式發生，就像抓癢的例子。吃角子老虎機改變了這種動態。

他按了 Scarab 機器的旋轉按鈕，它的五個滾輪開始滾動。一號、二號與三號滾輪全都顯示了象徵一個勝利組合開始的符號。「所以現在，如果最後兩個滾輪停在正確的符號上，我們就會獲得一次大獎。」他說。「但身為一個遊戲設計師，我不想讓最後兩個滾輪經歷標準動作並快速停下來，如果前三個滾輪是輸的，也會以同樣的速率停下來，我想要延長這個可能的勝利經驗。」

剩下的兩個滾輪繼續旋轉得比平常還要久得多，閃亮的白光勾繪出第四個滾輪的輪廓，在旋轉時照亮了我們的臉，並傳出與古埃及主題相符的一首奇妙、神祕的歌曲。

說實在的，我被迷住了。我的臉看起來一定像是被某艘火星母船移動上船了一樣。當薩爾在說像是：「現在發生的事情就是在提高懸疑性，讓我們留在當下久一點，也更緊張一點。」時，我的注意力只有一半。

等待得知一個無法預測獎賞的結果的時刻是如此令人興奮，以致史丹佛大學（Stanford University）的神經科學家發現，它們本身就具有獎勵性。在我們等待發現自己是否得到獎賞的這些時刻，大腦的興奮與獎勵迴路反應是最強烈的。

第四個滾輪停下來了，我們仍然有望獲勝，音樂持續響著，燈光轉而繞著第五個滾輪，它不停地旋轉。

「該死！」最後一個滾輪停下來時我大叫，嚇到了自己。我們沒有得到原本會讓我們大贏的符號。

「沒錯，我們沒有贏。」薩爾說道，對我的情緒爆發沒有反應。「你知道我們玩的不是真錢，對吧？」

我只是微笑並聳聳肩。贏了就是贏了。薩爾繼續說：「你看……我們**差一點**就贏了，但我們輸了。」儘管所有發出的噪音都代表相反的結果，引擎還是漸漸熄火了。

「賭場把剛剛發生的事稱為一次『跡近錯失』（near miss），」薩爾解釋道。「而跡近錯失是關鍵，在所有遊戲中都會出現，但在吃角子老虎機上極為重要，提供娛樂、興奮、鼓舞，並迫使人們很快地再玩一次。但在吃角子老虎機上，數學上的輸遠比贏更常發生，因此你玩得很開心，但莊家不必付半毛錢給你。」

跡近錯失會引導我們立刻再玩一次的概念，是那些看似奇怪卻又不奇怪的事情之一。心理學家已觀察它好幾十年，甚至能繪製在圖表上。假設我們做了某件事，然後期待某件事會發生，如果那件「事情」沒有發生，我們立刻就會重複那個行為，快速又猛烈。例如我們按了電梯按鈕，如果按鈕沒有亮，我們會很快地連續猛按那個按鈕好幾次。另一個例子是：一個小孩叫了一聲

「媽」，媽媽沒理會他，他就會接著叫：「媽，媽，媽，媽，媽，媽……」

吃角子老虎機的工程師依賴優雅的數學來造成接連不斷的跡近錯失，導致人們更快地再玩一次。以色列與加拿大的科學家團隊發現，頻繁的跡近錯失——與我們在現代吃角子老虎機上看見的數量相同——能使人們賭博的時間拉長三三%。那些科學家寫道，跡近錯失能「鼓舞人去玩遊戲」，因為我們的大腦記錄這些跡近錯失的方式與贏類似。如同薩爾說的，跡近錯失本身就會變得有趣且具有獎勵性，即使我們輸了。

此刻我們的遊戲結束了，那部 Scarab 機器幾乎毫無生氣。「看看當最後一個滾輪沒有排出贏錢的線時，那機器是如何變得安靜的？」薩爾問道。「那是故意的。我們輸了。下一個賭注。為什麼我們要吸引大家去注意一個令人失望的結果？」

「但如果我們贏了，」薩爾說，「那個經驗會被拖延得更久。如果你得到某種符號組合，拿回比賭注多一百五十倍的錢，我就想要盡可能花最多時間，讓你看那些燈光與噪音，以及在螢幕上投放的特別圖形。我想用一個兩分鐘的故事告訴你那一點。」這一切都變得比我們贏的錢還要引人注目，讓再度按下那個旋轉鈕更加吸引人。

三、快速重複性

匱乏循環的第三個階段是快速重複性。

多數的日常行為都有一個明確的開始與結束。我們不會立刻重複去做。

身上發癢，我們抓癢，癢就消失了；手髒了，我們洗手，手就會變得乾淨。我們沒有理由幾秒鐘之後又刷手或洗手。事實上，快速重複行為可能會懲罰我們，我們會刮傷皮膚或把手洗得又紅又腫。（如果繼續做，就是強迫行為。）

另一方面，匱乏循環是可以立即重複的。我們看見機會，有時得到獎賞，然後重新再做一次。喜歡做幾次，就做幾次。

薩爾列出一堆具有「重複間隔」與「增強」特質的技術材料，但重點是，重複性越快越好。

「人們今日確實會做出牽涉到機會與無法預測的獎賞的決定，像是我們的飲食選擇、財務規畫或買房。但我們很少快速得到解答，」他說。「我們可能要花十年、三十年，甚至五十年，才會知道我們的房子是金礦還是錢坑，我們的飲食會導致健康或疾病。」

薩爾說，賭博就不一樣了。吃角子老虎機讓我們在幾秒鐘之內，就知道一個機會是否得到回報，並激勵我們立即再玩一次遊戲。研究顯示，我們能重複一種行為的速度越快，重複的可能性就越高。速度會殺人。雷德縮短遊戲間隔時間的直覺得到了回報。

就是這樣。行為落入匱乏循環的三個條件就是：機會、無法預測的獎賞，以及快速重複性。

但是，我們要如何逃出來？一個受困於匱乏循環的人，只會因為三個理由而停下來，三個都會在循環的輪輻中塞進一根棍子。

首先，機會可能會消失。對賭客來說，可能是錢用完了，或是在比較罕見的情況下，賺夠了滿意的金額後停手。

其次，獎賞可能停止流入。對一名賭客來說，是連續太多次純粹的損失。這也解釋了為何很少人去玩早期的吃角子老虎機。

第三，重複性可能不再快速。這對賭客來說比較少見，但也可能是因為賭客身體感到疲倦，或是旋轉按鈕開始卡住。

對薩爾和我來說，是第一個可能。我們用光了他裝進那部機器中的假錢。「嗯，」他說，「很好玩，想要玩另一部機器嗎？」

所有賭場遊戲都可能將我們推入匱乏循環，例如二十一點與擲骰子，都有機會、無法預測的獎賞，以及快速重複性。這也就是它們在雷德出現之前是賭場主力的原因。

但是吃角子老虎機之所以會勝出，是因為它們放大了循環，更多、更快且更強烈。例如，二十一點的玩家平均一小時可以玩六十到一百零五盤，但在同樣的時間內，一名吃角子老虎機的玩家平均可以玩大約六百到一千局。假設一局下注四十行，這是典型的數字，合計下來大約是從兩萬四千到四萬個單一賭注——還有驚人的無法預測的獎賞的範圍。

「好的，這很有意思，」我跟薩爾說。「但是人們知道他們可能拿不回自己的錢，為何還會去玩這些機器？」

「你說得對，每個人都知道莊家永遠都會贏，」薩爾說。「但你問錯問題了，你假設人們玩遊戲只為了贏，賭博容許我們去經歷風險與刺激，而這很好玩。」

研究確實顯示，大多數人拿去賭博的金額不足以真正影響他們的財務狀況，相反地，賭博是一種嗜好。

從經濟的角度看來，任何花費時間或金錢的嗜好，都是失敗的冒險。賭客也可以質疑：「當你知道你不會拿回那筆錢，為何還要付五十美元買一張音樂會的票？當你的錢拿不回來，為何要付一百美元打一場高爾夫球？」

如果一名賭客玩吃角子老虎機輸了錢，但還是覺得好玩，在某種意義上，他們已經贏了。如果碰巧帶了更多錢離開賭場，那他們就贏了兩次。

看，事情就是這樣：落入匱乏循環可能很好玩。這種機會、無法預測的獎賞與快速重複性的結合，為這個終極遊戲提供了框架。但如果我們玩得太頻繁，並基於好玩之外的理由而逃避問題，問題可能就會累積，薩爾說道。

「吃角子老虎機遊戲依賴的是一個極度有力的系統，」他說。「非常非常有力。一定會有某些人拿太多自己的收入來賭博，我為那些人感到難過。」

雷德也是這麼認為。拜雷德的新機器所賜，當賭博問題發生率飆升，許多人便指責他助長了成癮症。二〇〇一年，也就是雷德去世前兩年，《拉斯維加斯太陽報》（*Las Vegas Sun*）的一名記者便問他這件事。「有人說這種話的時候，我當然會很受傷，我想是因為那也是某種事實。我從未刻意讓事情變成那樣，我也從未想過那機器會變得多麼成功。」如今，總人口中大約有一%到二%的人符合強迫性賭徒的資格。

我開始想到自己過去與現在的一些行為。我的酗酒問題從二〇一四年開始，目前仍在復原中。無意識的飲食，不停地瀏覽網站，用亞馬遜會員購物來分散自己去做更深入、更困難工作的注意力，那些行為當中的部分或全部，是否可能與自己的匱乏大腦，以及容易陷入匱乏循環的傾向有關？

在我離開之前，我問了薩爾最後一個問題。「我知道賭博很好玩，」我說。「但為何它從一開始就如此吸引人？更深層的理由是什麼？」

薩爾只是聳聳肩。我得跟其他人聊聊這件事。

CHAPTER 2

匱乏循環如何引我們上鉤?

How The Scarcity
Loop Hooks Us

湯馬仕・贊托（Thomas Zentall）在一九六〇年代開始研究心理學。當舊金山灣區其他二十幾歲的年輕人都在服用迷幻藥或進行示威遊行時，贊托則在加州大學柏克萊分校（University of California, Berkeley）攻讀博士學位。他畢業於一九六八年，當時發生的事件，例如：北部灣事件[註1]與美國中央情報局（CIA）的 MK-Ultra 計畫[註2]，正被揭露在國人面前，大型政府與企業勢力經常把我們推向與拉向未知的方向。

贊托如今已經八十幾歲了。他在二〇一九年正式退休，但他與肯塔基大學（University of Kentucky）達成了一項協議，他在那裡進行了五十年的開創性心理學研究。如果他們讓他保有辦公室與實驗室，他就免費教授一門研究生課程。他仍然每週在實驗室待六十個小時。

我想了解為何匱乏循環如此吸引人，贊托正是我該去問的人。

獲得博士學位後，贊托開始追蹤知名心理學家 B・F・史金納（B. F. Skinner）在一九四〇年代所進行的反直覺研究。史金納用實驗室的老鼠工作時，開始揭露匱乏循環的力量。

史金納一貫地在每次老鼠撞到槓桿的時候，給牠們最喜愛的零食。但他的零食快不夠用了。顯然，史金納覺得有點懶，因為他沒有製作更多零食。他省著用剩下的點心，方法是在老鼠撞到槓桿時，以無法預測的時間間隔給牠們零食。史金納假設老鼠會變得無聊或生氣，畢竟老鼠撞到槓桿所得到的獎賞少了很多。

但是他錯了，相反的事情發生了：老鼠對於撞那個把手發展出一種近似強迫症的症狀，牠們陷入了機會、無法預測的獎賞與快速重複性的循環之中。

史金納的觀察令贊托感到著迷，他也同意透過視訊會議與我見面。他的頭髮花白，臉色也因為數十年來待在以日光燈照明的實驗室而顯得蒼白與柔和。

「我開始進行動物研究，是因為我對於人類學習與行為在多大程度上能以我們在動物身上看見的簡單過程來解釋很感興趣。」贊托告訴我。「會影響動物的心理機制，同樣也會影響人類。」從此，他便發現把鴿子轉變成墮落的賭客是相當容易的事。

他進行一項研究，讓鴿子在兩個遊戲中做選擇。在第一個遊戲中，鴿子啄一盞燈，每啄兩次就會得到十五單位最喜愛的食物。所以牠們的啄食中，有五〇%的機率會得到食物。就像：啄：沒有食物。啄：食物！啄：沒有食物。啄：食物！以此類推。

在遊戲二中，牠們大約每啄五次就會得到食物，因此牠們的啄食中，有二〇%的機率會有食物。但這個遊戲有兩個圈套。

遊戲二的第一個圈套是，贏的獎勵更大。當鴿子贏的時候，牠們會得到二十單位、而非十五

1 譯註：Gulf of Tonkin incident，也稱作東京灣事件，是一九六四年八月北越和美國之間在北部灣（東京灣）海上發生的武裝衝突。該事件導致美國國會通過針對北越的北部灣決議案，美國接替法國開始直接介入越南戰爭。國會的決議為詹森總統下令全面介入越南戰爭開了綠燈，開始對北越進行大規模戰略轟炸，同時大量美軍士兵和武器裝備進入南越，越戰全面升級。

2 譯註：MK-Ultra program，由美國中央情報局統籌的一項人類思想控制試驗計畫。該計畫始於一九五〇年代初，主要研究人類大腦的潛能控制，使用生物製劑還有藥物觀察對人腦的影響。計畫涉及許多非法活動，特別是以不知情的美國和加拿大公民作為實驗對象，引起道德與合法性相關爭議。

單位同樣美味的食物。

第二個圈套是贏的獎勵無法預測。因此這個遊戲比較像是這樣：

啄：沒有食物

啄：沒有食物

啄：沒有食物

啄：好多食物！

啄：沒有食物

但是下一輪的五次可能像是這樣：

啄：沒有食物

啄：好多食物！

啄：沒有食物

啄：沒有食物

啄：沒有食物

這樣你就懂了。

贊托解釋，數學顯示玩第一個遊戲合理多了。若一隻鴿子玩一百次遊戲一，牠最後會得到共七百五十單位的食物。但是在遊戲二，即使一次贏得比較多，那隻鳥只會得到共四百單位的食物。事實上，有一整個稱為「最佳覓食理論」（optimal foraging theory）的科學觀念說，動物會盡牠們所能，去以最少的努力獲取最多的食物。因此，那個理論加上常識告訴了我們：玩機率低的遊戲的鴿子，都是徹頭徹尾的蠢蛋。

我們知道每一個社會——無論是人類、鴿子、老鼠或任何動物——都有一小群蠢蛋。但是當贊托進行這項精確的實驗，「在短短幾次實驗中，鴿子就開始偏愛讓牠們得到較少食物、機率低的那一邊。」他說道。實際上，有九六．九％的鴿子選擇玩遊戲二。

贊托的眼睛睜得很大，還帶著像在尖叫的表情。「你能相信嗎！」他一邊這麼說，一邊告訴我，在蟑螂、猴子、老鼠、其他鳥類與更多動物身上，都可以看見同樣的現象。儘管獲得的資源較少，實驗室裡的動物還是不斷地玩著賭博遊戲。即使可預測的遊戲多給了七〇〇％的食物，有些動物仍會選擇賭博遊戲。「七〇〇％。」贊托重複說道。

他繼續說：「我們不斷發現，一種行為的價值或獎賞，部分是取決於你覺得你有多常得到獎賞。如果你幾乎確定獎賞會出現，那很好。如果你不確定獎賞會不會出現，那麼當它出現時，你會非常興奮，興奮到你會做出比較不好的選擇。我們一直在人類身上看見這種狀況，在所有領域都一樣。」

「但是為什麼呢？」我問道。「如果它不是最理想的，為何要這麼做？」

贊托笑了，他停下來，將下巴傾向天花板，一邊吸了一大口氣。「啊，」他說。「我常被問到這個問題。」

•
•
●
●
●
•
•

答案就在匱乏循環裡，它對我們根深蒂固的吸引力，源自於所有物種每天都會進行的一場賭博。那是我們人類過去曾經每天做、但如今已不再做的一種賭博：尋找食物。

人類演化成能夠長途跋涉尋找食物。在過去，我們通常一天會走或跑五到十三哩（約八到二十一公里）路，同時打獵與採集食物。這實際上是古代的購物形式，只是我們往往不知道食物在哪裡，因此會不斷地在土地上搜尋。這些古代的搜尋就像在玩一部現代的吃角子老虎機。

「我們的祖先在三、四或五個地方找不到足夠的食物時，他們不會停止，」贊托解釋道。「只會繼續搜尋。」尋找食物是我們生存與改善生活最原始與最重要的機會。若我們沒有繼續搜尋再搜尋——一拉再拉隱喻性的吃角子老虎機把手——我們就會挨餓，並緩慢而痛苦地死去。

我們會遠行到一個我們認為會有食物的地區（拉動把手，滾輪旋轉然後停下），那裡什麼都沒有，於是我們會去另一個地點（拉動把手，滾輪旋轉然後停下），仍然沒有，然後再到另一個地區（拉動把手，滾輪旋轉然後停下），一無所獲，接著再去下一個地方（拉動把手，滾輪旋轉然後開始排列成行……）。

中獎了，這個地方有各種食物（機器亮燈、發出雷霆之聲，並開始吐出錢幣）。

就像玩一部吃角子老虎機，我們的搜尋以無法預測的獎賞來吊我們的胃口，我們知道終究可能會找到食物，但到底是什麼時候？又有多少食物？

如同薩爾說的：「賭博不是你放下賭注或得知是否贏錢的時候，而是紙牌翻開、吃角子老虎機轉動、骰子落下的時候。」或是在過去，當我們徒步且飢餓地在土地上搜尋食物的時候。

在我們搜尋的時候，會體驗到「跡近錯失」與「偽裝成贏的輸」，那些時刻很接近贏但沒有贏，或是贏的比下注的少。假設我們看見了遠處的一棵莓果樹。「找到食物的可能性就會改變。」贊托解釋道。

那是一棵孤伶伶、沒有果實的果樹，像是一次跡近錯失嗎？或者它只有一點點果實，不足以取代我們走過去那邊所燃燒的熱量，像是一次偽裝成贏的輸嗎？還是它是一次真正的贏？這棵樹長滿了莓果，且位於一整片果實纍纍的果樹林周圍嗎？

如果我們在打獵，遠處的那隻動物是又瘦又小，還是又大又肥？那隻動物是落單還是與整個獸群在一起？（吃角子老虎機的滾輪對齊，代表我們贏了，我們在懸疑中等待，想知道贏了多少。）如果那隻動物逃跑，我們就會經歷跡近錯失的情況。

當然，我們每天的大部分時間都會重複這個行為。演化透過練習將匱乏循環對我們的吸引力傳授給頭腦，這正是我們的大腦會增強落入匱乏循環的原因。這是一個生存與改善生活的機會，有著無法預測的獎賞，我們也會快速加以重複。

但這種古老遊戲不只適用於食物，贊托說道。它適用於獲取任何給我們機會去改善生活的東西，可能是得到財產或其他資源、資訊、社會地位，或是其他讓我們感覺良好與存活下去的事物。為了我們的生存，匱乏的大腦需要發展出把我們推進循環中的機制。這使我們想到多巴胺，這個被誤解的程度與有名的程度一樣高的大腦化學物質。

到了一九九〇年，科學家已經看出多巴胺與所有人類做的有趣事物有關聯。他們發現，性、毒品與賭博都能導致大腦釋放多巴胺。「因此，多巴胺被認為是快樂的神經傳導物質。」肯特‧貝里奇（Kent Berridge）說道，他是密西根大學（University of Michigan）的神經科學家。這個理論認為，這些行動只是追求多巴胺快感的一種手段。

「這個觀點今天仍然存在。」貝里奇告訴我。自那時起，多巴胺在流行心理學中達到了神話般的地位。我們被告知，我們是個多巴胺混亂的殭屍之國，全都渴望下一次多巴胺的來襲。我們聽說過，有人為了得到多巴胺快感，而做出各式各樣偏差與墮落的行為。

例如，《富比士雜誌》（*Forbes*）上有一篇標題為〈沉迷於槍聲〉（Addicted to Bang）的文章，便指責多巴胺是人們喜歡槍枝的原因。或是一篇由《NBC 新聞》（*NBC News*）播出、標題為〈為何匿名者Q的追隨者都像成癮者〉（Why QAnon Followers Are Like Addicts）的報導。這篇報導解釋道，顯然地，多巴胺導致人們相信「一個撒旦的陰謀，一群吃人肉的戀童癖患者經營一個全球性的兒童性交易圈，密謀對抗前美國總統唐納‧川普（Donald Trump）。」（正如匿名者Q一向描述的）。

我們甚至被告知，一次「多巴胺禁食」將能解決我們的問題。但那基本上只是「停止做你不想再做的事」這句話的一種神經科學不知所云的說法。也就是說，多巴胺已經變成有點像是至今每一種人類不良行為的代罪羔羊。

事實上，多巴胺不是「快樂的化學物質」，也**不會讓**我們去做或相信任何事。「它讓我們更有可能去追求獎賞，即使在那份獎賞是適應不良的情況下。」貝里奇告訴我。多巴胺也是位多才多藝、誠實正直的公民，是一種神經傳導物質，意思是，它會在我們的大腦與身體中的神經細胞之間傳遞資訊。

它也會扮演所謂「旁分泌信使」（paracrine messenger）的角色，代表它的工作像是一名建築承包商，指揮各種其他過程發生。它調節動作，例如，帕金森氏症就是由特定腦細胞不製造多巴胺所造成的。它幫助我們排尿。它影響食物通過消化系統的方式。它幫助控制白血球細胞的生成，使我們能去對抗可能殺死我們的入侵病毒與腫瘤。它調節胰島素，從而調節新陳代謝，以及我們燃燒所吃的食物熱量的方式。

如果我們真的打算進行多巴胺禁食，就會死得很快，不管是帕金森氏症、鼓脹的膀胱、病毒或任何惡劣的疾病都有可能發生。

談到行為，多巴胺有助於我們把環境中的某些條件或提示，與獲得獎賞連結起來。一旦我們知道某件事物是快樂或有獎賞的，多巴胺主要是在我們**追求**與**預期**接受到那件快樂的事物時釋放，而非在我們**實際**接受到那件快樂的事物時。

因此，多數關於多巴胺的討論，都是用神經科學的方式來解釋所有動物如何學習與渴望，從而出現行為的一種相當基本與可觀察的公式。公式如下：**我們做一件事，如果那件事是有獎賞的，我們現在更有可能在類似的條件之下再次去做那件事。**

那個公式驅動著日常行為。例如，我們帶著壓力從公司回到家，喝了一杯酒，如果那杯酒減輕了我們的壓力，就好像是大腦在說：「啊哈！那很好，記住這一點。」

未來當我們帶著壓力回到家時，大腦就可能釋放多巴胺來產生對一杯酒的渴望。而這個過程深植在記憶中。以康復中的吸毒者為例，他們可能成功戒毒了好多年，但如果自己回到以前非法弄到毒品的地方附近，他們的大腦經常會大量分泌多巴胺，使他們渴望自己選擇的毒品。

但匱乏循環之所以如此強大，是因為它讓學習與行為公式中的一個小問題發揮了最大功效。正如史金納與贊托的研究所顯示的，所有動物，包括人類，如果不確定是否會得到獎賞，就會**無止境地**更想得到它。如果它的接收是無法預測的，無法預測性會令我們沉迷，也更有可能快速重複那個行為。

「對**可能**收到一個獎賞的期待，確實會讓多巴胺系統更加興奮，」贊托說道。「在我們不知道自己是否會得到獎賞時，多巴胺的分泌就會到達高峰。」無法預測的獎賞讓我們陷入一個懸疑的漩渦。跡近錯失與偽裝成贏的輸，為這個系統添加燃料，以激勵快速重複的行為。

因此，對於基本學習與行為公式的小調整是：**我們做一件事，但不知道何時會得到獎品，獎品會有多大，令我們非常、非常想要那份獎品，所以我們可能會為了那個獎品而繼續嘗試、嘗試、**

嘗試與嘗試。

確定的事很無聊，不確定的事會使我們著迷，讓我們有可能一次又一次地重複。

想想吃角子老虎機，如果它每一局都給出同樣的金額，那也不錯，但玩起來不會很刺激，而會被當成一份工作，本質上就是領月薪或時薪的工作。我們重複一個行為，然後老闆給我們一份可預測的獎賞。

因此，匱乏循環就是一種古老的遊戲，它的發展是為了讓我們保持活力，迫使我們在不確定性的面前堅持下來，然後再做一次，放棄的人就會死。

到了今天，生存已變得比較容易，我們不需要花一天的時間去搜尋資源，但是匱乏循環仍然吸引著我們的大腦。

CHAPTER 3

匱乏循環存在於何處？

Where The Scarcity Loop Lives

當我開始尋找這個循環，就開始到哪裡都看見它。「對了，這個系統不只是對吃角子老虎機很重要，」薩爾曾告訴我。「它在許多商品的設計上目前也變得很重要，無所不在。」它嵌入了影響我們生活的許多機構、科技與經驗中。

機會→無法預測的獎賞→快速重複性

這個由三個部分組成的優雅系統似乎已融入我們許多的日常行為中，在改變我們的行為上也是無與倫比的。如今我可以看出它正在引導我花更多的錢，吸引並抓住我的時間與注意力，以及慫恿我去重複我想克制的習慣。

看看這個匱乏循環在疫情期間是如何影響我的。封城結束後，我的體重多了十磅（約四・五公斤）。我在螢幕上花更多時間，銀行帳戶裡的錢變少，還多了各種不必要的物品。一切都要歸功於我在家裡的廚房檯面工作，工作沮喪時吃高卡路里的鬆脆食物，看電視與潛入資訊和社群媒體的瘋狂網路無底洞，為了做些刺激的事而下注晦澀難解的體育賽事或網購無用的垃圾，還有更多。

清醒時看見的事，就像發現自己忘了某個重要的工作會議後可能會有的感覺，那是一種頹喪的恐慌，隨之而來的是狂亂又無效的行為，只為了試圖掩飾不可逆轉又令人尷尬的無能。

然而，從本質上而言，那種循環與疫情毫無關係——它一直是生活的一部分，在最好與最糟的時刻影響著我們。我唯一能做的，是對那種循環以及它如何影響我與周遭的人變得更有意識，我開始去了解它。

社群媒體

這種循環顯然讓社群媒體「發揮作用」。貼文提供一個提高我們社會地位的機會，而每一個通知感覺就像旋轉滾輪的無法預測性。我們有得到一個讚、留言或私訊嗎？有多少呢？這有傳遞出社會能接受的新消息嗎？像是按讚或正面留言？還是拒絕呢？是最少的讚或一些尖酸刻薄的留言？

瀏覽動態消息也會把我們拋入那種循環中，那是在搜尋可能令我們開心、悲傷、煩惱、憤怒、嫉妒或驚喜的某件事，無止境的瀏覽也容許快速且無限的重複。

電子郵件

這種循環存在於電子郵件中，已成為我們私生活與工作不可缺少的一部分。刷新收件匣或接收一則通知，會創造一個無法預測的懸疑時刻，我們可能收到好消息、壞消息或只是普通的消息。

購物

亞馬遜付費訂閱服務（Amazon Prime）所提供的快速、強迫的可重複性是一回事，但完全比不上像是拼多多（Temu）之類的新APP，那是一個類似賭場的線上商店，從中國的工廠直接銷售商品給消費者；是亞馬遜遇到抖音（TikTok）再遇到吃角子老虎機。《紐約》（*New York*）雜誌如此解釋：「跟拼多多交手，就像與一個由AI驅動的銷售員在對話中被逼得走投無路，他正引領你穿越無數張桌子，上面放著分類好、有待銷售的商品，就在此刻，還有不斷增加的特殊優惠、連鎖促銷活動、獨家限時折扣，以及許許多多免費的東西。」

匱乏循環也在我們的廣告中。《廣告周刊》（*Adweek*）的廣告分析師最近發現，越來越多數位廣告商在使用類似賭場的無法預測性來推動銷售。想像一下，旋轉一個虛擬輪盤轉輪來決定折扣的大小。德勤會計師事務所（Deloitte）的研究發現，嵌入無法預測的獎賞的廣告，能增加四〇％的顧客參與度，且產生七倍的轉換率。

個人財務

匱乏循環如今也存在於我們個人的財務APP中，像是「羅賓漢」（Robinhood）等受歡迎的新股票交易APP，就是在利用更多無法預測的獎賞與更快速的可重複性。羅賓漢不收取使用者的交易手續費，相反地，它透過一種獨特且有爭議、稱為支付訂單流的做法，來吸收交易費。許多使用者快速重複交易，一天進行數百次交易，希望累積無法預測的小勝利。

美國的全國預防嗜賭理事會（National Council on Problem Gambling）的執行董事花了幾分鐘在這個APP，然後告訴《NBC新聞》：「（羅賓漢使用的策略）很多是直接取自賭場的使用者經驗：鼓勵立即性及頻繁的參與。」

因為這樣，這個APP最近的價值增加了四倍，也增加了一千三百萬個用戶，讓總用戶達到約兩千三百萬。如今，像是微牛（Webull）與TradeStation的模仿者也出現了，即使像是E*TRADE與嘉信證券（Charles Schwab）這樣老牌可信賴的交易平台，如今也使用與羅賓漢類似的策略。分析師認為，金融界將會繼續尋找新穎的方式來利用匱乏循環。

行動賭博

我們已不再有前往賭場去玩吃角子老虎機或下注運動賽事的障礙與暫停的必要性，賭場就在我們的口袋中。「博彩業最大的創新就是行動化，」薩爾說道。「行動遊戲已經改變了遊戲規則，完全是個拓展的遊戲。」運動博彩已透過讓我們打賭在極短時間內球賽會發生的事，像是一個隊伍在下一場比賽中是否會得分，來提高快速重複性。

拜這個新的可觸及性與快速重複的便利性所賜，行動賭博（Mobile gaming）最近一季就成長了二七〇%，光在美國就價值十四位數。

電視

匱乏循環也存在於我們觀看的影片中。

打造網飛自動播放功能的開發者羅伯特・史威尼（Robert Sweeney）說：「自動播放大幅增加了觀看的時間。在我們曾經測試過的功能中，它（造成了）目前為止在觀看時間上最大的增幅。」

他繼續說道。「網飛希望你花更多時間觀看，而產品團隊正以科學的方式設計產品，使其更容易令人上癮。」

這個循環在 YouTube 上特別有害。科技社會學家澤內普・圖費克奇（Zeynep Tufekci）發現，YouTube 的自動播放演算法會引導我們連續觀看更極端與兩極化的影片。極端的內容能吸引你、我與我們認識的每個人，因為人類的注意力會自然而然地被危險或戲劇性的資訊所吸引，那是一種被利用來捕捉我們的注意力的古老生存機制。

健康

匱乏循環正在改變我們的健康習慣。仔細想想 WHOOP 活動追蹤器與其他類似的裝置，都是利用非傳統的方法來利用匱乏循環。

那些裝置不包含可預測且容易更改的具體指標，像是計算步數。相反地，它們透過為使用者提供一個每天不同的「恢復分數」（recovery score）與「盡力分數」（strain score）註1，來擁抱不可預測獎賞的懸疑性。我們一天下來做的事，會以無法預測的方式改變這些抽象的分數。

無法預測性會引導使用者在一整天、每一天都去檢查與重複檢查他們的分數。

對致力於此的人來說，恢復分數就決定了一天的過程：一個人會去休息，還是去健身房，在那裡會做什麼，以及會做得多努力。這個健康的匱乏循環正以奇怪的方法改變行為。我的一個朋友是業界領先的物理治療師，他告訴我，有客戶來找他，說他們感覺很棒，但裝置告訴他們，他們的恢復分數很低，因此拒絕做高強度的運動。「我們正在根據非常可疑的假設與資料做出有關健康的決定，基於某些抽象的遊戲化數據來做出重要的決定。」他說。「這太瘋狂了。」

有鑑於WHOOP的成功，其他健康追蹤器像是Qura Ring、Fitbit、蘋果手錶與Lumen，也採取利用無法預測性的類似方法，造成人們對那個裝置具有更多的感知依賴性，這也是這些裝置如今已引入五美元到三十美元訂閱月費的原因。

約會

約會APP是使用那種循環來驅動行為與獲利的絕佳案例。以Tinder來說，它是有史以來收益最高的手機APP之一，讓往左滑或往右滑成名，不僅革新了約會APP，也革新了所有領域的APP。它能做到這樣，是藉由滿足我們最強烈的渴望之一——性與陪伴——並將其推進匱乏循環中。

Tinder的發明者布萊恩・諾加德（Brian Norgard）在一集播客中說：「當你想到Tinder的時候，它是個（無法預測的）獎勵遊戲。滑滑滑，配對成功。我的天啊，真是太棒了。滑滑滑，希望我能得到另一次配對成功。」他說道。「我們從（賭博）行業中汲取了很多東西……我們用一種微

---

1 譯註：WHOOP應用程式會根據你前一天的靜止心率、呼吸次數、皮膚溫度與血氧濃度來計算每一天的「恢復分數」，分數越高，身體越能承受高強度訓練。「盡力分數」則是根據追蹤運動強度的「伯格式身體活動自覺用力量表」（Borg Scale of Perceived Exertion）來計算身體的壓力指數，一天之中會隨著身體狀態而變動。

妙的方式來做，卻是很多人會看見付費牆的一種方式。」

Tinder 是免費的，但這些付費牆給用戶機會去購買能增加配對成功機會的功能。有些吃角子老虎機有類似的功能：你可以每次旋轉時多付一點錢，以提高獲得獎勵功能的可能性。

然後，一旦某人付錢購買升級功能，「你就會得到更多往右滑的機會，更多人喜歡你，你立刻就能擁有這種令人愉快的經驗。」諾加德說。「接著你看了看（改變的事），然後你說：『喔，那是因為我購買了（升級功能）！』所以如果（公司）可以在一個消費者工具中把因果關係結合在一起，大事就會發生。大事就會發生！」

有個加拿大研究團隊發現，疫情過後，單身的人變得更依賴約會APP。有個朋友告訴我，大多數單身年輕人是如何結識重要他人的，「現在都是用約會APP。」

電子遊戲

「在手機遊戲中，獎勵的給予是無法預測的。」這裡引述達莉亞・庫斯（Daria Kuss）的話，她是研究科技使用心理學的科學家。她告訴我：「創造出的懸疑感能讓玩家保持參與。因為他們知道，只要繼續玩遊戲，在某個時刻一定能得到一份獎賞。」

電子遊戲的世界已從賭場偷了許多手法，以致研究人員對這個現象有了一個新的術語，稱為「賭博轉向」（gambling turn），這種情況發生在手機、影片與電腦遊戲中。

在一個有點奇怪的研究中，加拿大的科學家挑選了一群人，在他們身上綁上各種監控設備，包括心律監控儀、壓力監控儀等等，然後讓這群人玩了半小時的Candy Crush（糖果傳奇）。研究人員發現，參與者的身體對嵌入在遊戲中跡近錯失的反應最強烈，能讓他們更快速地重複玩下一局且玩得更久。「結論是，」科學家寫道。「跡近錯失對於Candy Crush玩家，似乎與吃角子老虎機對賭客有著類似的心理與生理影響。」

零工

《紐約時報》報導，優步（Uber）以及許多跟它一樣的零工經濟公司，正在「投入一場不尋常的行為科學幕後實驗，來操控（司機們）為企業成長服務」。

例如，優步利用無法預測的獎賞與誘發懸疑感的線索，去推動司機延長駕駛時間，並前往公司希望他們去的地方。它也擁抱跡近錯失的心理學，當一名駕駛想要停下來，優步就會用一個機會引誘他，提醒他，「你只差（插入某個金額）就可以賺到（某個整數金額），你確定你想要離線嗎？」例如，「你只差二十一美元就能賺到兩百五十美元。」

如同《泰晤士報》（*Times*）所說的，重點是「要心理學的手段最終可能會成為管理美國工作者一種盛行的方法」。

新聞

匱乏循環的要素存在於一天二十四小時、一週七天、無所不包的新聞環境中。媒體學者說，二〇一六年之前的政治新聞有點像是一部無趣的老式吃角子老虎機，而之後的政治新聞比較像雷德其中一款新的吃角子老虎機。這顯然是從川普總統開始的，他的新聞報導比歐巴馬多了四倍。但是政治人物整體都開始表現得更無禮與更無法預測——讓我們對他們接下來會怎麼做、怎麼說、怎麼發推特，以及會讓我們感覺如何，保持一種懸念。

許多人都異常迷戀新聞，總在等待下一個突發警報。因此，像《CNN》與《紐約時報》政治新聞之類的新聞製造商，度過了有史以來最賺錢的年分。

正像賭場全都改用雷德的吃角子老虎機，新聞也改變了。《哥倫比亞新聞評論》（*Columbia Journalism Review*）的媒體分析師認為，媒體在二〇一六年後的時期變得如此著迷於收視率與獲利，以致創造了一種回饋循環。政治人物的行為會變得更加無法預測，以得到更多的媒體關注。反過來，媒體會以不同的方式報導新聞，以吸引大眾的目光。一份最近的研究顯示那些分析師是對的，那份研究發現，兩邊陣營最無法預測與最引起爭論的政治人物，在新聞網站與社群媒體上獲得的大眾參與度最高。

• • • • • • •

匱乏循環發生在許多領域中。Tinder 創始人諾加德說，利用它已「成為許多（公司）追隨的一種模式」。它是最強大的行為驅動力。

在今天，每人平均一天花十一到十三小時在使用數位媒體，像是手機、電視、電腦等等。

但那些只是匱乏循環最新的存在地點，科技專家正在那些地點設計匱乏循環的程式，以操控我們的行為。要記得，匱乏循環是很古老的。研究人員正在一些對我們最具影響力的機構中發現這種循環，像是現代的食物、醫療與教育系統。

他們相信那種循環是各種有害的人類行為與狀況的核心，範圍從超支、肥胖到成癮症與過勞，甚至是我們如何思考與處理幸福的一部分。如果我們只專注於科技，就會錯失大多數的平衡。

• • ● ● ● • •

這一切或許看似毀滅與黑暗，但薩爾提醒我們，匱乏循環之所以「有效」，是因為非常吸引人。那是強大的遊戲，沒有什麼比它更善於抓住我們的注意力、集中力，並推動快速重複的行為。

吸引人注意的事情通常也是有趣的事。我落入那種循環的經驗並非都是負面的，而且差遠了。例如，現在我非常喜歡每隔一、兩個月玩一次吃角子老虎機，一花完四十美元就停手，那是娛樂，與付四十美元去看電影沒什麼不同，我還少吃了很多會阻礙心血管流通的奶油爆米花，有時我離開時甚至會贏超過四十美元。

我也在一些社群媒體平台上交了有趣的新朋友，並進行正面的互動。當然，並非我在社群媒體上看見的每件事都能讓我變得更理智。而且，沒錯，我經常發現自己無意識地滑手機太久，但這也不全然是壞事。

而且，或許在我的活動追蹤器上愚蠢的「盡力分數」，確實讓我變得積極了一點。

儘管新科技受到批評，仍帶來了許多社會利益。這裡只舉一個例子，有些數據顯示，社群媒體問世之後，LGBTQ青少年的自殺比率有下降。社群媒體連結了小城鎮裡的 LGBTQ 青少年，他們可以形成一個之前沒有的支持網絡。科技也讓許多人在新冠疫情封城時期得以工作，學生得以學習。

許多科技倫理學家、公眾思想家與政治人物呼籲，要訂定更多科技規範，他們認為科技應該重新設計，降低吸引力。

但我們真的希望那樣嗎？Instagram 或 YouTube 應該把自己設計得很無趣嗎？我們真的想生活在一個沒有機會在吃角子老虎機上賠掉四十美元的世界嗎？或是在我們最喜愛的國家美式足球聯盟（NFL）隊伍下注，讓球賽變得更刺激？我們要把那個邏輯應用到多遠的範圍？

我希望不會太遠。那麼，是否有可能發現什麼是匱乏循環的**足夠**——但不會過度去做？

生於一八四二年的威廉・詹姆斯（William James）被認為是美國心理學之父，他的觀點奠定了現代心理學思想的基礎。詹姆斯捕捉到所有人都擁有並稱之為生命的短暫意識的深刻見解。他說，人生終究是我們關注的事物的集合。

博彩行業受到不少批評，但薩爾公正地指出，賭博是受到高度控管的。「吃角子老虎機可以有的賠率與功能，都有嚴格的法律規定。」他說道。許多受歡迎的產品與服務都可以如他們所願地利用匱乏循環，而他們擁有數兆個數據點與數十年的研究，全都顯示出是什麼一而再、再而三地捕捉了我們最寶貴的資源。有些人利用這個循環則是出於不可告人的動機。

舉例來說，行為追蹤公司尼爾森（Nielsen）最近發布了一份有關觀看與廣告習慣變化的報告。該份報告特別強調各種驚人的案例研究，說企業正在付錢給像網飛這樣的串流公司，把他們的產品深深融入我們最常觀看節目的故事情節中。這不僅僅是一件產品要置入在這裡與那裡，品牌正在成為敘事架構的重要部分。尼爾森指出，一家成為一齣賣座網飛節目重要故事情節的公司，能為產品得到「二十一歲以上觀眾超過八百萬次的印象，是關鍵的年齡樣本」。尼爾森如此寫道。我們以為自己看到的是暖心而引人入勝的電視節目，然而它也是一則好幾集的廣告。

還有手機遊戲。「Candy Crush 與其他類似的遊戲跟吃角子老虎機很像，只是在不同的經濟模式上操作。」薩爾告訴我。「它們都試圖引你上鉤，然後讓你到達一個卡在某個等級的點，等待遊戲給你一組符號組合，當你在技能範圍內執行出來，就能清除目標然後繼續前進。但那可能需要一組有五百分之一失敗機會的符號組合，因此會把你帶到一個你想要看見下一個等級的點，並且支付五美元或能讓遊戲繼續前進的東西。」很像約會 APP。

尼爾森的報告預測，這個「吸引然後收費」的模式，未來將成為一種規則。「在這個新興領域的觸及與影響力，對品牌來說是不容錯過的誘人機會！」那份報告如此陳述。的確，非常誘人。把這個誘人的簡單、吸引人、令人愉快的循環嵌入一件商品中，就能看著關注度與金錢滾滾而來。

一九二八年，宣傳天才與公關之父愛德華・柏內斯（Edward Bernays）寫道：「我們日常生活的每一個行動……幾乎都受到相對少數的人所主導……那些了解心理過程與大眾社交模式的人……大多是被我們從未聽過的（人）所支配，我們的心智由其塑造，品味由其形成，想法由其暗示……是他們在操控控制大眾思想的線。」

一個世紀前，詹姆斯與柏內斯就擔憂會有某種勢力，為了不可告人的動機而吸引我們的注意力，而那是早在任何人把匱乏循環對我們的控制編入法規之前。

那是一種深具吸引力的古老遊戲，它牽起我們的手，並陪我們走入「更多」，而那是有理由的。

CHAPTER 4

為什麼我們渴望更多？

Why We Crave More

小說家瑪格麗特・愛特伍（Margaret Atwood）曾說，人類具有「不知足的天賦」。心理學先驅亞伯拉罕・馬斯洛（Abraham Maslow）則形容我們為「永遠無法滿足的動物」。

他們不是第一個注意到這一點的人。人類早已承認我們不斷渴望與消費更多，也被警告渴望對我們的不利之處。想想基督教對於慾望、暴食、貪婪與嫉妒的教誨，佛教也承認渴望與執著導致所有苦難，或是希臘神話裡的邁達斯[註1]、印度教神話裡的基爾提穆卡[註2]，與中國神話中的饕餮[註3]。這些宗教的教誨與古老神話都警告我們同樣的現象：當我們屈服於「更多」的無窮盡胃口，最終將會吞噬自己。

我們似乎相信我們內在與外在的狀況將會是完美的，也相信一旦實現了下一個渴望，最後就能「抵達」與休息。這是一種錯覺，一旦我們滿足當下的渴望，無論多小或多大，大腦都會製造下一個渴望。這給了我們一種感覺，彷彿只差一步就能到達想去的地方，然而，等到我們演完勝利的劇本，舞台就會變得更大。

我在自己身上就看過這一點。我二十幾歲時，大多數時候都在追求某個藏在下一杯酒裡的完美目的地，但我從未找到，而這場尋求幾乎要了我的命。

在二十八歲戒酒成功後，我真的不再吞噬自己，直到我去尋找某件渴望的新事物為止。我那渴望的自我從未離開，反而把焦點轉向渴望更多事物：金錢與地位，或是從快速購物、下一次外出用餐中得到的刺激。

但是，為什麼?這個問題引領我去探究雷迪・克羅茲（Leidy Klotz）的研究。

克羅茲有土木工程學士學位、結構工程碩士學位，以及建築工程博士學位，全都是全美頂尖的工程學校。他目前是維吉尼亞大學工程系的科學家與教授，在那裡調查研究有關設計的重大問題，以及設計如何改善世界與我們身處其中的經驗。他曾贏得數千萬美元的資助，並曾擔任美國能源部與國土安全部、國家衛生研究院與世界銀行的諮詢顧問。

成為某方面專家的問題是：專業知識有時可能會把我們深深拖進所學、所知與所限去執行與思考的兔子洞，反而看不見洞外的事物。即使是最優秀與最聰明的人，也可能陷入沒有意識到的預設行為與思考模式，這些行為與思考模式在最好的情況下只是不理想，最糟的情況下甚至可能是愚蠢的。

克羅茲在幾年前得知了他的盲點。事情發生在他被一個上廁所會緊張不安，且全心相信復活節兔子存在的人超越的時候，那個人是他的三歲兒子艾斯拉。

克羅茲正在對艾斯拉示範工程的做法，他們正在用樂高建造一座橋，做好了跨距——橋上供

---

1 譯註：Midas，在希臘神話中，酒神為答謝邁達斯款待他的老師，承諾實現他的願望。邁達斯要求擁有把碰到的東西都變成黃金的能力，沒想到他碰到的食物與酒也都變成黃金，無法食用，最後又要求酒神將他的能力收回。

2 譯註：Kirtimukha，印度三大主神之一的濕婆因為配偶神被戲弄，憤怒地召喚出能吞噬一切的神獸 Kirtimukha。受罰者誠心地謝罪求饒。濕婆決定原諒對方，但神獸已應了濕婆的召喚而誕生，沒有東西可以吞噬該怎麼辦？濕婆說：「那你就吞下自己吧！」於是神獸從自己的尾巴開始吞食，最後吃下整個身體，只剩下一張臉。

3 譯註：中國古代傳說中的怪獸，因為太能吃而把自己的身體吃掉，只剩下大頭和大嘴，常用來形容貪吃或貪婪的人。

人行走或駕車的部分——兩人都在建造一個橋墩來撐高跨距。

但是當他們把一切連接在一起時，那座橋卻搖搖欲墜。艾斯拉的橋墩比克羅茲的短，讓跨距呈現出一個尷尬的角度。

博士工程師有解方，他到樂高桶裡搜尋更多積木，以撐高較短的橋墩。他一找到合適的積木後，往上一看，就看見艾斯拉做了一件引人注目的事，他從較高的橋墩上移除了積木。

「這明顯是比加上更多積木更好的做法。」克羅茲告訴我。那座橋不僅變平，還因為離地面沒有那麼高而變得更穩固。艾斯拉的解方也使用較少的積木，這給了他們兩人更多資源在橋的周邊建造一整個樂高城市。

對克羅茲來說，這是一切都變得清晰的時刻，窺見兔子洞外世界的一個機會，他的腦海中完全沒閃過減去積木的想法。

「於是我想知道，」克羅茲告訴我。「我們是否忽略了減法也是一個改變事物的方式？」

克羅茲從其中一個橋墩上移除積木，讓橋再度變得搖晃。他到哪裡都隨身帶著那座不平衡的橋與額外的樂高積木。當工程學的學生在他的辦公室開放時間來訪時，那座橋已放在他的桌上。當他與工程學教授同儕開臨時會議時，也會從公事包拿出那座橋與樂高積木。「修好這座橋。」他跟所有人說。

這些人接受過數百年來透過有效設計來解決問題的教育，但他們全都做出與艾斯拉完全不同的事，他們增加了更多樂高積木，所有人都被一個三歲小孩打敗了。

「我對於減法為何如此違反直覺很感興趣。」克羅茲說道。他進行了一連串的實驗。每個實驗都給一群人一個不同的問題去解決。在一個實驗中，參與者必須——你猜到了——穩定一座樂高平台。在另一個實驗中，他們必須改善一個微型高爾夫球洞的流向。其他實驗則要參與者改善論文、食譜或觀光路線，總共有八個實驗。

在每個實驗中，參與者可以透過增加或減少要素來解決問題。其中的圈套是，減法永遠都是最有效的解方。

以穩定樂高平台來說，那是一座不平衡的單腳桌，移除單一的支撐就能讓平台變得齊平又堅固。而那個迷你高爾夫球洞呢？亂七八糟的，就像個囤積者的洞，L型，有不同角度、沙坑之類的阻礙。

克羅茲甚至盡他所能地勸阻添加、鼓勵減少。他向參與者用假錢「收費」，針對他們加到結構上的每一塊樂高積木，或在迷你高爾夫球洞上安裝的功能。在一些實驗中，他甚至告訴這些人：「請記得，你可以加東西，也可以拿掉東西。」

這都無所謂。參與者還是去執行任務，然後立刻開始加東西，在結構上增補各種多餘的樂高橋墩，為高爾夫球洞安裝風車、有角度的減震物與沙坑。

參與者透過增加更多樂高積木與障礙，確實解決了問題。但他們做得很沒效率且費用較高，他們的解方用了較多的時間與資源。

克羅茲告訴我，對這些實驗（尤其是樂高那組）最直接的批評是：「參與者說：『喔，這個嘛，我們受限於只能用樂高增加與建造。』而我諷刺的回答是：『這個嘛，我們為何受限於只能用樂高增加與建造？』但我了解，那就是我們做這項網格研究的原因。」

在「這項網格研究」中，克羅茲要求參與者在電腦螢幕上使用十乘十的網格。有些網格的方格被隨機塗上綠色，其他的則被塗上白色（想像一個填字遊戲），目標是把綠色的方格排成一個對稱的圖案。參與者可以透過點擊白色方格使其變成綠色，或是點擊綠色方格使其變成白色來完成目標。克羅茲說，與用樂高來建造不一樣，這個實驗缺乏社會脈絡。

「你可以透過增加十二個有顏色的方格，或是減掉四個有顏色的方格，來解決這個網格的問題。」克羅茲告訴我。「我們甚至還告訴參與者：『盡快用最少的動作來解決這件事。』增加顯然是錯的。」但絕大多數的參與者還是繼續點擊，他們增加更多綠色方格，而非把多餘的綠色方格轉為白色。

克羅茲甚至翻轉其中一個實驗的等式。他給參與者一份非常緊湊的華盛頓特區一日遊行程，其中包含了十二個不同的遊覽活動。之後他問這群人：「你會如何讓這個行程變得**更糟**？」大多數的參與者認為拿掉一些遊覽活動會更糟，即少做一點。即使就客觀而言，進行較少的遊覽活動將能讓行程更寬裕，且形成一趟實際可行的旅程。

從這些實驗中得出的重點是：在人類的大腦中，較少就等於不好、更糟、無生產力。較多就等於好、更好、有生產力。匱乏的大腦預設的是更多，而且很少考慮到更少。當我們真的考慮更少時，經常會覺得它爛透了。

「人們系統性地忽視減少。」克羅茲告訴我。「如果人們思考了要增加還是減少，然後選擇了增加，那是一回事。但如果人們根本沒想過減少這個基本的選項，就是個大問題，可以說是我們如何改變與讓事情變得更好最基本的問題。我要增加、做得更多，還是要拿掉，做得更少？而我們發現人們系統性地忽視減少與做得更少的選項。」

他的研究在二〇二一年登上了知名期刊《自然》（*Nature*）的封面。

一旦我們看見這個現象，就能在各處看見它。隨便舉幾個最近發生的例子：聯邦法規的長度是一九五〇年時的十七倍。美國的住家比一九七〇年時大了三倍。我們擁有的衣服比一九五〇年時多了二三三％。與一九五〇年相較，餐廳的一份餐點大了四倍。從汽車到冰箱、微波爐、咖啡機，每一件東西都變得更大，且塞滿智慧科技功能（我的洗碗機為何要連結到雲端？）。陸續上任的大學校長增加新計畫的可能性，比減少無效計畫的可能性高了將近十倍。「是的，而且……」是即興喜劇的規則，而這句話已被商業界用來作為台詞。像是學術界與醫學界之類的業界，從二〇〇〇年代初期以來，專業管理人員就增加了四四％。我們在今天所創造與消耗的數據與資訊，比起短短十五年前，多了九十倍。高階員工今日平均花在會議的時間，比一九六〇年代多了一三〇％。話就先說到這裡了。

但是，沒有確實的證據顯示這些變得更多的訣竅比較好。就拿會議來說吧，有超過三分之二的經理人表示，大多數的會議既沒有生產力，也沒有效率，這些新湧入的會議讓他們與雇員無法完成重要的任務，打斷思考，並且（相當違反直覺地）讓團隊更加疏遠。

難怪我們會體驗到研究人員所稱的「時間匱乏」，感覺時間不夠用。事實上，拜人類壽命的增長與工作本質的改變所賜，我們擁有比以往更多的時間。然而，我們還是把生活塞滿這麼多強制性的活動、「待辦」事項，感到壓力重重。

事實上，整個經濟系統都偏好增加而非減少。我們評斷一個國家的力量與繁榮，是根據國內生產毛額（GDP），那是衡量一個國家生產的所有物品與服務的指標。提高GDP的唯一方法？就是增加，做更多、製造更多，以及榨取更多。

這種增加的現象並不新奇。**新奇的是**，如今我們有許許多多能增加的方法與能附加的部分。克羅茲解釋道，確實有「一連串的生物、文化、歷史與經濟力量推動我們走向更多」。

• • ● ● • •

物競天擇就像老賭場曾用來引誘賭客的三．九九美元的牛排，已被烤到死了。那可能是有史以來受到最詳細檢驗的科學理論，提出：使我們擁有更多後代與更能夠存活的特徵，會隨著時間變得更普遍；無法讓我們做到這一點的特徵則會被淘汰。

進入匱乏的主題。哈佛大學的人類學者寫道：「物競天擇並不是在豐足的時期作用最強，反而是在壓力與匱乏的時期。」他們說，匱乏會從根本上改變我們的心智與身體，讓我們建立獲取與消費的習慣。

例如，大約九百三十萬到六百五十萬年前，在一場全球性降溫時期導致叢林裡食物匱乏的期間，人類開始從人猿祖先分支出來，站得比較高與較擅長到各地旅行的人猿，能獲得更多食物、活下來，並散播他們的基因。經過幾代之後，這些人猿開始站立、用雙腳走路，因為這樣做能到更多地方，避免匱乏的危險；他們成了第一批人類。我們進化到增加，而增加在古老的匱乏世界中幾乎永遠是合理的，因此成了我們的預設值。

不過，到了現在，數十年的研究發現，最大的問題——無論是個人還是社會層面，有許多是來自能輕易滿足古代對更多之渴望的現代能力。科學家稱此為「演化上的不適應」（evolutionary mismatch），當某些在一種環境中有助於我們的行為與特徵在另一種環境中傷害我們的時候，這種情況就會發生。

請記住，我們天生渴求的事物，我們現在都擁有很多了。我們吃的食物、消化的資訊、攀爬的社會階層與擁有的物品，已經用一種經常與演化動力衝突的方式改變了。在「更多」的世界中一貫地遵循對更多的渴望，似乎以明顯而未經探測的方式，使許多人生病、感到痛苦。

我們對刺激、高熱量食物、大量財物、資訊、地位與更多事物的渴望，在充滿濃縮毒品、垃圾食物、網路購物、谷歌（google）搜尋、社群媒體等等的世界裡，出現了反效果。而企業則利用古老的匱乏循環，創造了一整套新科技，更進一步地催促我們。

不幸的是，我們無法用某種新奇的飲食法或訓練課表、冥想計畫、媒體排毒或近藤麻理惠[註4]式的週末大掃除，來解決所有現代的問題。請記住，我們的大腦被設計來不斷掃描與優先考量「匱乏提示」，環境中所透露、使我們感覺擁有的不夠多的提示，激發了匱乏心態。

「這種匱乏心態的效應甚至會發生在相對富裕、過得舒服的人身上。」凱莉・哥德史密斯（Kelly Goldsmith）告訴我。她是范德堡大學（Vanderbilt University）的科學家，專門研究匱乏提示如何影響我們。她的研究顯示，即使是最溫和的匱乏提示，像是牛奶或鋼筆的墨水沒了，都會促使擁有很多的人去拿取更多東西，並做出長遠看來會傷害他們的決定。

「我們發現，當你威脅到人們獲得日常用品的機會時，他們會為自己奪取更多，不太可能給別人。」哥德史密斯說道。更多讓我們感覺安全，彷彿我們正在努力解決這個感知到的匱乏問題。

而如果我們無法立刻滿足對更多的渴望，那個缺乏的念頭會造成內耗。美國心理學會（American Psychological Association）解釋道：「當心智感覺到缺乏某些事物，無論是金錢、時間、熱量，甚至是陪伴，我們的思維效率就會降低。」

回想一下美國心理學之父詹姆斯說的，人生是我們關注的事物的集合。我們可以利用腦力來事先計畫與解決問題，或只是感到滿意且享受當下狀況，卻被吸入渴望的漩渦中。「這種剝奪感，」科學家寫道。「可能導致一種全神貫注於事物的生活，從而強加持續的認知缺陷與強化自我挫敗的行為。」這是科學家對「我們擔心且做蠢事，而那傷害了我們」的說法。

但我們不是天生就知道自己何時會陷入過度，進步提供了更多、更好的一切，但我們很少停下來欣賞。我們的原始設計就是要上癮與改變目標，**想要更多、更好的一切**。

正如麥克阿瑟天才獎（MacArthur Genius grant）得主與神經內分泌學家羅伯特・薩波爾斯基

（Robert Sapolsky）所說的：「如果我們是由工程師所設計的，那麼隨著我們消耗越多，渴望就會越少。但常發生的人類悲劇是，隨著我們消耗越多，我們就會越飢餓，想要更多、更快與更強。昨天預料之外的快樂，今天我們覺得理所當然，明天就會變成不夠。」

傳奇籃球教練派特・萊利（Pat Riley）稱此為我們的「更多之病」。在他的職業生涯中，以教練或總經理的職稱累計，共獲得八次NBA冠軍，他發現各種運動的冠軍隊伍通常隔年都無法再度贏得冠軍。「成功，」他寫道，「往往是邁向災難的第一步。」一開始，專業運動員只想獲得更多場勝利，但一旦他們贏得一次冠軍，「更多」就會發生改變。他們開始把注意力放在一種新認知到的匱乏，想要更多的贊助、上場時間、金錢和個人的認可。

我們甚至可以在腦部掃描中觀察到這一點。劍橋大學的研究顯示，我們的大腦會根據過去的經驗與期望而改變對獎賞的化學反應。假設我們贏了一百萬美元，聽起來很棒，對吧？的確如此，但只有在我們預測贏得的獎金**少於一百萬**的時候。如果我們期待贏一百萬，那麼還不錯；要是我們計畫贏兩百萬，贏一百萬就會是一次失望。

當然，減少並非本質上就比較好，增加也不是，只是我們已經增加了很長一段時間。如今更多行業正在發現匱乏循環，並利用它來使我們加速進入「更多」。

透過預設為增加，我們經常做出——在最好的情況下——不理想的選擇，或者在最壞的情況

4 編註：日本的收納專家，著有《怦然心動的人生整理魔法》。

下，徹底愚蠢的選擇。

然而，答案不一定都是減少，更少可能導致自身的一連串問題。我們需要提出更深入的問題，並思考如何找到足夠，不是太多，也不是太少。

要找到足夠，我需要去發現與學習科技與其他領域中存在匱乏循環的地方，要找出我們被推向「更多」的地方、原因與程度。我需要有意識地去處理，並且深入了解我們不知不覺陷入那種循環的原因，以及正在使用匱乏循環更大的勢力背後的動機。

• • ● ● ● • •

贊托發現了關於鴿子一些有趣的事。

「我們一般是把牠們關在小籠子裡，單獨住在籠子裡，牠們似乎也適應得相當好。」他說。舉凡數字、資料與數據，全都顯示牠們的生活很好。「但有時會把牠們放到大籠子，生活更像是在野外，可以有社交，但不只是社交：那籠子被設計成比較像是牠們在野外的環境。牠們會飛來飛去，並停到岩架上，那是牠們在野外常常會去的地方。」

他想知道，當牠們在野生棲息地生活一段時間後，再展示那兩款遊戲給牠們看，會發生什麼事。

「在那之後，那些鳥確實開始做出最理想的選擇。」贊托說道。牠們選擇了遊戲一，那款非賭博的遊戲。

贊托告訴我：「有一個模型稱為『最佳刺激模型』，認為動物與人類有一個偏愛的刺激程度。當刺激低於那個程度，我們就會尋找刺激。我們發現，如果鴿子有過其他比較像野外生活形式的刺激，似乎就能減低牠們花大量時間選擇賭博遊戲的可能性。」

在某種程度上，鴿子能意識到牠們擁有的足夠了，滿足於自己所擁有的，渴望較少，也不想逃避到匱乏循環中。

「當你想到今天的人類，」贊托繼續說道，「很多人對於太容易獲得資源而感到厭倦。我們花更少時間探索與搜尋食物，在戶外的時間更少。我們的社交世界改變了，因此尋找填補這個刺激缺口的其他方式，來分散注意力或安慰自己。」我們更可能像是沒受到刺激、待在無菌的小籠子裡的鴿子一樣，落入人為製造的匱乏循環中，用欠缺考慮與適得其反的消費來填滿生活。「當我們的需求得不到滿足，」贊托說道，「就會賭博、網路購物，只是為了吃而吃，過度使用社群媒體，甚至吸毒。」

贊托說，上癮就存在於匱乏大腦的極端。他在退化的鴿子身上見過上癮行為，這些鴿子住在無菌的籠子裡，沒有受到刺激。他的同事也在實驗室老鼠與其他生活相同的動物身上看到了這一點。「人類在許多方面，與我的鴿子並沒有太大不同。」贊托告訴我。

贊托略微提及一種新的且有爭議的成癮理論。從一九九〇年代開始，我們認為成癮症是由大腦深處看不見的化學現象所導致。但是更多像贊托這樣的思想家意識到，我們跟未受到刺激的鴿子與其他動物的共同之處，比我們想像中的還要多。而他們的理論不只適用於毒品與酒精，而是一個理論架構，有助於理解「為了短期舒適，寧可犧牲長期成長和滿足」習慣的根本原因。

現在我開始連結匱乏循環與匱乏大腦，是時候離開安全的家了。如果我真的想了解如何馴服匱乏的大腦，就要去見那些處於邊緣的人。人們會在真實世界中找到答案，而不是在無菌的實驗室與 Zoom 應用程式上。

那個匱乏大腦的極端邊緣似乎是個很好的起點，我的第一站就是巴格達。

CHAPTER 5

逃避

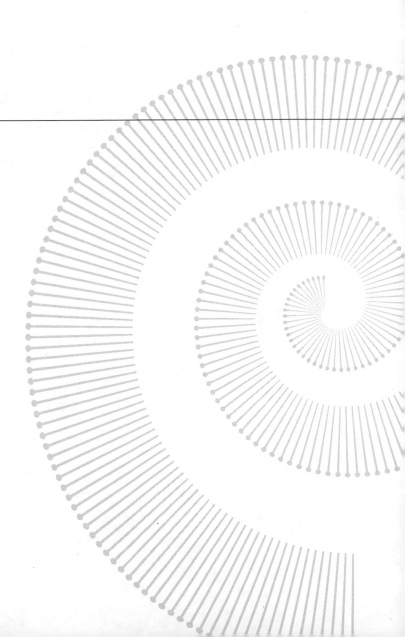

Escape

埃馬德・阿卜杜勒—拉扎克（Emad Abdul-Razaq）醫師坐在一張雕刻華麗的胡桃木書桌後方，桌上是一個用緊密排列的阿拉伯文字母寫著他名字與頭銜的牌匾，一面三乘五吋的伊拉克國旗掛在一根旗杆上，放在他身後的一個角落。他左邊的牆上擺著好幾個書架，其中塞滿用英文與阿拉伯文寫的精神病學教科書。醫師與一群群身穿西裝或軍服、看起來很有權勢的政府官員合照的照片散置在書堆中。

房間裡的氛圍並不好。醫師正用眼睛打量著我，就像看著一個他的國家最近才入侵你的國家的人，而那個人正在跟你求情。我的中間人埃爾比德就坐在我旁邊的椅子上，故作靦腆地笑著，一邊用阿拉伯語嘮叨地替我找藉口。我們不應該在這裡。

埃爾比德和我過去幾天都瘋狂地在巴格達開車。我很快就發現，埃爾比德是個頭號瘋子與騙子，他快三十歲了，像個海盜一樣蓄著長長的鬍子與尖尖的山羊鬍。

抵達伊拉克之前，他就寄給我一份當週的預定行程表，上面詳細地列出我們會去的地方、會見的人，以及見他們的確切時間。那張紙也說明我們會如何開著一輛「非常安全、頂級豪華的休旅車」，以及我會如何入住「巴格達最高檔、最安全的飯店」。

埃爾比德開著一輛破破爛爛、車齡十年的基礎型現代汽車到機場來接我，之後讓我在旅館下車，那是一個煙霧瀰漫又人手不足的地方，旁邊就是被炸毀的建築，裝飾房間的是灰塵與水漬。

「啊，是的是的，我們找旅館遇到了問題，」埃爾比德抱歉地說。「好的旅館都客滿了。」

接著他承認，所有「已確定的會議」只是在完美場景下可能會做的事之建議。

當他察覺到我對車子、旅館與計畫的虛張聲勢的猶豫時，他握住我的手。碰觸到他超大的黃金尾戒感覺很冰冷。「會沒事的，」他說。「是的，**沒事**。」然後他帶我出去吃午餐。在那裡，他點了過量到不行的餐點，並對我大叫「哈拉姆」**註1**，指責我如果沒有把所有食物吃完，就觸犯了伊斯蘭律法。

最初幾天，我們大多開著埃爾比德那輛既不安全也不頂級的現代汽車在巴格達到處跑，他則一邊瘋狂打電話給政府、軍方、毒品和衛生官員，試圖把所有的「提案」轉為事實，所以我認為這趟旅程算是扯平了。

但正如埃爾比德的詐騙成功讓我來到伊拉克，他終究也開始對其他人發揮作用。這個男人一直在講話，說服別人讓我們進入我們想要進入的情境，並離開我們不想進入的情境。他說服別人讓我們進入恐怖份子與毒梟的拘留室、緝毒部隊前哨站、毒癮康復中心、與軍隊情報員進行非正式會面，以及伊拉克正在對抗一種新奇毒品的戰爭最前線的地方。同時，他也說服別人讓我們**離開**一些棘手的情境，像是在安全檢查站以及與聖戰民兵組織成員發生的衝突，那些人寧願看見美國與美國國民都從地圖上消失。我們看見了很多槍。

到了第三天，埃爾比德成功談好了與監督治安與邊境管制的伊拉克內政部的會面。但後來一場史詩級的沙塵暴吞沒了這座城市，能見度下降至二十碼（約十八公尺）。伊拉克對待沙塵暴的方

---

1 譯註：Haram，阿拉伯語，意指「禁止的」、「違反教律的」。

式，與其他國家對待暴風雪或颶風的方式一樣，學校、政府大樓與非必要的公司行號全都關閉，事情看起來毫無希望。

但是隔天早上，他說服別人讓我們進入那棟警察大樓。當他嘰哩咕嚕地說著話、面對許多反抗時，我意識到自己需要掌控局面。我設法找到一些在伊拉克境內的記者，並透過——令人意外的是——Instagram 聯絡到他們。其中一位給了我阿卜杜勒—拉扎克醫師的電話號碼。在我們去過警察大樓之後，埃爾比德打了電話，醫師接了電話，叫他改用簡訊聯絡。當埃爾比德傳簡訊給醫師時，他開始咧嘴笑了起來。

「他以為我是另一個同名的人，」埃爾比德說。「但他同意見我們。」當我猶豫時，埃爾比德不讓我說話。「不，不不不，那位醫師會談的，會沒事的，沒～事。他會說的，沒錯，他會說。你應該擔心的是其他事情，像是我們午餐要吃什麼。」不得不承認，當時我很絕望，所以同意了。

然後，我們搖搖晃晃地駛過巴格達的熱浪。經過大馬士革街上有人駐守的狙擊塔與在底格里斯河（Tigris River）畔列隊保護解放廣場（Tahrir Square）的民兵組織成員，那是抗議與攻擊的熱點。

埃爾比德一邊開車，一邊雙手各拿一支手機。他會用一支手機講電話，另一支手機傳簡訊，同時笨拙地用膝蓋駕駛車子。這傢伙可能是中東最糟糕的駕駛，光是那天早上，他就因為試圖把那部現代汽車擠到人行道與另一部車的中間，而撞裂了一個輪胎的側壁。

空氣從輪胎斷斷地漏出來時，他看著我說：「你是美國人，代表你喜歡車子。你知道怎麼換輪胎嗎？」這裡沒有道路救援服務，於是我就在華氏一百度（約攝氏三十八度）的高溫下更換輪胎。

當我擰開輪轂螺母時，巴格達的七百萬居民似乎都開車駛過我旁邊，咒罵著要我讓路。

之後不久，埃爾比德在傳簡訊時擦撞到一部停在我們前面的計程車。將近二十分鐘之後，他又在喋喋不休時與一部休旅車相撞，像在真實生活中開著碰碰車似地身體彈跳起來。

在兩起事故中，埃爾比德都把車速放慢，搖下我這邊的車窗，接著俯身越過我，用阿拉伯語向另一名駕駛大吼大叫，然後就油門踩到底把車開走。兩部車子都沒有停下來交換保險資訊或類似的東西。

「你跟他們說什麼？」我問道。

「我說：『你幹嘛擋我的路?!』」他答道。

然後我就在這裡了。與伊拉克的精神病學頭頭坐在一起開會，埃爾比德不知先跟他胡說八道了什麼。我不得不把身上所有的東西交給辦公室門口全副武裝的警衛，包括護照、簽證、電腦、拋棄式手機、GPS定位器、要是我被綁架了可以用來逃脫的各種工具，以及五千美元現金。此刻的我身上只有皮夾、筆記本與筆。

阿卜杜勒─拉扎克醫師把深邃的目光從埃爾比德身上移開，轉到我身上。「他說你是位教授。」阿卜杜勒─拉扎克醫師用英文說道，同時向埃爾比德點頭示意，這傢伙正咧開嘴笑得像個挨家挨戶推銷東西的銷售員。「你有身分證明嗎？」

「嗯……」我咕噥著說，同時拿出皮夾，這要求讓人感覺不自然又有損尊嚴。

我把內華達大學拉斯維加斯分校破舊的身分識別卡遞給醫師，他輕碰眼鏡，細看上面的資訊，彷彿待會兒要接受測驗似的。「上面寫你的頭銜是『教職員』，而非『教授』。」他說道，開始準備把我們趕出房間。我解釋，在美國，「教職員」指的是大學裡所有的教學與研究職位。

「你在什麼學術部門？」

「新聞系。」我說。

他翻了個白眼。「如果你想知道伊拉克的毒品與成癮症情況，」他說，「去下載二〇一四年伊拉克對毒品使用的家戶調查，就在我們的網站上。」他再次示意我們走向門口。

但是與我在伊拉克與大多數人的互動相比，這次的互動中沒有看到槍。沒有AK—四七步槍，沒有格拉克手槍（Glock），它們都在走廊盡頭。我旅行了七千五百哩才到達那裡，只因為想了解匱乏大腦的極限。而這位手無寸鐵的醫師兼政府官員正好可以幫助我做到這一點，何不對他施壓一下？

我告訴醫師，二〇一四年的數據對我來說太舊了、不可信賴，對他來說也是一樣。從那時到現在，很多事情都改變了——伊斯蘭國的崛起、美軍的撤離。我很想了解一種名叫苯甲錫林的新興毒品，聽說那種毒品正在侵襲伊拉克。

正當醫師開始用聖戰份子的眼神看我時，我開始承認我自己的國家也有毒品問題，而且比伊拉克還要嚴重。而我相信伊拉克的毒品新領域能幫助我了解成癮症，這問題跟邊界、背景與銀行帳戶或其他類似的東西無關，也許能清楚顯示其他普世的問題。

或許是我使用了「數據」這樣的科學術語，或是我承認自己的國家在某些方面跟他的國家一樣混亂，也對他國家的混亂造成很大的影響。無論是什麼原因，醫師的眼神不再那麼充滿敵意。他把我「教職員而非教授」的身分識別卡放在他的桌上，往後靠到他的皮椅上，撫摸著他那神似湯姆・謝立克（Tom Selleck）的鬍子。

「沒錯，這個國家的毒品使用量大幅增加。」他說。「在二〇〇三年美軍入侵之後就開始增加，這次入侵破壞了國家的穩定，也為人們會吸毒的後果開了大門。接著，自從二〇一四年與伊斯蘭國開戰以來，我們的毒品供應量就大幅增加，特別是像苯甲錫林之類的興奮劑。苯甲錫林的問題很嚴重，而且還在惡化中。」

• • • • • • •

一九六一年，一間德國製藥公司發明了苯甲錫林，把苯甲錫林當成阿德拉（Adderall）、迪西卷（Dexedrine）與苯甲胺（Benzedrine）之類的安非他命替代品來銷售。苯甲錫林能增加專注力，並誘發愉悅感，因此被用來治療孩童的注意力不足過動症（ADHD）與成人的憂鬱症。

在一九七〇年代，醫生開始注意到苯甲錫林的效果太好了，濫用與成癮的傾向超越了醫療上的好處。在娛樂上使用這個藥物，在像是沙烏地阿拉伯這類擁有豐富石油資源的波斯灣國家變得很受歡迎。伊斯蘭國家一般會遵循哈拉姆（違反伊斯蘭律法）或禁令制定的嚴格律法，吸毒與飲酒是哈拉姆。但因為苯甲錫林是一種合法且有醫學支持的處方藥，有些人就將它視為一種得到快感卻不違反哈拉姆的方法。這種現象並不獨特，例如猶他州是處方藥物濫用率最高的州之一，因為摩門教徒不能喝酒或咖啡，也不能使用尼古丁。

到了一九八〇年代，聯合國把苯甲錫林列為一種受管制物質，世界各國開始禁止製造與使用，但中東國家無法戒除其習慣。

為了供應所需，敘利亞軍隊與黎巴嫩恐怖組織真主黨（Hezbollah）介入了。在一九九〇年代，他們開始沿著敘利亞、黎巴嫩邊界設立小型祕密實驗室，為軍事行動提供資金。但禁令實施之後，苯甲錫林的原始活化成分（芬乃他林〔fenethylline〕）的供給用罄，他們就用隨機混合的甲基安非他命、安非他命、咖啡因、重金屬，與能找到的其他便宜的興奮劑來製成藥丸。

二〇一一年的阿拉伯之春運動，讓敘利亞陷入一場持續至今的內戰，使得總統巴夏爾・阿薩德（Bashar al-Assad）的什葉派穆斯林（Shia Muslim）政權與像是蓋達組織（al-Qaeda）等團體對立。二〇一四年，伊斯蘭國在伊拉克崛起並捲入衝突，他們與伊拉克政府和阿薩德的軍隊作戰，試圖創建一個在伊拉克與敘利亞的核心伊斯蘭國（Islamic State in Iraq and Syria，因此英文縮寫是「ISIS」）。

在到達伊拉克之前，我跟卡洛琳・羅斯（Caroline Rose）談過。她在華盛頓特區的地緣政治智庫新線研究所（New Lines Institute）研究苯甲錫林貿易。她告訴我，為了資助戰爭，阿薩德政權接管製藥工廠並設立大型實驗室。「他們雇用大量勞工製造工業化規模的苯甲錫林。」她說。

如今，敘利亞至少有十五座由政府支持的主要苯甲錫林生產設施。「在敘利亞，苯甲錫林的製造大多隸屬於『第四師』。」羅斯說道。他們是敘利亞軍隊裡的菁英軍事單位，類似「海豹六隊」

（SEAL Team Six）。

「還有與伊朗革命衛隊（Iran's Revolutionary Guard Corps）有緊密關係的組織來幫忙。」羅斯說道。伊拉克由國家資助的民兵組織，像是接受伊朗的訓練與資助的人民動員部隊（Popular Mobilization Forces），也為苯甲錫林的貿易提供協助。

我們與阿卜杜勒—拉扎克醫師見面後的隔天，埃爾比德與我來到巴格達的阿爾曼蘇爾購物中心（Al Mansour mall），那是一座標準的多樓層購物中心，有一個大型的美食廣場，裡面有漢堡王（Burger King）與仿冒的美國速食餐廳（正宗的美國餐廳不會把經銷權給伊拉克）。

我們跟埃哈布（Ehab）和納多恩（Nader）（基於安全考量，他們的全名不能曝光）在購物中心頂樓的一間水菸休息室碰面。他們倆都是伊拉克軍隊的情報員，負責在敘利亞邊境對抗伊斯蘭國和其他走私者的緝毒行動。我們圍著一張桌子坐，俯瞰巴格達散亂蔓延的燈光。其他男人從傳統水菸筒抽著檸檬香味的水菸時，我則啜飲著一杯濃濃的荳蔻咖啡。

「我們是從二〇一四年開始注意到更多的苯甲錫林，在與伊斯蘭國交戰的期間。」埃哈布解釋道。「伊斯蘭國的戰士會服用苯甲錫林來消除恐懼，感覺自己更強壯，可以更久不睡覺。服用它是為了做好赴死的準備，許多自殺炸彈客會服用苯甲錫林。」

由於這種藥物與伊斯蘭國的關聯，西方媒體開始稱苯甲錫林為「聖戰士藥丸」（Jihadi pill）。但是苯甲錫林很快就在戰爭雙方的戰士之中受到歡迎。「現在很多伊拉克步兵部隊的軍人都在使用苯甲錫林或其他安非他命。」納多恩說道。

軍人使用安非他命不是新聞。《跨學科歷史學報》（*Journal of Interdisciplinary History*）裡的一篇論文就報導，二次世界大戰中，同盟國與軸心國兩方的軍隊都有使用不同的安非他命，學者寫道，因為這種藥物「能增加信心與侵略性，並提高『士氣』。」

納多恩與埃哈布兩人都經常被部署到邊界，打擊日益猖獗的毒品貿易。他們呼應了羅斯關於伊拉克民兵組織在貿易中扮演的角色的觀點。「很多民兵都不正派，會收取賄賂或忽視問題，因為部分從毒品賺來的錢會流向伊朗。」納多恩說。

這是一個由聖戰士組成的完整軍事毒梟工業複合體，聖戰士製造與走私苯甲錫林，它已成為中東地區需求最高的毒品。這種需求是一個延伸與膨脹到新地區的幽靈。敘利亞的非法苯甲錫林產業的價值，如今是其整個合法出口產業的四十五倍。但是跟墨西哥為了財富而製造與分銷毒品的販毒集團不同的是，從苯甲錫林賺取的財富被用於恐怖活動，用於資助涉及戰爭罪行和恐怖主義的組織。

而那個數字是驚人的。馬來西亞與義大利當局最近發現了兩批一億片的藥丸，每一批都被安排經過他們的港口再回到中東。專家估計，越過邊境的毒品中，只有一%到五%被沒收。此時此刻，數十億顆的苯甲錫林藥丸正在中東各地流通，數十億。

羅斯最近分析了所有數字。二〇二〇年，這項貿易價值三十四億六千萬美元，二〇二一年是五十七億美元，二〇二二年超過了一百億美元。到了二〇二三年與以後，數字可能會遠遠超出這個水準。但一些分析師認為這些數字都太保守了，市場可能比這個數字大上三倍。

聯合國毒品和犯罪問題辦公室（United Nations Office on Drugs and Crime）的報告指出，過去毒品常經過伊拉克轉運到其他中東國家，但十年前，毒品開始大量湧入並留在伊拉克。二〇二一年，短短幾個月的時間，伊拉克軍隊查獲的苯甲錫林數量就是二〇一九與二〇二〇年合計的二十倍。然而，埃哈布說，最近的查獲量遠超過這些。

「與敘利亞的邊界很長，」納多恩解釋道，口中吹出檸檬味道的煙。走私客越來越有創意。「我們最近攔下一名要從敘利亞越過邊界到伊拉克的牧羊人，發現他切開羊的胃，把一包包的苯甲錫林放在裡面再縫起來。」

因為這項貿易而生的暴力不僅僅在巴格達，埃哈布告訴我。「我們有很多軍人被殺。」他說。毒販現在採取先殺後逃的方式，穿越邊界走私苯甲錫林。毒販攜帶著ＡＫ—四七步槍、火箭推進榴彈、狙擊步槍與土製炸彈。伊拉克陸軍上校齊亞德・阿爾・凱西（Ziyad Al Qaisi）最近說，儘管恐怖主義與毒品是同一枚硬幣的兩面，但打擊毒品貿易變得越來越危險。

我抵達伊拉克時，一波苯甲錫林的浪潮正在席捲巴格達。幾天前，當局才攔阻了一部塞滿八百萬顆藥丸、正要從敘利亞開到巴格達的運輸卡車，還破獲了一個計畫配銷六百二十萬顆苯甲錫林的當地毒品集團。

一名披著黑色頭巾的女子走進阿卜杜勒－拉扎克醫師的辦公室。她在我與埃爾比德前方的咖啡桌上放了兩個小紙杯，裡面裝了古銅色小荳蔻風味的錫蘭茶。「願平安降臨到妳身上。」埃爾比德用阿拉伯語說。

那名女子轉身離開房間時，醫師點了點頭，然後開口說話。「在伊拉克，我們有很多創傷的受害者，這種創傷始於一九八〇年代與伊朗的戰爭。」他說。在那場戰爭中，薩達姆・海珊（Saddam Hussein）侵略了當時才剛經歷一場伊斯蘭革命的伊朗。因為伊朗正處於一種革命後的混亂狀態，海珊便認為他可以橫掃整個國家並快速輕易地接管。那場戰爭持續了八年，最終以僵局收場。

「那場戰爭中有一百萬人死亡。」阿卜杜勒－拉扎克醫師說道。兩年後，一九九〇年，海珊入侵科威特，導致美國與其他國家介入並開啟了波斯灣戰爭。之後又有反對海珊的起義，像是從一九九四到一九九七年的伊拉克庫爾德內戰（Iraqi-Kurdish Civil War），造成了種族滅絕，據說海珊統治的期間曾屠殺了二十五萬名伊拉克人。

二〇〇三年，美國與盟友入侵伊拉克，隨後的戰爭驅逐了海珊，戰爭的進程緩慢，官方紀錄是到二〇一一年結束。據估計，有一百萬人在那場戰爭中死亡。伊斯蘭國便利用對西方日益增高的仇恨，從廢墟中崛起。

從二〇一三年到二〇一七年，這極其惡劣的暴力組織實施了恐怖統治，試圖創造一個哈里發國。例如，摩蘇爾戰役（The Battle of Mosul）就被認為是二次世界大戰以來最激烈的城市戰鬥。時至今日，伊拉克仍在與伊斯蘭國叛亂份子作戰，轟炸、暴力攻擊與處決每隔一天就發生，而且持續增加中。經濟也成了一片廢墟。「外國投資很少，失業率很高。」阿卜杜勒－拉扎克醫師說。

「因此我認為，成癮症最常是環境的作用。」醫師說道。「如果條件對了，也能取得毒品，毒品使用就會上升。人們使用毒品是出於正當理由，毒品是逃避、感覺有能力、處理生活與生存的簡單方法，有些勤奮的伊拉克人會使用毒品來保持清醒，延長工作時間。」

醫師間接提到了與贊托一樣的成癮症理論。我們長久以來都把物質使用視為一種奇怪的異常現象，一種若非道德敗壞、就是大腦化學物質敗壞的作用。但有越來越多人認可，過去的毒品使用幾乎都是好的，能幫助我們生存。

現代日趨富足的生活改變了物質使用的本質，然而在某種程度上，成癮者的大腦仍舊把毒品使用視為一種生存機制。

如果我們能解釋那是如何發生的、為何發生，就能了解伊拉克與其他地方的人使用苯甲錫林的內在與外在條件，也有助於了解我們最想改變的許多習慣的根源；了解我們為何、何時與如何落入匱乏循環的主要原因，以及我們可以如何找到「足夠」。

• • • • • •

如果你想在精神科醫師用來治療病人的聖經——《精神疾病診斷與統計手冊第五版》（*DSM-5*）中查詢成癮症的定義，是查不到的。《精神疾病診斷與統計手冊第五版》不用「成癮症」這個詞，他們寫道，是因為「其定義不明確」。畢生致力於研究成癮症的人給過我各種不同的定義，但跟我談過的科學家與執業醫師普遍都提出相同的概念，成癮症就是儘管有負面後果，仍長期尋求某種獎賞的行為。

在這個架構下，我們的祖先都是成癮者。早期的人類不顧巨大的危險，仍持續進行史詩般的狩獵。儘管不知道未知中會有什麼危害，他們仍去探索新的領土、搜尋更多資源。他們勇敢地面對危機四伏的天氣、野生動物、地形等事物，只希望得到食物與安全的獎賞。如果我們的物種不願意長期堅持面對負面後果，例如在狩獵中摔斷一隻手臂，找尋食物時迷路與挨餓，然後隔天再重複同樣的事，我們早就滅絕了。

腦部掃描甚至顯示，成癮症存在的系統，與關於愛的大腦系統是相同的，無論是對伴侶或孩子的愛。「那個系統自然而然地演化，產生不顧後果的強迫性行為，」成癮症研究者、記者與《成癮與大腦》（*Unbroken Brain*）的作者瑪亞・莎拉維茲（Maia Szalavitz）告訴我。「若非有某種更深層的獎賞，讓你不管有什麼負面後果都願意堅持下去，你絕不會與伴侶維持關係，也不會去處理養育小孩所帶來的那些尿布、哭泣與挫折。」

事實上，我們這個種族的「成癮者」——儘管遭遇最惡劣的狀況與後果，仍堅持最久的人——可能是最成功的，當然，是他們被殺死之前。

再來談談毒品使用。使用毒品並非新鮮事，也非人類所獨有。科學家如今已知，使用精神活性物質有「非常深厚的演化根源」，可回溯到五億年前首次出現的多細胞生物上。

我與鮑林格林州立大學（Bowling Green State University）的演化生物學家莫伊拉・范・斯塔登（Moira van Staaden）談過，她告訴我，像是安非他命、古柯鹼、類鴉片藥物、尼古丁與酒精，最初是植物用來抵抗昆蟲的防禦機制。

其運作的方式就像這樣：一隻蟲開始吃植物，但很快地，植物中的毒品化合物就會以保護植物的方式來影響那隻蟲的行為。范・斯塔登說：「想像一隻帶有保護色的昆蟲，如果那隻蟲吃到含有安非他命的植物，而那些化合物導致牠突然開始更快地移動，就會破壞牠的保護色，使掠食者更快、更容易看見牠，並且吃掉牠。」

其他像是類鴉片藥物的化合物可能會讓那隻蟲的動作變慢，其他化學物質則可能影響那隻蟲的繁殖慾，只留下一隻酒醉的蟲、而非新一代的蟲在吃那株植物。從這些毒品化合物中得到的快感也必須得到回報，如果那隻蟲在第一次碰到那種物質時沒有死，牠一定想回來吃第二輪。

范・斯塔登的實驗顯示，人類用來改變心智狀態的所有化合物，像是古柯鹼、類鴉片藥物、安非他命、酒精、尼古丁等等，對昆蟲的基本效果與人類相同。舉例來說，當她給小龍蝦服用安非他命，牠們會變得異常亢奮。當她給果蠅吸食酒精，牠們的飛行模式會變成像在空中絆倒一樣。當她給小龍蝦服用類鴉片藥物，牠們的動作就會變慢，且對繁殖失去興趣。

「所以毒品化合物的進化並非針對我們人類。」范・斯塔登說道。「而是針對昆蟲。」但最初出現在昆蟲身上的基因流傳了數億年，並傳給了我們。

「當然，在結構層面上，我們與像是小龍蝦這類最初在六億六千五百萬年前出現、至今仍然存在的昆蟲大不相同，」范・斯塔登告訴我。「但若你看看受體與生物化學——在化學與分子的層面上——我們與昆蟲的基因有很大的比例是相同的，在所有層面上平均有八〇%的相似處，因此我們也容易受到植物中相同的精神活性化合物的影響。人類本質上就是這個過程的連帶受害者。」

從共同的祖先進化以來，我們這個物種——**智人**——就一直在服用改變心智的物質，那些祖先也會服用改變心智的物質，他們的祖先也是如此。以此類推，一直追溯到那些古老的昆蟲。

但我們不是昆蟲，我們的體型更大，也更聰明，我們學會了用那些植物化合物作為工具。史丹佛大學的科學家表示，目前被認為成癮性最高的物質與行為，幫助了我們的早期祖先在演化的嚴酷考驗中生存下來。

仔細想想酒精。早期人類對水果的重視程度高於大多數食物，因為水果的糖分與卡路里含量都很高。當野生水果從樹上掉落並成熟，便與空氣中自然存在的酵母混合並開始發酵。加州大學柏克萊分校的科學家表示，這顆發酵中的水果會散發一種氣味，幫助早期人類找到它，這個過程也在水果內部產生了低濃度的酒精。

吃下這顆含酒精的水果，會引發科學家所謂的「開胃酒效應」（aperitif effect）。研究顯示，人們在喝酒後的食物攝取量會增加一〇%到三〇%，迫使我們的祖先去尋找並大啖更多水果，為食物短缺時期儲備養分。這種微醺的感覺還會更進一步獎勵我們，酒精甚至會殺死細菌，因此這種含酒精的食物不太可能含有讓我們生病的細菌。

這代表在過去，酒精等於生存。但野生發酵水果的酒精含量非常低，以至於我們在開始語無倫次之前早就吃飽了。

同樣的規則也適用於興奮劑、類鴉片藥物、菸草、迷幻藥、大麻等等。古柯鹼來自古柯葉，這些葉子含有少量的化學古柯鹼，只有百分之零點幾。在狩獵與尋找食物漫長又艱辛的過程中，咀嚼那些葉子能消除飢餓感，增加耐力與專注力。其他天然的興奮劑，例如恰特草、麻黃與含咖啡因的植物，也有同樣的功效。我們會在儀式的過程中使用取自罌粟的鴉片，用來減緩我們在狩獵過程中因受傷導致的疼痛，就像古代的布洛芬（Advil，一種止痛藥）。菸草能滿足飢餓感，鍛鍊專注力，藉以在缺乏食物時獲取食物；也含有能防止胃部寄生蟲與感染的化學物質。我們會在儀式與醫療上使用迷幻藥，可能會幫助我們想出新的生存觀點與看待世界的方式。大麻也治療過各種病症。

對人類來說，這些物質都相對較弱且稀少，我們只能吃到一定程度的有效成分，它們帶給我們的興奮感只能達到小土丘，而非喜馬拉雅山的高度。

但是到了最近，我們提取了這些植物中每一種精神活性成分，加以濃縮，提高其可利用性。我們製造蒸餾的烈酒、濃縮成粉末的古柯鹼、甲基安非他命、苯甲錫林、海洛因、現代香菸，還有以糖的形式服用或以汽化液體形式吸入的迷幻藥與大麻。

在過去幾年中，許多非法毒品已從取自種在土裡的植物——古柯鹼取自古柯葉，海洛因取自罌粟——轉變為在實驗室配製。

如甲基安非他命、苯甲錫林與吩坦尼等實驗室製造的毒品供應量，如今已達史上最高，因為這些毒品的利潤比土裡種出來的毒品高出二十倍，效果也強了八十倍。龐大的供應量也使得價格下降到「歷史最低點」，約翰杰學院（John Jay College）的研究人員如此表示。像是海洛因與甲基安非他命這類毒品的價格，就比一九八〇年代時便宜了十倍。

此後，使用與濫用毒品的情況激增。二〇〇〇年以來，美國甲基安非他命的濫用便上升了將近十六倍。吩坦尼是藥物濫用致死的主因，最近死亡人數超過十萬人，從一九九九年以來大約增加了六倍。

史丹佛大學的神經科學家薩波爾斯基這樣總結了現代精神活性物質的樣貌：「我們的生活曾在相當匱乏的情況下，仍提供了無數微妙、得之不易的快樂。而現在的毒品所帶來的快感與多巴胺，比過去沒有毒品的世界中任何興奮劑高出一千倍。」

雖然我們有了更多史上最強的藥物，成癮症卻非新鮮事。古希臘（或許更早）的思想家曾試圖弄清楚為何有些人會成癮，其他人卻不會。這些思想家想出了一百多種解釋，但過去一世紀只留給我們兩個主要的思想流派。

第一個思想流派認為成癮者是壞人，把成癮症視為一種自私且具破壞性的個人選擇。舉例來說，「毒品戰爭」註2就是基於這個模型。在一九八〇年代毒品戰爭的高峰期，每年有一百萬名美國人因持有少量大麻、古柯鹼或海洛英的罪名而入獄。

但是到了一九九〇年代中期，我們才意識到我們正在輸掉這場戰爭。我們花了數兆美元在全世界打擊毒品，逮捕與囚禁持有毒品的人，但毒品使用率並未改變。這種做法只是破壞了人們的生活，且對少數族裔造成了不成比例的傷害。研究顯示，一九九〇年代大多數的毒品使用者是白人，但因持有毒品遭到判刑的人當中，卻有九〇%是黑人。

於是在一九九五年，一群來自美國國家衛生研究院（National Institutes of Health）藥物濫用研究所（National Institute of Drug Abuse, NIDA）的研究員聚集在一起尋找解方。神經造影是當時的熱門領域，這項能捕捉大腦如何對不同情境做出反應的影像技術，近年來有了大幅改善，新的掃描結果顯示，長期吸毒者的大腦對毒品的反應與非吸毒者不同。

請記住，多巴胺並非「快樂的化學物質」，相反地，它所扮演的角色之一，是藉由創造渴望來幫助我們追求快樂。

神經科學家將**真正**產生快樂的大腦系統，稱為我們的「喜好」系統。我們的喜好系統是由大腦中一連串微小的「快樂熱點」所組成。當我們做某件愉快的事，這些「喜好」熱點就會受到如「類鴉片藥物」與「內源性大麻素」等化學物質的重擊，這些化學物質都是天然的大腦化學物質版本的海洛因與大麻；能產生一種奇妙的感覺，使我們「喜歡」自己剛剛做的任何事情。

但是，當神經科學家研究成癮者的大腦，卻發現了一些奇怪的事。許多毒品成癮者在服用他們選擇的毒品時，大腦中的「喜好」或快樂熱點通常並未「喜歡」或啟動，但大腦仍會釋放出大

2 譯註：The War On Drugs，美國聯邦政府對於毒品防制做出的行動，即軍事支援、軍事干預、減少非法藥品交易等。

量多巴胺，使他們持續渴望這種毒品。掃描影像顯示，毒品成癮者會渴望服用毒品，但一旦服用就不喜歡它們了。

考慮到那些驚人的發現，NIDA的領導者想出了成癮症的第二個模型，把成癮症視為一種大腦損傷的疾病，概念是成癮物質「劫持」了我們的大腦。NIDA認為，成癮者是一列被劫持、失控的貨運火車（也就是大腦）當中的無助乘客。現任NIDA院長的諾拉．沃爾科夫（Nora Volkow）表示，即使一名成癮者選擇停下來，他也做不到，選擇並不存在。如同沃爾科夫在科學期刊《刺胳針精神病學》（*Lancet Psychiatry*）所寫的，這是因為「在突觸與迴路層面的特定分子與功能性神經可塑性變化……是由反覆接觸毒品而引發的。」這個被稱為成癮症大腦疾病模型的想法，自此一直處於科學界與政策制定界的最前線。

阿卜杜勒—拉扎克醫師和我已經聊了半小時。埃爾比德這次不需要翻譯，因此放鬆下來，假裝關心我們的對話，一邊啜飲他的茶，並偷偷地看手機。我問醫師對大腦疾病模型的看法。

「呃，這很有意思，」他說。他不爭論成癮者的大腦對毒品的反應與非成癮者不同，他說，當然會不同，但他擔心這種複雜的神經科學對人們沒有太大幫助。

這位醫師是越來越多在第一線幫助成癮者的人當中的一員。他們不相信成癮者是壞人，但他們的經驗也不認為成癮者是被劫持的無助乘客。

「在『有病』與『墮落』的兩極之間，」其中一位新思想家寫道，「是一片廣闊的中間地帶，有著經驗與智慧，有助於解釋為什麼數百萬人會過度使用（藥物和酒精）。」

在前往伊拉克之前，我與全世界正在探索那個中間地帶的許多專家談過。莎莉・薩泰爾（Sally Satel）醫師是耶魯大學的成癮症精神病學家與教授，她告訴我，她可以看出，成癮症是一種大腦疾病的觀念有助於讓成癮者獲得專業協助，而非坐牢。「如果我要跟一名法官、警長或保險理賠人員說話，我會說：『是的，成癮症是一種疾病。』」她說。

但是，她所協助的成癮者當中，似乎沒有一個人是被劫持大腦上的絕望乘客。「是的，成癮症會改變大腦，」薩泰爾告訴我。「但是其他事情也會，我們正在進行的對話，也在改變我們的大腦。關鍵問題不是大腦的改變是否會發生，它就是會發生。」

「真正的問題，」薩泰爾說，「是大腦的改變是否會消滅做決定的能力，答案是『不會』。選擇可能被限制，但人們**有能力**穿越神經化學風暴，並改變他們的行為。改變是可能的，一切都有可能。」

科學不曾記錄過大腦中**因為**藥物使用導致成癮而發生的特定改變。而我們相信藥物劫持行為的理由，有部分是來自在實驗室老鼠身上做的實驗，那些老鼠是為了實驗所培養，經常是獨自在小籠子裡被養大。在這些研究中，老鼠可以碰一根槓桿而獲得一劑古柯鹼，而牠們很愛。這些老鼠會一按再按那根槓桿，變得非常沉迷於得到快感，以至於忘記吃東西，然後餓死。

但是科學沒談到的是，當你給予這些實驗室老鼠一個更安全、更舒適、像老鼠居住環境時發生的事，也就是牠們在野外會擁有的環境，一個有可供躲藏的洞、窩、木屑、運動轉輪、植物、其他老鼠等等的大公園。牠們會停止按槓桿，就像贊托的鴿子在過著野生鴿子的生活後就停止賭博一樣。

成癮機構經常忽略人類停止去按「槓桿」的原因。例如，藥物濫用研究所就默默承認成癮的環境所扮演的角色，但這個觀念卻被忽略了，機構大部分的資金都用於研究大腦疾病模型，大部分公開資訊都涵蓋成癮症神經科學。

藥物濫用研究所認為成癮症是一種無期徒刑，他們說：「成癮症是……一種慢性且容易復發的疾病。」因為他們的內部數據顯示，成癮症患者當中，有四〇%到六〇%的人會復發。但人們會為了各種理由戒除成癮症，而這種情況發生的頻率遠高於官方數據可能顯示的狀況。

「有一種觀念稱為『臨床醫生的錯覺』。」薩泰爾告訴我。這種觀念指的是，成癮症的研究者與醫生傾向只研究與看見最難處理的案例，即那些儘管失去一切仍無法停止的人，而這會導致研究者與醫生相信所有成癮症的案例都是毫無希望的。

但針對與物質濫用搏鬥的普通人的研究，則顯示了一個更樂觀的前景。薩泰爾指出，有一項針對大約兩萬人的調查發現，在二十四歲以前對抗毒品的人，有七五%在三十七歲以前就不再使用毒品。另一項大規模的調查發現，與成癮症對抗的人之中，有八六%在十年間完全戒除。

薩泰爾開始連珠炮般地列舉從與她一起合作的人身上看見的反例。人們停止成癮，是因為終於厭倦無家可歸，被解雇或酒後駕車，錯過了孩子的足球賽，生了小孩或有了新的工作機會，或者是因為，如心理學家詹姆斯所寫的，經歷了一次「重要的靈性體驗」，把他們踢出了成癮症的循環。

「而即使我們接受成癮症是一種疾病，」薩泰爾告訴我，「我們也要認清它是一種什麼樣的疾病。它不是像阿茲海默症那樣的腦部疾病，沒有什麼激勵或懲罰能改變阿茲海默症這類疾病的進程，但是有很多證據證明，有成癮症的人會對激勵產生反應。」

以在越南服役的軍人發生的事為例。軍醫估計，部署在越南的美國軍人中，有一〇%到二五%的人對海洛因上癮。情況嚴重到在一九七一年的五月，《紐約時報》頭版刊登了一則標題為〈越南的美國陸軍海洛因成癮症的盛行〉的報導。

尼克森總統不想讓這些成癮者回到美國，發起「金流行動」（Operation Golden Flow）。這項協議很簡單，如果軍人想回家，就必須提供乾淨的尿液檢測報告。如果成癮症會消滅選擇，而復發是不可避免的結局，那麼大多數成癮的軍人就不可能克服壞掉的大腦，會被留在越南。

但幾乎每一名軍人都提供了一道金流，一個乾淨的尿液樣本。而且這並非暫時性的狀況，一旦回到家，對絕大部分的美國陸軍來說，海洛因就失去了吸引力。在越南時成癮的軍人當中，只有五%的人在回到美國一年內復發，復發的往往是在戰前就曾使用毒品的軍人。

這個結果令主持這項研究的科學家感到震驚，他寫道，他的發現「違背了傳統智慧，即海洛因是一種導致成癮者苦於難以忍受的渴望的毒品，那種渴望會快速引起再度成癮。」想要離開戰爭地獄的動機，改變了這些退伍軍人的心理，他們就像贊托的鴿子與實驗室老鼠一樣離開籠子，進入了一個更像天然環境的世界。

這個現象也在激勵較小的現代實驗室裡上演。有一個研究提供類鴉片藥物或一張兌換券，如果成癮者在幾天後回來，並像那些越南軍人一樣提供無毒品反應的尿液，就能以兌換券領取二十五美元。大約有七五%的參與者選擇了第二個選項並獲得報酬。

在另一項研究中，哥倫比亞大學的研究人員集合了一群古柯鹼成癮者，提供兩個選擇。他們可以吸不同數量的毒品，或是收到五美元。這群人壓倒性地選擇了金錢，雖然一旦劑量變得夠大，就有更多人開始選擇毒品。換句話說，吸毒者會做出理性的經濟選擇。

其他研究已經表明，毒品成癮者的大腦並沒有如神經科學掃描可能讓我們相信的那樣是受損的。哥倫比亞大學同一批研究者發現，定期吸毒者在決策任務中所做出的決定，跟非吸毒者一樣好。

「除非他們的生活發生更大的改變，否則激勵的效應會消退。」薩泰爾說道。「但重點是，成癮者可以對激勵做出反應，他們的大腦有做決定的能力。但如果你採取藥物濫用研究所提出的大腦疾病模式的極端邏輯，那是絕對不可能發生的事。真的，我就是反對把人們描述成無助的樣子。」

到目前為止，還沒有像是藥丸或手術那樣的神奇療法能治療成癮症，康復需要努力。但對某些人來說，完全接受大腦疾病模式，可能會扼殺進行必要努力的動機。

例如，新墨西哥大學（University of New Mexico）的科學家，對康復中的酒癮患者進行了一年多的分析。復發的首要原因是，相信成癮症是一種疾病。那些復發的人說，他們看不出對抗一種沒有醫學療法的疾病有什麼意義。這個觀點也可能導致原本想要成為救生索的人放棄希望。其他研究發現，吸毒者的家庭成員越是相信成癮症是一種不能克服的疾病，就越可能讓自己疏遠吸毒者。

但即使是腦部掃描也顯示，一個人被成癮症控制，**可能會**影響大腦的化學作用。耶魯與哥倫比亞大學的研究者，讓一群正在嘗試戒菸的吸菸者看一部人們在吸菸的影片。因為這個提示，他們的大腦大量分泌使他們產生渴望的多巴胺。但是當這些吸菸者考慮到隨著吸菸而來的長期問題，像是癌症，他們的渴望電路系統就會冷卻下來，大腦中控制長期決定的區域也會活化起來。類似的發現也出現在古柯鹼成癮者的身上，而且這一點對任何渴望都有用。如果我們思考渴望的負面影響，像是吃了第二個甜甜圈而增加的體重，另一次社群媒體狂熱而產生的焦慮，就能改變大腦化學物質並產生作用。也就是說，你不是大腦化學物質的奴隸。

薩泰爾告訴我：「將成癮症歸咎於像是多巴胺的大腦化學物質，是在暗示成癮者應該要服用多巴胺阻斷劑。」也就是阻止多巴胺釋放的藥物。「但是那沒有用。」

薩泰爾與阿卜杜勒—拉扎克的想法並不孤單。薩泰爾曾與其他精神病學家、臨床醫生、護理師，甚至與成癮者的母親合作，他們都反對「成癮者毫無希望」的觀念。她在俄亥俄州的艾昂頓（Ironton）與潘、貝琪、麗莎和雪倫成為朋友，薩泰爾在這個受類鴉片藥物困擾的城鎮與病人一起工作了一年。這些女人「對成癮的問題是真正有興趣」，薩泰爾寫到她在那裡的經驗。「而她們都受夠了那些慣常強加於她們身上的虛假選擇……贊同成癮者要嘛是需要（醫療）照顧的病人，要嘛就是理應受到懲罰的壞人。」

在那個廣闊的中間地帶，存在著人類與其他動物在數百萬年前開始使用精神活性物質的最初原因。「大腦疾病模型，」薩泰爾在《精神病學新領域》（*Frontiers in Psychiatry*）雜誌的一個研究中寫道，「模糊了成癮的選擇範圍、對激勵做出反應的能力，以及人們使用毒品有其原因的基本事實。」

阿卜杜勒–拉扎克對這個想法也有共鳴。「這裡的人們使用毒品都有很好的理由。」他告訴我，一邊往後靠向椅背並撫摸鬍子。他說，與他一起工作的每個苯甲錫林成癮的伊拉克人之所以開始吸毒，是因為一開始改善了生活，許多人用它來自我治療，處理戰爭的創傷或強化某個經驗。「但也有許多卡車司機或麵包店工人吸毒，是為了保持清醒與長時間工作。」這位醫師說道。也就是晨間咖啡更極端的版本。

這也曾是美國的經驗。請記住這個公式：**我們做一件事，如果那件事是好的，在類似的狀況下，我們現在就更有可能再去做那件事**。

雖然不是很常被談論到，但成癮症深深陷入了一種匱乏循環。身為一個正在康復中以及與許多康復中的人聊過的人，我有過這種經歷。喝酒讓我放下戒心，並以一種在清醒時會覺得不自在的方式行事。我的酒精濫用陷入了它自身奇特的匱乏循環中。

與其說我渴望酒精，不如說我渴望那種彷彿任何事都可能發生的心理狀態，從更寬廣的經驗到未經過濾的人際關係。在我沉迷飲酒的高峰期，我正在做一份乏味的、朝九晚五的辦公室工作。我感覺自己像一隻在餵食滑槽裡的公牛，被戳著、捅著，充滿被束縛的能量與渴望，卻無法發洩。而酒精會打開滑槽，週末的飲酒允許我在一個越來越衛生、守秩序、基於規則的世界裡變得狂野而自由。

每個晚上的到來，都伴隨著機會與無法預測的獎賞。我最後會在一場派對上仗著酒膽與一個似乎很不錯的女孩說話嗎？我最後會留到酒吧打烊，與一群平常絕不會交往的新朋友大聲唱歌嗎？我會寫出一些清醒時不會想到的吸引人的東西嗎？我會不會醒來時有爆笑故事可以笑談很多年？

我並不孤單。科學家如今知道，匱乏循環是儘管有不利後果仍持續使用物質的關鍵原因。滑鐵盧大學（University of Waterloo）的研究人員寫道，物質使用的無法預測的獎賞「讓行為更能抵抗……（不利後果）與削弱」。想想非法的藥物使用，人們得到的刺激大多來自取得與使用毒品而形成的循環。我們找得到毒品嗎？交易過程中，我們會被逮捕嗎？我們會找到多少毒品，而它的藥效有多強？

研究顯示，在無法預測的時間間隔使用強度無法預測的毒品——基本上任何街頭毒品的使用——會導致更高的濫用率，讓使用更加令人興奮，甚至帶來更大的快感。

拜匱乏循環所賜，使我們不得不一次又一次地去做。沒有循環，成癮率就會暴跌。這是醫療劑量藥物的成癮比例低很多的一個原因。例如，有一則對研究的評論發現，由醫生開處方使用類鴉片藥物的病人當中，只有〇・二七%的人會出現成癮的跡象。藥物總是以相同的強度與可預期的時間間隔提供。不需要賭博。這就是康復中的海洛因成癮者去提供美沙酮的診所，通常不會從藥物中獲得快感的原因。

因此，美國國家科學院（National Academy of Sciences）發現，「很少證據顯示，大麻使用合法化必然會導致大麻使用量大增。」科學家說，這是因為「禁果」效應減弱了。吃禁果比吃不禁的水果更令人興奮。

另一個來自美國司法部（U.S. Department of Justice）的舊研究發現，大麻使用在一些毒品合法化的州似乎下降了。專家相信，這個現象有部分是因為沒有了遊戲：獎賞變得可預測。其他研究則顯示，當政府從一九二〇到一九三三年間頒布禁酒令，讓酒精變成非法的時候，酗酒人數上升了三〇〇%。我們仍舊會用全國運動汽車競賽協會（NASCAR）的賽事，來慶祝一些走私所帶來的匱乏之循環興奮，這個運動賽事是從私酒走私者演變而來的，他們把車子改裝得速度更快，以逃避當局的追捕。

我的飲酒打開了一扇通往新鮮有趣經驗的門，因為它允許我成為一個新鮮、有趣的人。一旦我開始喝酒，無法預測的正面獎賞便讓我相信，再喝另一杯酒是最合理的決定。但是，隨著時間越來越久，我把自己推到越邊緣，開始變成長期問題。我騎著一部可摺疊的滑板車，試圖創下一次陸上速度紀錄時被逮捕；在一個瘋狂夜晚摔斷幾根肋骨之後，我最後進了醫院。有一天，我找不到車子，人際關係陷入地獄。最終我想停下來，但生活完全沒有改變。我的週一到週五仍是不盡如人意的壓力鍋，那種不安與不滿的灰色感覺不斷累積，直到我再度喝酒，想拿回充滿可能性、開放又無限的感覺，儘管會帶來負面的後果，我仍然堅持這樣做。因為也許，只是也許，這次事情會再度變得美好，何不玩玩遊戲與滾輪呢？

有些新的思想家主張成癮是一種社會現象。「成癮的相反是連結。」他們這樣認為。但是缺乏連結無法解釋所有人的成癮症，許多成癮者說感覺與他人有連結，也有強大的社會支持網絡，我也這麼覺得。有些人缺少的是其他東西。

那塊缺少的東西或許與贊托所描述的最佳刺激模型有關。「它說動物和我們人類有一種我們偏愛的刺激水平。」他說。「而當刺激低於那個水平，我們就會去尋找刺激。」如他所解釋的，「當你想到今天的人類，有很多人都對取得資源太過簡單而感到厭煩。我們花更少的時間探索與搜尋食物，花更少的時間在戶外，社交世界改變了。因此我們尋找其他填滿這個刺激缺口的方法，來分散注意力或安慰自己……我們賭博、上網購物、為了吃而吃、過度使用社群媒體，甚至吸毒。」

我交談過的數百名已戒癮的人都說，酒精或毒品最初也讓他們達到了重要的目的，讓他們像想成為的人那樣感受與行事，消滅了無聊，幫助他們更努力工作，麻痺了焦慮感並降低了抑制力，或是讓他們逃離了內在某個連自己都不太了解的煩躁乘客。他們說出的話永遠是這一句：「它很有效，直到沒效為止。」

被成癮症掌握的人，形象就像但丁在《神曲》〈地獄篇〉（*Inferno*）中所寫的撒旦。但丁描述的地獄不是炙熱火燒的世界，而是冷酷冰冷的世界。撒旦想離開地獄並做正確的事。在撒旦的一生中，拍動翅膀總能讓他到達某處，但現在他被困在及胸的冰當中。為了獲得自由，他越來越用力地拍動巨大的翅膀。但他從未意識到，拍動翅膀正好製造了一陣寒風，讓地獄與冰變得更冷、更堅固，將他牢牢地固定在卡住的位置上。

換句話說，成癮是一種學習到的行為，曾經很有效，但開始產生反效果。使用藥物或喝酒仍然能緩解不適、提供刺激，以及在短期內解決問題，但開始產生長期問題。我們越常重複，學得越深入，就越難打破。同時，問題也開始累積。

「學習會影響我們做選擇的能力，」成癮症作家與研究者莎拉維茲說道。「所以，如果你學到這件事真的讓生活變得有價值，或解決你的問題，就會做出一些相當奇怪的選擇，看起來也會像是你被劫持了。但你真心相信，考慮到所處的環境背景，這是最好的選擇。那是完全合理的選擇，因為如果你的生活很糟，而這是你能得到意義與快樂的方式，就是合理的選擇。」

那可以發生在一個人相信能使生活更有價值，以及在短期內解決問題的任何事情上，逃避到電玩遊戲、像是鐵人三項的激烈運動競賽、在公司的升遷階梯上努力往上爬、瘋看或參加運動賽事、吃東西等等。那不是一條明亮的線，而像是一道光譜，例如《精神疾病診斷與統計手冊第五版》便列出了十一種不同的標準，某種檢核表，精神科醫生可以用來弄清楚病人是否有使用障礙以及程度如何。如果一個人符合了兩或三個標準，算是「輕度」案例；四或五個，則是「中度」案例；六個以上就是「重度」。

這不代表成癮症中沒有大腦要素的存在。

在巴格達的警察大樓等了一小時之後，負責人阿布杜拉從辦公室走出來，叫我們進去。埃爾比德與我一前一後安靜地走進去，坐在一張祖母綠色的皮沙發上。一部架高的電視機大聲播放著伊拉克新聞，一場爆炸，關於伊斯蘭國的某件事，一場抗議活動。

房間的另一邊擺著一個超大的保險箱，上方掛著一張胡笙・伊本・阿里（Husayn ibn Ali）的照片，他是七世紀時的伊瑪目註3，也是先知穆罕默德的孫子。

接待室裡的警探說著可疑的笑話且經常開懷大笑，另一方面，阿布杜拉則是嚴肅而理性。他看起來像是《邁阿密風雲》（*Miami Vice*）舊影集中最酷的角色，蓄著濃密的黑色鬍子，身穿淺灰色西裝，裡面是一件特別白的扣領襯衫，沒打領帶，露出一大片胸部。

阿布杜拉解開西裝外套的鈕扣，一邊往後靠向辦公椅背。他首先質疑我來到巴格達這個地區是否神智不清楚，接著做出最後決定：不，不會有隨行這件事，因為太危險了，而且他討厭文書工作。埃爾比德聳聳肩——當你的行程已經是零了，還有什麼損失？

但是阿布杜拉願意跟我們談並帶我們參觀，他開始說出呼應阿卜杜勒—拉扎克的話。

阿布杜拉詳細說明了他為何相信苯甲錫林的使用正在迅速成長。「我們有很高的失業率，伊拉克人很憤怒，覺得被拋棄與被忽略，但又沒有出口。」他說。「我們的政府不允許喝酒，我們以前沒有很多毒品，一旦便宜的苯甲錫林開始湧入市場，使用情形就變得很顯著。」

接著他起身帶我們到拘留室，較大間的牢房塞滿了男人，全都在找得到的空間裡或站或坐。

3 譯註：伊斯蘭教宗教領袖或學者的尊稱。

準軍事警衛站著，胸前橫掛著機關槍，小手槍則貼掛在大腿上。

大部分的囚犯都很年輕，這並非偶然。《精神疾病診斷與統計手冊第五版》解釋，十八到二十九歲的人有最高的物質使用率。數據顯示「成人的使用障礙在中年時減少，在十八到二十九歲的個體中最高（一六・二％），六十五歲以上的個體中最低（一・五％）。」

研究顯示，許多人在青少年時期開始「學習」成癮。從進入青春期直到大約二十五歲，我們的大腦經歷了一次大規模的更新。在這段期間，我們學習如何面對問題與尋找安慰。想想：如果我們等到二十一歲才喝酒，罹患酒精成癮的機率是九％。但如果我們從十四歲或更年輕就開始喝酒，成癮的機率就會變成五〇％。就像丟一次銅板。這些數字也適用於大多數吸毒與適應不良的行為。

而這種大腦要素不是毒品所獨有。「吸毒與其他成癮行為與物質都強而有力，但並非魔法。」密西根大學的神經科學家肯特・貝里奇說道。公共服務公告（PSA）告訴我們，毒品只要使用一次就會導致成癮。但是貝里奇要我想像以下的情節：假設我們給一群人一種像是海洛因的強效毒品，儘管那種毒品能讓多巴胺濃度增強一千倍，仍有大約三分之一的人會討厭它帶來的感覺，而且是非常討厭。

有三分之一的人不感興趣，他們可以服用或放下毒品，但他們有更想去做的事，有可能是其他毒品，或是讓他們覺得比較愉悅的事，像是吃蛋糕、購物、玩電玩遊戲或運動。

而有三分之一的人會喜歡。如果那些喜歡海洛因的人繼續經常使用，「大約一五％的人會上癮。」貝里奇說。這個數字是基於數十年來進行的多項控制嚴格的研究與調查。即使是最強效的藥品，也只有一〇%到二〇%的經常使用者會上癮。大麻的成癮率小於一〇%，其他像是酒精、古柯鹼與海洛因，成癮率則在一〇%到二〇%之間。菸草對經常使用者的成癮率最高，有三〇%。

我跟阿布杜拉提到，牢房裡的人似乎大多是二十歲上下。「是的，」他說。「確實如此。但是苯甲錫林的使用者沒有主要分布的年齡層，從十五歲到六十五歲都有。」

薩泰爾解釋，在人生後期上癮的人經常發現，毒品或酒精能幫助他們應對糟糕的情境或黑暗的前景，例如能緩解失去工作、家庭成員過世，或是整體生活狀況惡化所帶來的痛苦。

所以，藥物濫用研究所是對的，成癮不是一種選擇，相反地，是一種重複選擇的總和，因為環境、生物與歷史的原因，這些選擇使得做出一個不同的選擇變得更困難。那是一種深度學習。

就像體重增加一樣，很少人會開始準備變胖，但是隨著時間過去，體重累積，我們就會發現自己變胖了。那是透過我們每天做的一些小決定而發生的，一天吃幾次、吃什麼、為何吃與吃多少的決定變成了習慣。

而同樣的模式也適用於花太多時間上網、瘋狂購物、工作太努力、太常賭博、沉迷於運動或其他嗜好以致犧牲了家庭時間——任何提供短期逃避與舒適、但會導致長期問題的習慣。

「問題不是在選擇的物質或行為，」莎拉維茲告訴我。「問題是你為何需要那種藥物？為何那些藥物對你有吸引力，以及為何你想擺脫這種藥物？你試圖逃避什麼？你的生活中需要什麼，才能感覺到舒適、安全、有生產力?」

• • • • • • •

正如一個人可以學會成癮,他們也可以學會更好的應對方式。「黑暗的前景可以變得明亮。」薩泰爾告訴我。

以我來說,我無法改變那些導致我去喝酒的問題,範圍從焦躁不安、社交情況到對整體生活的不滿。無論有多麼令人不適,我還是可以直接面對,並找到其他處理方式。我可以尋找不同的方法,找到一切都有可能的心理狀態。我花了好些時間才明白這一點。我經常拍動翅膀,但最終我才意識到,我必須做很多困難的工作才能融化那些冰。

我尋求幫助,努力了解,並且為不安與不滿的感覺找到其他出口。我接受我並不總是必須感覺舒服,然後生活變得更好了。透過拒絕做一個選擇,我必須選擇另一個。一旦我們意識到,並接受拍動翅膀只會讓情況變得更糟,就能找到其他離開地獄的方法。

神經內分泌學家薩波爾斯基提到:「大多數人不會對有成癮性的物質上癮(即使它們對腦部化學物質有強大的影響),或者如果他們上癮了,最終還是會停止使用,這個事實很令人著迷。」而他是對的。十分之一的美國人說他們已經克服了之前的毒品或酒精問題,其中有一半的人是靠自己的力量克服的。在任何特定的一年,一個有物質濫用問題的人,有大約一五%的機率可以戒除。隨著年紀增加，到了三十歲時，有一半的人已經戒除物質使用的問題。

「有無數的方式能讓一個人康復，」薩波爾斯基說道。「但是他們經常都是找到新的熱情與新的意義、使命、社群與連結感。一個人可能愛上運動，另一個人可能開始對攀岩感興趣，另一個人可能討厭前兩件事，並需要去見專家來治療以前用毒品來處理的童年創傷之類的問題。一切都是關於弄清楚如何再度找到人生道路，並處理最初導致一個人上癮的事情。」

如今，伊拉克戰爭裡的孩子已經十幾歲、二十幾歲與三十幾歲。敘利亞正用苯甲錫林來淹沒伊拉克。疼痛、產品與少數找到正面刺激與處理不適的方法的加總——在許多人在追尋撫慰的時候——正把苯甲錫林的使用推向驚人的高點。不只在伊拉克，在石油資源豐富的中東海灣國家，無聊的年輕富人與過勞的移民當中也是如此。

這就是物質濫用的故事，最有害的匱乏循環。美國類鴉片藥物的流行，對於中西部與阿帕拉契山區衝擊最嚴重。這些地區曾是製造業中心，但業務外包讓許多人失去了工作與希望。街上充斥著類鴉片藥物，使用率也因而迅速增長，以安慰前景黑暗的人們。

內戰期間用於治療受傷軍人的嗎啡製造量上升至高點，但是在戰後，類鴉片藥物濫用率在南部的白人之中明顯較高。同時，在南部的黑人之中，類鴉片藥物的濫用率卻急遽下降。一群人被打敗，另一群人得到自由。

現在美國正面臨一個新的毒品問題，與伊拉克的苯甲錫林很相似。在政府在疫情期間放寬遠距醫療處方的規定之後，網路上出現可疑的開立處方者，興奮劑阿德拉的使用也激增。二〇〇九年以來，處方已增加了三倍，到了今天，每八個美國人當中，就有一個人在使用那種藥物。這些人當中有一些是得到批准的，但許多人都不是。美國緝毒局（DEA）擔心我們正進入一個藥物成癮的新章節。為了供應對藥丸的需求，假冒的處方藥從墨西哥大量湧入，它們非常危險。二〇二一年，美國緝毒局就查獲了五千萬顆摻雜了吩坦尼的假藥丸。美國境內也有數十億的藥丸在流通。

「當社區狀況很糟，藥物又容易取得時，流行病就可能肆虐。」薩泰爾寫道。在美國，我們稱這類成癮症的死者為「絕望之死」。

「你必須消滅那種需求——為何人們想要使用——否則永遠都有藥物問題。」薩泰爾在艾昂頓的一名病人告訴她。

阿卜杜勒—拉扎克醫師似乎也同意。當我們起身離開他的辦公室，要回到巴格達令人難以忍受的炎熱與喧囂時，我問了他最後一個問題。

「當病人因為成癮症甚至是其他強迫症來找你時，你是如何幫助他們的？」

「我主要的建議是做出重大的改變。」他說。「改變你的生活圈。去上學，自我教育，找一份工作或是換工作。去參加課程增進技能，學習閱讀並沉浸在書中，主動出門交朋友或改變朋友圈。做出重大的改變。」擁抱短期的不適，藉以找到長期的好處。

這借助了兩種方式來擺脫匱乏循環。首先，拿走了機會。當我們做出一個重大改變時，就可能打開更誘人的新機會，而那些機會也會帶來一系列無法預測的獎賞。這也改變了第二階段。這些新的獎賞勝過使用物質帶來的短期安慰。莎拉維茲解釋，大部分人在三十歲前戒除上癮的關鍵原因之一，就是「一旦人們到了那個年齡，生活突然間變得更局限，沒有無止盡的時間坐在那裡吸毒或從宿醉中恢復。他們結了婚、有了一份事業，並開始養小孩，所以開始在其他地方找到意義、目的、愛與安慰。」

疫情加速了需求，導致人們去尋求撫慰。整個世代的人學會了尋找刺激與應對的非自然新方法。「疫情對社會是個巨大的壓力源。」莎拉維茲告訴我。「我想那些處於邊緣的人們會經常越線。我認為這份壓力是許多人開始去做各種失衡的事的原因，例如，人們會需要去做**某件事**。」

但疫情只是朝著一個奇怪的新生活類型前進的一股強大推力，這種類型的生活會促使我們從**某件事**中去尋求刺激。

我們活得越來越像贊托的鴿子，被關在沉悶的籠子裡，不像我們在其中演化的野地與具高度刺激性的環境。我們也像那些鴿子一樣，更可能落入匱乏循環中。當科技借助那個循環，把我們推入更多、更快與更強當中，問題將會變得更加嚴重。像吩坦尼這樣的新型實驗室藥物的強度，已使得用藥過量的死亡率創下紀錄，自二〇二〇年以來提高了三三%。

揮之不去的問題是，接下來會發生什麼事。我們會像那些被直升機運出越南的軍人那樣嗎？還是我們的新習慣會持續下去？

正如有問題的物質使用依賴匱乏循環一樣，我們想擺脫的許多行為也是如此。但這些行為每一種都有自己一套獨特的挑戰，以及解決方案。

特別是有問題的新科技使用最近已迅速發展，尤其是借助匱乏循環的科技。數據顯示，全球只有超過二%的人口對藥物或酒精上癮。《精神病學研究期刊》（*Journal of Psychiatric Research*）中的一項研究顯示，現在對科技上癮的人數百分比也差不多一樣。

這就是美國心理學會現在承認科技使用障礙並急於治療它們的原因。但是，答案並非減少使用手機，差遠了。

「跟藥物一樣，有問題的科技使用從來不只是跟產品有關。」尼爾・艾歐（Nir Eyal）告訴我。他是前史丹佛大學教授與科技企業家，寫過《鉤癮效應》（*Hooked: How to Build Habit-Forming Products*）一書。他繼續說道：「有問題的科技使用，是關於產品、人與應對不適的能力之間的互動，生活中的某個情境引起了他們無法應對的痛苦。當你同時匯集了這三個因素，就可能創造一種讓你置身其中的經驗，在那裡，科技產品能幫助你立刻忘記所有問題。」

當我從伊拉克回來時，我想知道更多相關的事。科技產品與匱乏循環有什麼特點，使它們開始成為一種令人舒適的逃避方式？我的問題引導我找到了一位思想家，他意識到嵌入在匱乏循環的許多用途中的數字、數據與圖形，可能是自身的毒品。但是，這些數字影響我們行為的所有方式，不只是在科技上，也在一些最常見的行為與重要習俗上，都是引人注目的。

CHAPTER 6

確定性

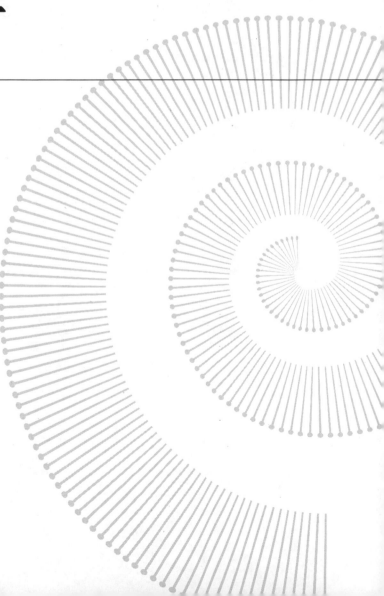

Certainty

真菌中的偏側蛇蟲草菌（*Ophiocordyceps unilateralis*）乍看之下似乎無害，當它進入一隻熱帶木工蟻的身體時，會漂浮在血液中。但這種真菌會緩慢安靜地開始繁殖，螞蟻對此一無所知，最終真菌細胞達到了臨界點，透過小管子互相連接，並在螞蟻體內創造一個巨大的網絡，這就是真菌開始扮演主人操縱傀儡的時候。

這種真菌切斷螞蟻從大腦到肌肉的通訊，分泌化學化合物入侵螞蟻的大腦，接管牠的行為。螞蟻有效地變成一具殭屍，身體成為一顆膠囊，在主人發出命令時保護它。

這隻螞蟻現在正處於美國賓州州立大學（Penn State）的科學家所謂的「死亡之握」中。真菌最後讓螞蟻走到叢林地面上方大約十吋（約四・五公分）的草莖上，比牠那些未受感染的螞蟻朋友高出十吋。這個高度對真菌來說有著完美的溫度與濕度，可以生長得更旺盛。

然後，真菌強迫那隻螞蟻咬上一片葉子並掛在上面，在螞蟻的身體中長出孢子，孢子大量降落在下方的螞蟻聚居地上——感染其他螞蟻，進入牠們的大腦，改變牠們的行為，打造出一個巨大的殭屍螞蟻社群網絡。

鹽湖城（Salt Lake City）的突利烘焙店（Tulie Bakery）迎合猶他大學（University of Utah）趕時髦人士的喜好，在一間看起來像是近藤麻理惠設計的倉庫內，銷售昂貴的可頌麵包與咖啡，而那些人願意付錢。那個地方，室外與室內的牆面與天花板都是純白色，地板是上了漆的水泥，通風管道暴露在外，極簡主義的風格。

我在那裡是要見猶他大學哲學系的阮教授（Thi Nguyen）。我讀過他幾篇影響廣泛的哲學論文，他關於數字如何改變我們的想法，呼應了匱乏循環。

阮教授漫步走來，看起來像是剛從峭壁攀岩或聽完 Phish 樂團的搖滾音樂會。他一身巴塔哥尼亞（Patagonia）牌的衣物，夾克罩著一件毛衣，塞在寬鬆的長褲裡，又長又亂、盤成髮髻的黑髮，從一頂過大的無邊帽底部垂下來。

當我們走近櫃檯前點餐時，阮教授變得非常認真，身體往前傾，雙手放在膝蓋上，瞇著眼看著玻璃櫃裡的烘焙商品。「可以給我一個巧克力可頌、一個杏仁可頌、一個香橙肉桂捲、一個咖啡蛋糕，還有一個……嗎？」他說，此時櫃檯的服務員取出棒球手套大小、閃閃發光的可頌與磚塊狀的糖霜蛋糕。

「我們也來一個茶蛋糕和……」他停頓了一下，雙眼掃視著那些糕點。「你知道嗎……那樣就夠了。」阮教授曾是《洛杉磯時報》（*Los Angeles Times*）的美食評論家，因此，這份點餐與任何點餐一樣，都是嚴肅的事。

阮教授注意到我的表情——印象深刻又擔心他剛剛點的含有四千左右卡路里的麵粉、奶油與糖。他解釋這份雄心勃勃的點餐。「我家人聽到我跟你約在這裡碰面時，就給了我一份清單。」他說。

手裡端著咖啡與碳水化合物，我們在四周沿著第十五街擺放的戶外餐桌旁的椅子上坐下來。那天稍早下過雨，天空布滿了帶著迷幻感的烏雲，人行道與園藝景觀升起一股涼爽的水氣，帶來覆土的味道。

在《洛杉磯時報》的工作是個偶然。「我一向很愛食物，經常在喝醉後在網路上發表餐廳評論。」他告訴我。「一位《洛杉磯時報》的編輯偶然看見我的貼文，就問我：『你想要一份工作嗎？』」那份工作幫阮教授支付在加州大學洛杉磯分校（UCLA）攻讀哲學博士學位時的帳單。

「所以，」阮教授說，「你為什麼想跟我談？」

阮教授已成為在現代遊戲化的趨勢中唱反調的思想家，在我們試圖把類似遊戲的功能穿插到人類日常行為與制度的時候。我想跟他談談這一點，還有數字，數字、數據與圖表的崛起如何改變我們的大腦與行為，如何被用來遊戲化我們的世界並影響我們，以及為我們做了什麼。

他點點頭並問我，是什麼讓我思考這件事，這可說是一次徹底令我尷尬的坦承。

我解釋，一切都是從 Instagram 開始的。我最初加入 Instagram 時，就跟大多數人一樣，都是為了分享與朋友和家人的照片。「例如，我跟大學同學一起去滑雪的照片，和太太去音樂會，還有我的狗十七張不同的照片。」我說。「但是後來一切都變了。」

我告訴他，我開始留意哪些照片得到最多的讚與留言，吸引更多新的追蹤人數。「這些追蹤者不只是老朋友，」我說。「他們是我從未見過的人，我完全不知道他們是誰。所以我開始貼更多那類會提高指標的照片，像是在沙漠中奔跑、工作出差，或……的事情。」我舉了一些其他的例子，他則大口咀嚼著杏仁可頌，身體向前傾，讓糕點上的糖粉與奶油薄片掉在桌子上，而非衣服上。

我低聲告訴他，我在 Instagram 上的習慣，談論我渴望被按「讚」感覺很丟臉。

「但更大的問題是，我發現 Instagram 應用程式悄悄進入了我的思考，並改變我的經驗與行動。」我說。「例如，我經常做越野跑，越野跑是我的放空時間，完全清空頭腦的時間，有點像是移動式冥想。但一旦我的跑步照片開始累積按讚數、留言與追蹤者，我就發現自己跑步時的思考改變了，它扼殺了跑步時的冥想，我沒有處在當下並放鬆心情，反而一直在掃視尋找合適的場景。我會在小徑上轉個彎，然後心想：哇！那會是一張很棒的照片，可以放上 Insta……」阮教授放下可頌，一陣小小的糖霜暴風雪在碰撞下翻騰起來，他打斷了我。

就在這時，那場對話變成了一次團體治療。

「我在推特上的經驗也很類似，」他說。「第一、二次我在推特上的推文爆紅時，我就發現我開始透過什麼會成為一則有趣推文的眼光來看待世界。我會到處走、到處想，但沒有像平常一樣跟著一個想法進入某些更豐富深刻的思考，頭腦反而專注於想出我可以用那個可能爆紅的想法生產出哪種推文長度的有趣東西。」他說。「因此推特正在進入我的大腦與思考方式，抓住我的動機系統。」

當然，我們兩人都說，後來我們都陷入了一個不斷刷新與滑動 APP 的漩渦中。

在攻讀博士學位的期間，阮教授開始思考數字與遊戲化如何影響我們，桌遊激發了他的興趣。我們談的不是「糖果樂園」（Candy Land）或「海戰棋」（Battleship）。在一九九〇年代末與二〇〇〇年代初，桌遊經歷了一場智力革命。

「有一股歐洲桌遊的新浪潮，」阮教授說道。「它們設計得非常精良，機制上也非常創新。

你可以用簡單的規則建立複雜有趣的市場結構，必須操縱波動的市場，真是太令人著迷了。」

以「卡坦島」（Catan）遊戲為例，它在全球已銷售超過三千萬份。玩家扮演開拓者的角色，目標是建立一個複雜的城市網絡，取得並交易資源。

有些遊戲甚至成為深刻思考的作品。例如在電玩遊戲「火車」（Train）中，玩家要建造與優化一個鐵路網絡，但隨著你玩得越深入，遊戲才會揭露它的場景設定在納粹德國，而鐵路網絡就是要把人們運往集中營。這個遊戲的設計者布蘭達・羅米洛（Brenda Romero）想迫使玩家決定要停止玩遊戲，還是繼續贏下去。「火車」更像是一件藝術作品，不打算被玩超過一次，但它體現了該類型遊戲中正在發生的深刻思考。

「所以我開始思考並書寫有關遊戲的文章，也閱讀相關的學術資料。」阮教授說道。但是他發現，他讀到的所有學術文獻完全是落後的，把遊戲視為一種說故事的方式。就像我試著弄清楚吃角子老虎機的經驗，阮教授需要跳過學術界，跟著金錢走。

「但是這感覺一點也不像是我為何愛玩遊戲，或是遊戲設計者如何思考遊戲。最好的遊戲開發者，沒有任何一個人提過跟說故事相關的事。」阮教授告訴我。「最棒的遊戲開發者都說，他們的工具箱裡最重要的工具就是計分系統，因為計分系統設定了玩家的動機。它塑造出你在乎的事，讓遊戲發揮作用的，就是極為狹窄、簡單且清晰的計分系統。」

遊戲的重點，是進入一個從日常生活中逃脫出來的小世界，那是具有挑戰性但令人著迷的分散注意力的東西。我們無法預測自己是否會贏，如哲學家伯爾納德・舒茲（Bernard Suits）所解釋的，我們玩遊戲，自願去接受不必要的障礙，是為了**也許**能克服障礙。得分系統精準地告訴我們，必須去做哪些不必要的事才能贏。

不僅是桌遊，在所有遊戲與運動中都是如此。從馬拉松、爬山到足球，這些遊戲的重點，不是從開始的地方走二十六・二哩（約四十二公里）到達空間中的某個點，也不是站上一座高峰的頂端，或是在達陣區抱住一顆足球。重點是順利完成一組清晰、人為的規則，這些規則使得達到目標變得非常痛苦，以至於勝利的獎賞是無法預料的。

然後我們掙扎著抵達終點線、站上頂峰或進入達陣區。如果重點不是面對由非常痛苦的障礙所提供的不確定獎賞，我們大可搭優步抵達終點線，搭直升機到山頂，或者要每個人從邊線拿一顆練習球走到達陣區就好了。

阮教授想知道為何會這樣，我們為什麼要把自己放入這些偽裝的掙扎中，就事情的大局看來，這些掙扎帶來問題，只為了擁有與（可能）克服它們？

答案是複雜的，但與匱乏循環以及它如何成為一種有趣而令人安慰的、逃離現代生活混亂的事有關。

現代生活確實是混亂的，需要考量的資訊海嘯與需要做出的決定，每天都向我們襲來。我們可以做一百萬件不同的事，可以做那些事的一百萬個理由，以及在過程中可以做出的一百萬個決定。

這與大多數時候的人類經驗不同。當古人類進化時，生活是比較簡單的。我們大多一起做同樣的工作，我們會打獵或採集，會一起製作工具與建造避難所，根據代代相傳的相同知識做出決定。人類智慧就像一座淺池塘，每個人都可以從中汲取養分。

但情況已經改變了。「身為一名哲學家，我生活中最大的轉變之一，以及我對遊戲價值的想法，來自哲學家以利亞・米爾格倫（Elijah Millgram）所寫的一本書，書名是《大蒙蔽》（*The Great Endarkenment*）。」阮教授說道。「米爾格倫認為，我們這個時代的問題是資訊過載，以及高度專業化的專家。」

米爾格倫指出高度專業化的專家與生涯領域的崛起，他寫道：「我們越來越不只是依賴他人，也會依賴其他不同專業的人。你可能實際上再也無法理解其他領域的專家；他們按照你無法了解的標準工作，這些標準無論如何都不是**你的**標準……對每個人來說都是如此：專家只以這種方式去依賴其他領域的專家。你再也不能決定要想什麼或自己去做；與自主權有關的問題……根本沒有實際意義。」

現在，人類的智慧再也不是一座淺池塘，反而像許多無底的湖泊。

「所以，現在人們面對的基本問題是，」阮教授說道，「我可以相信哪些專家與資訊，以及我要如何才能弄清楚信任他們的方式與原因，沒有人能知道一切，也找不出正確的專家。因此在生活中，我們必須做這種痛苦而尷尬的事情，即信任人與資訊，並做出超出我們理解範圍的決定。」

在日常生活中，我們得根據不完美的資訊做出大大小小的決定，像是：**怎麼知道**你做了正確的事？是否跟一個對的人結婚？是否選擇了正確的職涯？買了合適的車？選了正確的工作？有沒有正確養育小孩？是否吃對的食物來避免疾病？是否以一種有助於職涯的表達方式來寫那封給老闆的電子郵件？

現在就花一點時間思考以上所有的問題。覺得焦慮嗎？我也是！

阮教授說這種不確定會引發焦慮是對的。《自然通訊》（*Nature Communications*）中的一項研究發現，人們如此厭惡不確定，以致我們寧可經歷懲罰。科學家要參與者玩一種在螢幕上點擊岩石的電腦遊戲，一旦點擊了一個岩石，它就會翻轉過來並顯示是否有一條虛擬的蛇藏在下面。如果岩石下面藏了一條蛇，參與者就會受到一次痛苦的電擊。情況就像這樣：點一下，沒有蛇，不會被電擊。點一下，大蛇，大電擊。

當參與者點擊時，壓力指數會以幾種不同的方式受到監測。透過皮膚出汗的程度、瞳孔放大多少，以及不斷問他們覺得壓力有多大。科學家也相當邪惡地在過程中不斷改變蛇的圖案與出現機率，使得這項任務成為一場無法預測的惡夢。

研究發現：玩家在最不確定他們的點擊是否會導致電擊時，覺得壓力最大，汗流得最多，眼睛也瞪得最大。

但是這項研究最瘋狂也最重要的部分是：當參與者更確定會受到痛苦的電擊時，感受到的壓力比覺得彷彿遭受電擊像丟銅板一樣不確定時**還要小**。知道我們將受到懲罰比不知道的壓力來得小，因此有這樣一句話：「只要撐過去就好。」

根據神經科學家馬克・路易斯（Marc Lewis）的說法，這一點具有很好的演化意義，這個現象曾經幫助我們生存。例如，如果我們在狩獵，並確定手上有一定的獵物，就不會覺得壓力太大，從而工作得太辛苦。在那個情況下，壓力導致的極端行為，以及戰或逃的努力，將是徒勞無功且浪費精力的。同樣地，如果獵捕到動物的可能性似乎不高，壓力系統就不會有如此強烈的反應，因此我們不會浪費精力。但如果我們相信自己捕獲獵物的機率是五〇%，就會付出大量的努力，壓力系統就會發狂。

最好的匱乏循環設計師知道這一點，例如，吃角子老虎機有最理想的「偽裝成贏的輸」行程表。從類比到數位機器的轉變，讓設計師得以優化那種循環，以強迫努力與快速重複。

當我們坐在烘焙店外時，銀色的雲朵像生產線上的閃亮零件般地往南移動，陽光終於出現。阮教授摘下無邊帽，黑髮披散在肩上。

阮教授重申，現代生活是一場充滿不確定性的馬戲團表演。「我們應該珍惜的事物還不清楚，價值觀也很難平衡。」他說道。這份不確定性有壓力且令人不舒適，它無所不在，一直都在。日常生活通常與有趣的逃避相反，更確切地說，那正是我們經常想要逃避的事。

再談到遊戲，這就是為何遊戲的力量如此強大，以及我們玩遊戲的原因。「遊戲是緩解現實生活中混亂與焦慮的良藥。」阮教授說。「它們給了我們一個小小的世界，在那裡，我們可以掌控和理解一切。我們很清楚自己在做什麼，以及為何這樣做。當我們完成時，也知道自己做得有多好。遊戲讓我們暫時逃離世界的混亂。」遊戲之所以能做到這一點，是用那些——如他所說的——「極為狹窄、簡單且清晰的計分系統」。

仔細想想吃角子老虎機，每場遊戲都有一個無法預測的結果，但一旦滾輪落下，結果的不確定性就是零。我們**很清楚**知道自己做得如何，要不是輸錢，贏的比賭注少，不然就是贏的比較多。就是這樣，這就是遊戲的全部。

這也為我們帶來了遊戲化。

二〇一〇年，研究員珍・麥戈尼格爾（Jane McGonigal）發表了一場有關遊戲的TED演說，引起網路瘋傳。當時她是矽谷智庫未來研究所（Institute for the Future）的遊戲研發總監，在〈遊戲能創造更美好的世界〉（Gaming Can Make a Better World）的演說中，她主張我們應該運用遊戲機制來改變人類行為，說我們應該把世界「遊戲化」。

「當我們身處遊戲世界中，」她說，「我相信我們是最好的自己……最有可能堅持一個問題，直到解決為止，也最有可能在失敗之後重新站起來並再次嘗試。」

在遊戲的世界中，我們是否真的是最好的自己，仍然有爭議。麥戈尼格爾似乎從未遇過「輸不起」這個詞，也不曾站在賭桌旁看著賭徒不斷輸錢，看著兩名國家冰球聯盟（NHL）球員打掉對方的牙齒。但是，她說對了，遊戲迫使我們堅持下去，失敗後再站起來，然後再次嘗試——通常持續太久。那就是匱乏循環。

麥戈尼格爾說，這與我們面對生活中大多數問題的方式不同。「在真實生活中，當我們面臨失敗、遭遇阻礙時，往往不會（站起來再次嘗試）。我們感覺被征服、不知所措、焦慮，或許還有憂鬱、沮喪或憤世嫉俗。我們在玩遊戲的時候從來不會有那些感覺，它們根本不存在於遊戲中。」

她說。

原因是：遊戲把我們猛烈推入匱乏循環中，並且給我們一個分數。關於我們是贏還是輸，做對或做錯事情，那個分數給了能緩解焦慮的確定性。遊戲激勵我們快速重複，或是站起來再次嘗試。

麥戈尼格爾主張，透過將世界「遊戲化」，我們可以「增進連結、信任與合作」，並且找到「幸福的生產力」與「史詩般的意義」，她認為這能解決重大的個人與社會問題。

麥戈尼格爾甚至針對這個想法進行了一連串的研究，其中一項名為「沒有石油的世界」，把一千七百名玩家放在一個石油短缺的虛擬世界中，它會給玩家關於那些短缺會如何影響食物供應、交通運輸、學校關閉、暴動等等的即時資訊，玩家必須想出如何減少使用石油的方法。但麥戈尼格爾說，關鍵重點是，許多玩家在真實生活中也改變了石油的使用方式。

這是個令人著迷的發現，具有潛在的好處。但看這段爆紅的ＴＥＤ影片的，不只是想拯救世界那類的人，連各行各業的公司都在看。

在ＴＥＤ演說之後的幾年內，有超過三百五十家大公司啟用了遊戲化的專案，包括：美國職棒大聯盟（MLB）、奧多比、美國國家廣播公司（NBC）、沃爾格林公司（Walgreen）、福特汽車（Ford）、西南航空（Southwest）、eBay、耐吉（Nike）、潘娜拉麵包店（Panera）、星巴克（Starbucks）、甲骨文（Oracle）等等。

他們都從匱乏循環的元素中汲取靈感。積分、排行榜、徽章、績效圖表、不間斷的通知等等，開始出現在各種數位空間，以改變我們的行為。它們提供了機會、無法預測的獎賞與快速重複性，我們開始把一切能做的事遊戲化：運動、學習、減肥、購物、廣告，甚至是醫療照護與戰爭。

美國陸軍創造了一款名為「美國陸軍」（America's Army）的射擊遊戲來招募軍人。火星糖（Mars candy）製作了一款找找看遊戲，來銷售M&M's椒鹽脆餅巧克力糖。NikeFuel註1讓用戶彼此互相競爭，看誰能累計更多運動，以獲得虛擬獎杯與折扣，並分享在社群媒體上。科技公司Bluewolf為員工推出了一款遊戲，對於在個人領英（LinkedIn）與推特帳號上分享公司相關內容的員工給予積分與獎勵。

遊戲化產業的產值在幾年內從零增長到二十億美元。長久以來努力想形塑人們行為的公司，發現了一些令人興奮的事，如果只是給客戶或員工一個明確的目標——如阮教授所說的，「一個小小的世界，在那裡可以掌控與了解一切」——我們更有可能去做他們希望我們去做的事。這些公司發現人們花在他們的網站、重訪網站，並分享有關他們品牌內容的時間，平均增加了三〇%。

「遊戲化運動的概念是，越是讓生活成為一場遊戲，生活就會越令人驚嘆。但是，」阮教授說道，「那簡直是太天真了。」

阮教授再咬了一口可頌，並開始解釋他如何獲得這項結論。「如果你看一下桌遊或運動遊戲之類的普通遊戲，會發現其中的行動與日常生活是分開的。」他說。

1 譯註：耐吉推出的一種運動評估指數，利用耐吉所推出的裝置，來計算所有運動累積的積分。

在普通的遊戲中，目標是服從以任意的積分為名的愚蠢規則並不重要，因為普通的遊戲是發生在日常生活**之外**的，整個**重點**是為了某個螢幕外的時刻，才會服從為了得到愚蠢積分而訂的愚蠢規則。要記住，玩遊戲是為了從日常生活中尋求有趣的逃避。吃角子老虎機留在賭場（加油站或雜貨店）。馬拉松結束在終點線。「妙探尋兇」（Clue）遊戲停在我們發現在書房點著蠟燭的是黃上校（Colonel Mustard）的時候。影響也是如此：我們的重要他人不會**真的**在意我們在大富翁遊戲中害他們破產，足球員不會在場外擒抱並摔倒對方，如果他們這麼做，就會陷入牢獄之災。

「但當我們試圖將普通生活遊戲化，」阮教授說道，「是在試圖將明確的價值觀強加於一個事先存在的價值觀叢林中，在一個非常不確定又複雜的系統中。」我們是為了生活中**並不**愚蠢與隨機的部分，才去服從以反覆無常的積分為名的愚蠢規則。

阮教授繼續說道：「因此遊戲並沒有弄清楚你為何在乎某件事，在乎的程度有多少，以及清楚表達那個系統對你來說重要的是什麼，而是直接告訴你：『這就是你在乎它的方式與原因。』」然後我們就順從了。「所以，遊戲化能增加動機，是的，但代價是以有問題的方式改變我們的目標。」其影響也會波及到現實生活。

「我開始思考數字如何塑造我們行為的第一個地方，是葡萄酒評分。」阮教授告訴我。

在一九七〇年代之前，葡萄酒評論家都是一群軟木塞怪胎（cork dork），用難以理解、摻雜形容詞與名詞的方式來描述葡萄酒，會把一瓶酒寫成如一位評論家所寫的：「緊密地集中，帶一絲林茲餡餅註2、苦櫻桃、梅子醬與無花果的味道，摻雜甘草脆餅、燒鐵與烤月桂葉的香味。餘韻悠長，帶有大量烤無花果、焦油和香料的重低音音符，但酸度也在，深深嵌入其中。」

這種華而不實的描述，令一般人懷疑大多數葡萄酒評論家到底有多固執、多愚蠢。但是在一九七九年，葡萄酒評論家羅伯特・帕克（Robert Parker）改變了一切。帕克是來自馬里蘭州北部森林的藍領工人，熱愛葡萄酒、想賣葡萄酒，但沒接受過正式訓練。他認為，當下的葡萄酒評論勢利的語言，讓那些想要享用葡萄酒的人覺得掃興又困惑。因此，早在麥戈尼格爾發表演說之前，他就將那個系統遊戲化了，他開始用五十到一百分的標準來分級葡萄酒，並把那些評論刊登在他的雜誌《葡萄酒代言人》（*The Wine Advocate*）中。

帕克的系統迅速地將釀酒業遊戲化。拜評分清晰所賜，達到九十分或九十分以上的酒迅速被搶購一空，而八十分以下的酒瓶卻被灰塵覆蓋。波爾多的一名酒商告訴記者艾倫・麥考伊（Elin McCoy），一瓶酒若能得到九十五分，而非八十五分，釀酒師可以從這款酒上多賺七百萬美元。若帕克給一瓶酒一百分，業者就可以把價格增加為四倍。

葡萄酒怪咖（wine geek）把接下來發生的事稱為葡萄酒的「帕克化」（Parkerization）。一本葡萄酒雜誌解釋說，帕克的意見與口味「成為對收藏家還有釀酒師來說唯一重要的事」。釀酒師開始改變存在了數千年的釀酒傳統，改變釀酒方法以迎合帕克的口味，從而提高得分與銷售量。帕克的系統如此受歡迎，以致其他評論家也開始採用評分系統。

---

2 譯註：linzer torte，裡面填滿果醬，上面覆蓋著用杏仁調味的網格狀酥皮的甜點。

然而，要是你沒有帕克的品味呢？這些分數就毫無意義。

「葡萄酒之所以好，部分原因在於能與食物搭配，而且搭配不同的食物，產生的反應也不同。」阮教授說道。「一瓶酒本身可能太強烈或太細微，但與食物搭配時，它的味道可能就會擴展或爆發，甚至會在用餐過程中發生變化。」

他繼續說道：「為了不只給酒，也給任何東西打分數，你必須客觀。你不能拿酒配著食物喝，因為可變因素太多。所以葡萄酒評分界會把小酒杯並排放置，那樣就消除了餐酒搭配的動態性，以及一開始葡萄酒**最重要的事**。」一旦你花了四倍的錢買到那瓶一百分的酒，並且拿來搭配晚餐時，分數就變得無關緊要了。

這種評分甚至可能改變我們的期望與經驗。波爾多大學（University of Bordeaux）的研究人員聚集了葡萄酒研究學系的五十四名學生。他們拿到兩瓶酒：他們知道一瓶是便宜的、另一瓶是昂貴的。在學生不知情的情況下，研究人員調換了兩瓶酒的酒標。

結果，學生對著那瓶昂貴、實際上很便宜的酒，用各種摻雜名詞與形容詞的字眼，發表了詩意的評論；同時把那瓶便宜、實際上很昂貴的酒，描述成類似貓尿的東西。

• • ● ● ● • •

阮教授在推特上的經驗——跟我在 Instagram 上的經驗一樣，一定也跟你在**某處**的經驗一樣——

能幫助我們了解遊戲化與量化的缺點。

阮教授在遊戲化達到高峰的時期加入推特，世界正朝著遊戲化的未來前進。「我的推文第一次被轉推超過一千次的時候，我的大腦就說：『是的！感覺真好，給我**更多**這種感覺！』」他說。「我立刻就發現，哇！這真的很強大。這是危險的狗屁。」

之所以危險，是因為有一種很大的「失去連結」。推特宣稱自己是一個線上討論的論壇，但是阮教授以按讚與轉推的形式在累積的分數，感覺不像是討論。

「一般討論的目標是複雜難懂的，」阮教授告訴我，此時一陣微風吹起了原本裝糕餅的棕色紙袋，現在則充當布滿麵包屑的餐墊。阮教授的麵包屑都掉在桌子上，我的都掉到身上。正當我笨拙地撥掉身上的麵包屑時，他舉出討論的可能目標，可能是要互相了解以及被了解，分享同理心、同情他人，或是其他事，也可能同時是其中的很多事。

但推特的評分機制用一個更簡單的目標取代了所有價值觀：累積按讚數、轉推次數，以及追蹤人數。我們的目標正如釀酒師一樣，是獲得更多的分數。而我們就像葡萄酒的飲用者與生產者一樣，深受那些分數的影響。積分與遊戲化開始重塑我們的經驗、行為，以及定義成功的方式。

「當你大幅改變活動的目標時，就改變了活動本身。」阮教授說道。他那些獲得按讚數與轉推數的推文跟討論不同，必須簡短、尖銳、沒有上下文，甚至可能有點令人不快。

研究顯示，帶有強烈道德情感的推文，跟憤怒一樣，能獲得最多按讚數、轉推次數與追蹤人數。科學家稱此為「道德感染」（moral contagion），跟病毒一樣，確實具有傳染性。

對不用社群媒體的人來說，這也很重要。以它如何改變政治為例，二〇二二年，來自加拿大、史丹佛與伊利諾大學（University of Illinois）的一組研究團隊注意到，美國的民選官員似乎正以越來越不文明的方式在使用推特，因此提取了國會議員十年來的推文，總共有一百三十萬則。科學家使用人工智慧演算法去分析每一則推文，並將其分配到從零到一百的「毒性分數」中。

分析的結果發現：十年來，政治性推特的毒性增加了二三%。研究人員寫道，這是因為「以大量的『按讚數』與『轉推次數』（來衡量），不文明的推文較容易得到更多的贊同與關注。」科學家也指出，一旦政治人物從一則惡意推文中得到大量的按讚數與轉推次數，就更可能增加未來推文的惡意程度。這個持續無法預測的獎賞與快速回饋的匱乏循環，增強了他們的推特使用率，把他們變成了怪物。

兩黨的政治人物都陷入了這個惡意的循環中。如果這個糟糕的行為像在一般的遊戲一樣，與他們生活的其他部分分隔開來，那是一回事。但重要的是，影響會如漣漪般蔓延。政治人物用相同的策略來引導他們的政策思考與決策，也就是會影響我們生活的立法，就在此刻。

阮教授稱這種現象為「價值獲取」（value capture）。當我們在一個活動上貼上一個簡化的評分系統，就會開始專注於那個評分系統與追求分數，而非去體驗那項活動原本的目標。「那些指標接管了我們的動機，」阮教授說。「我們透過沿著設計路線改變目標來換取滿足感，卻有可能看不見這項活動真正的重要性，而轉向了更貧乏的東西。」

這條貧乏的曲線是一種有趣的逃離，透過分數帶來確定性的舒適感，但會讓我們遠離更真實、豐富的體驗，以及活動的真正目標。

不只是政治人物在追求推特的快感，它也形塑了我們閱讀與觀看的事物，以及理解世界的方式。

二〇二二年，《紐約時報》的執行主編叫記者少花點時間在推特上，理由是：自從推特崛起以來，記者越來越不是以發現平衡、真相與客觀性的方式來建構報導，而是以一種能贏得推特追蹤人數的方式，其中許多追蹤者是記者同行，而非大眾。這種圈內人的計分正在稀釋《紐約時報》的世界觀。曾在《紐約時報》工作的公共知識份子巴里・韋斯（Bari Weiss），便將推特稱為《紐約時報》的「終極編輯」。

我問阮教授，他是否認為可以用一種不會使我們貧乏（如他所說）的方式來使用社群媒體工具，它們是否跟鐵鎚與斷頭台一樣，只是一種工具?

他告訴我，要取決於我們為何與如何使用它或其他遊戲化匱乏循環，要好好使用它，我們需要抗拒分數的吸引力，並建立不一樣的目標。

這利用了跳脫匱乏循環的第二種方式。獎賞不再細細流入，因為我們發現社群媒體的計分指標不再具有獎勵性，而是照自己的條件來建立無法預測的獎賞。

阮教授把這一點與我們如何跟金錢建立不同的關係來做比較。有些人把金錢視為目的，另一些人卻將金錢視為達到目的的手段。第一種人是為了金錢本身而工作，也會做出有助於累積金錢的決定，例如總是選擇薪水最高的工作。

第二種人則視金錢為獲得其他東西的工具，例如快樂。他們只會因為能令他們更快樂，才會接受一個賺更多錢的機會。如果面對兩個工作機會，這種人會接受他們認為會讓自己更快樂的工作，即使薪水較低也沒關係。

把這個邏輯應用到社群媒體上，我們就可建立一、兩個目標，並只用它來促進那個目標。數字與得分只在能促進目標的範圍內才算有用，例如我們可以用它來散播關於我們專精主題的有用資訊、交新朋友，或學習不同的文化。如果出於其他的原因來使用，我們的頭可能就會處於斷頭台的刀片之下。

• • • • • •

我吃完了葡萄乾可頌，很精緻，也很貴。我感覺自己好像需要小睡一會兒，然後去長跑，來消耗它含的無窮熱量。

處於由糖、脂肪、麵粉所誘發的狂喜狀態中，我意識到這個畫面——兩個舒適自在的男人正吃著六美元的糕餅、喝著一杯五美元的咖啡，抱怨著社群媒體——是否也是一種貧乏？

阮教授說話的同時，我也在腦中衡量著各種觀點。或許我們是為所欲為的男孩，應該長大，去關心其他的事情。

但也許我們的經歷並不孤單，或許代表著更大的意義，我不認為它只存在於葡萄酒、推特與

Instagram 的世界中。

於是我也問了阮教授：「你還在哪裡看見計分系統改變我們的行為、目標與經驗？」他看著我，彷彿我剛從三十年的昏迷中醒過來。

「嗯……」他咯咯笑道。「這個嘛，我要從何開始呢？我們偏愛指標。所以我們的注意力與價值觀很自然地會轉向容易用尺度衡量的事物，而遠離其他更複雜、但更重要的事物。」結果他用一整堂課來解釋這件事發生的一種方式。

「學生在我的哲學入門課中最喜歡的一天叫做『成績是胡說八道嗎？』，」他說。「我從未見過學生比在這一天上課更投入、更令我感到驚訝。」

在那堂課中，他解釋成績如何成為一種不是要讓學生有更好的改善與思考，而是要讓管理者過得更輕鬆的方法，例如成績與平均成績能讓學校的招生委員或潛在雇主對一個人的能力做出更快的判斷。

但是，我們用速度交換了正確性，時間一久，成績變成了教育體系最重要也最終極的事。「所以現在學生執著於平均成績，勝過把焦點放在自己是否理解在就業市場中成功發展所需的技能與想法。」阮教授說道。他曾嘗試不打成績，改用書面評估，但是管理階層不願接受。

我自己也是大學教授，開始同情阮教授。「我也注意到成績經常無法適切地代表學生。」我告訴他。「最有前途的學生通常不會得到 A，他們的思想太自由了。或者他們是堅毅的急驚風，每週工作四十個小時，同時修滿所有課程。我最有前途的學生通常成績都是在 B 到 A- 之間。

「另一方面，我的學生當中得到A的，比較可能是較呆板也較沒有創意的那些學生，或是他們有幫忙付學費的富爸媽，有較多時間可以念書。」我說。

但是拿到A的學生會受到企業最積極的招募，並進入高層領導職位。這一點強化了商業世界越來越重視衡量，而非能把球推向更遠的前方、有創意的偉大想法，難怪史蒂夫・賈伯斯（Steve Jobs）、比爾・蓋茲（Bill Gates）與歐普拉・溫芙蕾（Oprah Winfrey）都從大學退學。

數字也反映了我們看待健康的方式，醫生要求我們維持在一定的BMI值（身體質量指數），BMI值用我們的身高與體重，把我們評分為「正常體重」、「過重」或「肥胖」。跟成績一樣，有助於快速、大略的分析，但那個指標並未反映我們真正的身體或心理健康狀態，或體重可能影響健康的複雜狀況。例如體重中有多少是肌肉？體重儲存在哪裡？為什麼當初我們想要達到某個體重？這經常適用於其他健康指標，像是血壓與血糖指數，我們也常根據這些數字接受也許不需要的治療或保險費用。

或許我們會開始為了健康與活力而運動，然後被反映在活動追蹤裝置與每日步數或「壓力指數」上，但我們從一開始就沒有定義健康對自己的意義，如果我們做了，它一定不會是APP上的某個數字。

清單可以繼續列下去。研究人員發現，量化改變了一切，像是如何體驗電影與音樂，這要歸功於爛番茄（Rotten Tomatoes）指數與毒舌樂評網站Pitchfork受歡迎的程度；像是運動，隨著「點球成金」註3的興起，幾乎摧毀了棒球運動的靈魂與興奮感；像是藝術與戶外活動，人們為了社群媒體上的按讚數，聚集到博物館與戶外景點去自拍；像是主廚如何烹飪食物、我們如何設計空間，以便在 Instagram 或抖音上看起來比較好看。

科技作家凱爾・查卡（Kyle Chayka）把社群媒體稱為「太空空間」（AirSpace）。許多商家都把自己設計成能吸引社群媒體用戶的樣貌，同樣的美學如今在全球蔓延，大多是拜遊戲化科技所賜。顧客想造訪一個地方，是為了獨特的商品——以及社群媒體上的照片。查卡指出，如今位於鹽湖城、奧斯汀（Austin）、東京或雷克雅維克（Reykjavik）時尚區的咖啡店，全都有同樣的 Instagram 友善外觀。一切都是極簡主義加上工業風，有點諷刺的是，就像阮教授和我所在的烘焙店一樣。

我們喜歡逃入匱乏循環的一個原因是，其中沒有令人不適、引發焦慮的不確定性，更安全也更容易，我們可以知道自己做得好或不好。

有些事變得越來越困難，像是深入思考大自然對心靈的影響、一幅畫給我們的感覺、我們為什麼會去某間特定的餐廳、聆聽一張唱片、看一場電影、設計或體驗一間咖啡店的內部，以及這些事吸引我們的方式與原因。

當我開車回拉斯維加斯的家時，回想起與凱萊布・埃弗里特（Caleb Everett）的對話，他是邁阿密大學（University of Miami）的數字研究員與資深副院長。他發現書寫的數字是一種新現象，是最近幾千年才發展出來的。「我們傾向於認為數字是人類的預設工作方法，但事實並非如此。」

3 編註：moneyball analytics，用數據統計去評估棒球員和球隊的價值。

埃弗里特告訴我。

在古老的過去，我們並沒有為事物加上數字，而是根據大略的估計來工作。仍有人類是數字尚未觸及的，像是亞馬遜的皮拉罕族（Pirahã）。「皮拉罕族的人無法數到三以上的數字，也沒有表達數字的字詞。」埃弗里特告訴我。相反地，他們是用粗略的近似值來表示，像是小、中、大。「數字對我們的情感與行為上的影響變得如此強大，是很吸引人的事。」埃弗里特說。「數字對我們來說似乎很自然，但在許多方面都很不自然，因為數字並非真的與生俱來。就人類這個物種來說，闡述數字是歷史上的異常現象。但是過去一千年，特別是最近數百年來的文化軌跡，已引導我們量化一切，並相信量化代表絕對的真理。我們認為，如果可以量化某件事，就已經說出或完成了某件真實與深刻的事，因為你有證據，可以安心休息，不用再思考，但事實並非如此。」

我們塑造了數字，數字又反過來塑造了我們。當我們只關注一個經驗的某個觀點，就可能錯過其他更重要的觀點，更引人深思、更有意義的觀點，使人生值得活的觀點。

「如果你確實花時間去研究數據與科學，就能看出它有多複雜，理解起來有多困難。」埃弗里特告訴我。「有一百萬種方式可以量化某件事物，以及如何把那份量化做得最好的一百萬種爭論。例如，你要控制或不控制什麼變數，以及那個數據真正的意義。這些都有很多爭議，而且常常是有缺陷的人類決策。它太複雜了，就是有這麼多層次的灰，但是當這些灰色的數據流向一般大眾時，大眾通常把它視為黑與白，把它當成真實。」

當然，指標不是毫無用處，但我們需要意識到，指標並不能用來解釋人類的經驗、我們在所做的每件事當中獲得的所有經驗，以及那些經驗能如何影響我們與他人。

我們必須以數字的本質來看待它們：灰色、過度簡化的分數，可以告訴我們一點訊息，但與一切差得很遠。外在勢力利用數字，把我們捲入脫離現實與最佳利益的匱乏循環，讓我們走進不想去的地方。因此，偶爾走一條不同的路是值得的，要擁抱灰色，貿然涉足令人不舒服的領域，去弄清楚當初我們為什麼做某些事，以及那些事對我們而言真正的意義。

CHAPTER 7

影響力

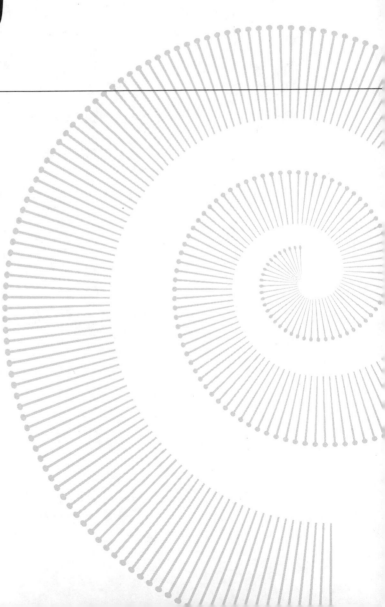

Influence

在今天，當我們想到影響力時，可能不會想到那些遙遠的觀念，像是數字這樣的工具如何影響我們，而會想到社群媒體上的「網紅」，以及我們對他人的影響力，這是有道理的。

現在我們知道，匱乏的大腦已經進化到渴望影響力。人類是社會性動物，進化到警覺地爭奪地位、擔心別人對我們的看法，也**通常會根據他人的反應來做事和思考**。

但直到最近，影響力都是一門軟科學。我們的社會地位，與他人相比、自己做得如何，行為是好是壞，都很難衡量，因此每個人都透過網路連結在一起，就能量化影響力。

就像過去的毒品，我們想影響別人的動機也會受到更多、更快、更強的影響。研究顯示，當我們開始感覺到自己似乎有機會獲得地位或影響力時，就會開始更重視它們，做更多事去獲取它們。無論是在社群媒體上發文，還是在他人面前以某種方式行事，我們都會看見機會、採取行動、等待無法預測的獎賞，然後重複。這就是匱乏循環。

• • ● ● • •

一九四三年，心理學先驅馬斯洛發表了一篇名為「人類動機的理論」（A Theory of Human Motivation）的論文，提到了他知名的需求層次理論（hierarchy of needs），指出在滿足較抽象的需求之前，我們首先必須滿足基本需求。像是營養、睡眠、水與居所等必要需求是最先考慮的；接下來是安全感，包括免於疾病以及擁有一份工作與一些資源；然後是心理需求，像是歸屬感。我們在這些層次上持續上升，直到終於抵達他所說的「自我實現」的需求。他所描述的自我實現需求，是「成為（我們）能夠成為的一切」。

如果人們即將餓死或被灰熊襲擊，那麼建議人類優先考量食物或安全感，而非友誼或深刻討論神是否存在，似乎是合理的。如果我們流落街頭或躺在醫院，就會比較不關心「尋找自我」。當時大多數的心理學家都同意這個觀點。

但馬斯洛需求層次的第四層較具爭議性。該層次以他所謂的「尊重」需求為中心。馬斯洛認為，我們不只需要自我感覺良好，也需要**別人**對我們感覺良好。馬斯洛這麼說：「我們具有對於名譽、聲望、來自他人的尊敬或尊重、認可、關注、重要性與欣賞的渴望。」

這在當時是個熱門話題。佛洛伊德（Sigmund Freud）這樣的思想家在那之前一直主宰著學術界的心理學，他相信在我們的無意識中，都深深潛藏著動物性的欲望，認為我們的問題都來自壓抑那些欲望，或把欲望投射到他人身上。

但馬斯洛認為，佛洛伊德這樣的心理分析學家忽略了我們也是社會性動物。這個領域的精神科醫生默默同意了馬斯洛的想法，他們私底下告訴馬斯洛，病人來到診療椅上並不是要談佛洛伊德式的內容，像是有奇怪的、被壓抑的性挫折；許多病人談的是他們在社會上的地位，不安的是社會問題，例如在工作上沒有得到新頭銜或感覺不如鄰居富有。

當馬斯洛發表論文時，我們全都渴望影響力與社會地位的想法算是失敗了，反正在學術界是如此。

「心理學家不想承認地位是重要的，因為那有點不高尚。」在加州大學柏克萊分校研究權力、地位與影響力動態的卡麥隆・安德森（Cameron Anderson）告訴我。「人不應該在乎地位，高度渴望地位會被視為自私與膚淺。」

但是讓我們都誠實一點吧：我們確實在乎。我考慮過我在各種階層的地位，次數比我願意承認的還要多，還有阮教授幫助我了解到的我的社群媒體使用習慣。但在螢幕之外，我們每個人、每一天都會被提醒自己的地位在哪裡。

當我們去參加體育賽事或音樂會，看到「非常重要的人物」那一區時；當我們開車經過鄰居的大房子時；當我們對上司愚蠢的笑話發出假笑時；當我們登機時走過坐在寬敞頭等艙座位趁著起飛前啜飲香檳的乘客時。

我們喜歡認為自己對這些地位提醒是免疫的，不，並沒有。

舉例來說，多倫多大學（University of Toronto）與哈佛大學的研究人員最近發現，「空中憤怒」（air rage）的事件正在增加。也就是說，人們在三萬呎高空上變得非常憤怒。科學家想要知道為什麼，研究了一百多萬次航班與大約四千起空中憤怒案例。他們假設這類事件增加，完全是因為每年都變得越來越像地獄的飛行經驗，費用與延誤的情況越來越多，座位上容納腳的空間越來越小。但他們錯了。

他們發現，飛機上設有頭等艙時，經濟艙的乘客勃然大怒的機率會高出四倍。這種地位與影響力的提示，增加了事件發生的機率，與九個半小時的延誤機率相同。而如果經濟艙的乘客登機時必須經過頭等艙，數字會驟升至增加八倍。

那些尷尬地走過「頭等艙」的公民，巧妙地讓我們更有可能想要一舉摧毀那個階級體系，去進行一次飛行中途的法國大革命，讓那些菁英在斷頭台前排排站好。

所以，是的，我們都在乎，也都會受到周遭社會地位與影響力提示的影響。但是，大多數人會壓抑這種事件可能煽動的類似革命家切・格瓦拉（Che Guevara）的本能，還會假裝自己超越了每天面對的微妙地位提醒。我們安慰自己，並告訴自己類似以下這些話，來貶低高地位的人：「那間房子真是巨大而醜陋……金錢買不到品味。」或是：「飛機降落的時間對每個人來說都一樣。」畢竟這才是最重要的事：諷刺的是，表達我們在乎，是我們對自己的地位所能做的最糟糕的事，沒有什麼比讓別人知道我們在乎，更能傷害我們的地位。

因此對心理學家來說，研究社會地位就近似對它的自我承認，就是我們真的非常在乎別人對我們的看法。而我們就像亞里斯多德所說的，是由他人來塑造行動的「政治動物」。儘管其他學術專業已意識到，我們所做出的大多數決定，事實上都是對社會的反應，以及為了適應社會。

例如，人類學的「分裂生成」（schismogenesis）理論主張，我們的整體自我意識與文化認同，實際上都是對他人的反應。正如科學家大衛・格雷伯（David Graeber）與大衛・溫格羅（David Wengrow）在《萬物的黎明》（*The Dawn of Everything*）中所解釋的：「按照生物學上有意義的標準，活著的人類幾乎是無法區分的。」我們大致上看起來都一樣，行為也差不多相同（例如，挺胸與高舉雙手是世界各地的人展現自豪的方式）；甚至想的都一樣，所有人類語言都有名詞、動詞與形容詞。即使我們的音樂聽起來不一樣，但我們都喜歡音樂與舞蹈。全世界的餐點都是一份碳水化合物、一些像是肉、魚或豆類的蛋白質，以及一些蔬菜。

但是我們的頭腦總是尋找自己與他人之間相對較小的差異，並根據那些差異來形成自我與社會意識。「人們開始透過與鄰居的比較來定義自己。」格雷伯與溫格羅寫道。

即使社會階層早已深植於人類之中，科學家仍然忽略這些主題。今天，我們往往認為古代社會沒有階級之分。

但是想想「誇富宴」（potlatch），那是一種居住於西北太平洋沿岸的美洲印第安部落的習俗，可以想像你受邀去參加一個大型晚宴，但是主人在事前會詢問你的收入與工作頭銜。

然後，當你抵達這個晚宴，你的餐桌座位、被招待的食物，以及用來吃東西的餐具，都是根據你的收入與頭銜來安排的。因此，身為一名會計師的你，就坐在桌子差不多中間的位置，吃的是紐約客牛排與一份烤馬鈴薯，用的是好市多買的瓷器，配上不鏽鋼刀叉。同時，坐在你隔壁的科技投資家正吃著神戶牛排與龍蝦燉飯，用的是鍍金的銀製餐具。真是令人不爽，但是，嘿，往好處看，至少你不是坐在桌子最末端的公立學校老師，吃著熱狗與商家自有品牌的洋芋片，用的是雙手與紙盤。

聽起來很尷尬，甚至很殘酷，但這正是誇富宴所做的事。那是用一場盛大宴會來慶祝的一場壯觀的社會階層展示，人們的座位按照階層來安排，社會階層決定了一切，從一個人所吃的食物，到用來吃飯的餐盤與銀製餐具。舉辦宴會的主人，甚至會針對他的影響力發表長篇演說，然後用禮物來淹沒客人，以此來展示地位。有點像是頭等艙乘客如何能得到香檳、熱騰騰的餐點，以及機艙內廣播系統的特殊歡迎詞，而我們其他人得到的是不脆的椒鹽脆餅、溫熱的健怡可樂，以及被大聲告知必須繫好安全帶。誇富宴只是世界各地的文化自古以來所玩的地位遊戲中一個奇特的例子。

因此，在馬斯洛的洞見提出後的五十年，科學家一直都避免研究地位，擔心他們承認地位很重要之後，會影響自己的地位。但在一九九〇年代初期，當美國正在努力解決種族與性別問題時，普林斯頓大學（Princeton University）的心理學家蘇珊・菲斯克（Susan Fiske）開始研究刻板印象，她發現刻板印象是強者用來控制弱者的一種方式。

菲斯克的研究「將社會階層的主題更廣泛地帶回社會心理學中」，安德森說道。對弱勢群體的關注「似乎讓研究其他與階級制度有關的主題可被接受，包括誰得到高地位以及原因。」

此後，這項研究便持續累積。

「我們之所以有情緒，是因為情緒發揮了關鍵性的功能，在整個歷史上，這些功能都有助於我們的生存與繁殖。」這段話是根據潔西卡・崔西（Jessica Tracy）的說法，她是心理學教授，以及英屬哥倫比亞大學情緒與自我實驗室（University of British Columbia's Emotion and Self Lab）的主任。

崔西告訴我，我們有一拖拉庫的情緒，完全取決於他人的想法、感覺或行動，例如尷尬、內疚、羞愧、嫉妒、羨慕、同理心與驕傲等情緒不會在真空狀態下發生作用。這些情緒是迫使我們與他人合作（或不合作）的工具，使我們能夠在環境中成長茁壯，這樣可以保持並提高我們在社會中的地位。讓我們把這些稱為「影響力情緒」。

匱乏的大腦渴望影響力，因為我們對他人越有影響力，就越有可能生存並傳播ＤＮＡ，影響力讓我們得到更好的伴侶。它能增加我們在衝突中生存下來的機率，讓我們得到更多匱乏的資源，甚至有助於擺脫耗盡能量的糟糕粗活。安德森說，只要人類存在，影響力就一直像是維生素或毒素。「人們主觀的幸福感、自尊及身心健康，似乎取決於他人給予的地位層級。」

安德森知道這一點，因為他最近分析了有關社會地位的所有資料，我們談的是回溯到馬斯洛成千上百項的研究。他發現，地位較高的人整體而言比較快樂，經歷較少的身心健康問題，例如焦慮、憂鬱與心臟疾病。而那些健康上的差異並非因為地位較低的人取得醫療照護的管道比較缺乏，同樣的發現也出現在提供普及醫療照護的國家，在那裡每個人獲得醫療照護的機會與品質都一樣。

正如匱乏的大腦永遠都在無意識地巡視資源匱乏的線索，它也在巡視有關影響力的線索。即使是人與人之間一些看似微不足道的差異，例如，跟別人相比，我們收到一份食物或飲料的分量，一個人的辦公室裝潢，或是服裝上的差異，都可能觸發影響力情緒，為我們帶來壓力。

大多數人甚至會選擇地位與影響力，而非金錢。一項民調發現，有七〇%的工作者說，他們比較喜歡擁有更好的頭銜，而非加薪。他們相信，更好的頭銜會讓別人以更尊敬的眼光看待他們，並賦予他們更大的影響力，不只是對同事更有影響力，還包括對生活圈的其他人，像是鄰居、家人與朋友，都更有影響力。

這引導出另一個令人著迷的發現，這次是來自康乃爾大學（Cornell University）的科學家。他們認為，對我們的身心健康來說，在一座小池塘中當一隻較大的魚——也就是，在一家小公司擁有較高的職位——比在一家知名的大公司處於中階職位來得更好，即使在大公司賺的錢比較多。

地位池塘比我們意識到的更重要。令人驚訝的是，我們在任何一個特定時刻的感覺，都與身處的池塘有關。例如，研究顯示，排名前一％的有錢人，也就是一年至少賺六十萬美元的富翁，經常抱怨自己很窮、捉襟見肘。這是因為他們通常生活在其他富翁周遭，因此會專注在與同儕相比之下自己缺乏的東西，使得這些客觀上富有的人相信自己主觀上很貧窮。

其他研究顯示，我們對影響力的渴望也是暴力的根源。一項對底特律市中心的犯罪所進行的大型研究發現，一個人殺害另一個人，最常見的原因不是金錢、毒品或女友，而是因為地位受到威脅。科學家舉出兩名男子為了爭奪上撞球桌打球的權利而互毆的例子，那場爭鬥**實際上**跟撞球桌無關，而是關於讓出撞球桌（或女友、販毒地盤）會對他們的地位產生什麼影響。

我們對影響力的追求也會造成焦慮。安德森的研究顯示，讓我們覺得壓力最大的事，就是承擔一項感覺準備不足的公開任務，像是被要求發表一場演說，但講的是你在最後一分鐘仍感到緊張不安的主題，會導致身體打開壓力荷爾蒙的防洪閘門。

假設我們看見兩個人在竊竊私語，大腦通常會假設他們在談論我們、排斥我們、密謀要致我們於死地。再假設某人發表了某個模稜兩可的評論，我們的原廠設定就認為那是暗中破壞的譏諷。反過來說，如果是**我們**對某人做了某個模稜兩可的評論，之後發現別人可能會誤解，我們就會相信那個人確實誤解了，開始在心裡一再計畫要如何平息這種情況。

無論如何，我們通常是錯的，那份評論不是針對我們，那個人並未誤解我們的評論。但是大腦的預設會假定最壞的狀況，萬一我們是對的，就能拯救自己的社會地位，在過去，可能就代表生與死的差別。

當然，尋求影響力不是壞事。我們從古至今一直這麼做的原因是，它能幫助我們生存與繁榮，可能引導我們努力工作、變得更慷慨、做好事與幫助他人。但我們對影響力的追求也可能導致虛榮、自私與破壞性的傾向，像是過度競爭、過度自信、物質主義、侵略性與普遍的苦難。「社會承諾」之所以是佛陀達到涅槃必須克服的三大衝動之一，可能就是這個原因。

• • ● ● • • •

在人類存在的兩百五十萬年當中，我們幾乎一直以小群體的形式生活在一起，部落人口從未超過一百五十人，大多數部落都比這個規模小很多。我們很少遇見新朋友，也都擁有同樣的工作。我們必須狩獵、採集、生小孩，以及不要死掉。社會動態沒那麼有活力，我們只能做這麼多事，影響這麼多人。我們能影響的人數，以及能對人們產生的影響類型都很少。社會階梯比較像是個踏腳凳。

但是，今天有八十億人全都是互相連結的。數千個古老的社會踏腳凳已結合起來，社會階層比較像是巴別塔[1]。我們隨時都可以用計謀獲取影響力，在社群媒體上剪接生活與想法的影像，每一天、一整天，都為了一個數十億人的團體。而且一切都被量化、遊戲化，並以按讚數、追蹤人數、廣告DM、推文轉推、印象、觀看次數、收入等等來衡量。

這種情況從根本上改變了我們，崔西說。就拿我們如何感到自豪或羞愧所發生的事來說。「這兩種情緒是特別為了社會地位與階層演化出來的，」她告訴我。「它們激勵我們去做或不做有助於獲得社會地位的行為，並向周遭的人傳達我們值得擁有社會地位的訊息。」

自豪是我們正面評價自己時所感受到的情緒。「自豪的感覺很棒，」崔西說，「由於這種感覺很棒，我們就想要更多。因此，我們有動力出去尋找更多成就，採取更多能獲得自豪的行為方式，但那其實只代表我們做了更多感覺自己獲得社會地位的事。」但是崔西的研究顯示有兩種類型的自豪，一種有光明面，而另一種有黑暗面。

第一種稱為「真正的自豪」。真正的自豪是好的，這是當我們取得偉大成就且**值得**那份驕傲時所感受到的自豪。例如，達成一筆辛苦工作才成功的大交易、在一場十公里的賽跑中跑得比預期更快，或是創造了某件有價值的事物。崔西說：「即使沒有人看見我們完成了什麼，我們仍能感受到真正的自豪。但如果有人剛好看見我們所做的了不起的事，感覺會更好。」真正的自豪能

1 譯註：Tower of Babel，「巴別」來源是希伯來語，意思是「混亂」。《舊約聖經》裡的故事，一群只說一種語言的人在「大洪水」來到了示拿地區，決定在這修建一座城市和一座能夠通天的高塔；上帝見此情形就把他們的語言打亂，讓他們再也不能明白對方的意思。

提升創造力與長期的身心健康，並賦予持久的影響力。

接著，在陰影中的是第二種類型的自豪：「傲慢的自豪」。傲慢的自豪是不配得到的自豪，那是我們計畫取得但沒有成果的類型，是吹牛大王、自我吹捧者、自戀者與極端自我主義者的類型。這種自豪仍然會帶來良好的感覺，「但是隨著傲慢的自豪而來的良好感覺，也會帶來問題。」崔西說道。「傲慢的自豪導致我們所做的一切，都是為了讓別人欣賞我們。」這會令人發狂，然後走向自我毀滅。

簡而言之，真正的自豪來自做了一些了不起的事，傲慢的自豪則是來自虛假的自我宣傳。以往只能對不多的人宣傳我們的自豪，但大眾媒體改變了影響力的遊戲，始於印刷文字，之後隨著收音機與電視的發展而成長。然而，給予我們的影響力經常都有正當的理由，我們必須有偉大的想法並做出有趣的事，才能獲得大眾影響力與公共媒體的關注。

然後，網路與社群媒體出現了。崔西解釋，如果我們今天取得了某些成就，「非常容易就能拋出一張非常寬廣的網，如今你可以在社群媒體上吹牛，你所有的朋友現在都會知道你的成就。這樣做非常誘人，因為觀眾越多，得到的稱讚就越多，你也會感覺越好。」現在大約有五十億人在使用社群媒體。

「但這是個左右為難的局面，」崔西告訴我。「當你透過讓人們知道你很棒來提高地位，同時也在透過讓人們知道你很棒來降低地位，讓你看起來像個混蛋。比較困難但更有效的方式是，真正走到世界上去做了不起的事，地位自然而然就會出現。」

崔西說道，羞恥感也改變了。研究顯示，新鮮且有爭議的意見在社群媒體上最受關注，如同我們從那些發推特文的政客身上所學到的。但這是一條脆弱的鋼索，如果太過分，冒犯了太多人，成群湧上的大眾就不再只是部落一小群排斥我們的人，而可能是數千或甚至數百萬的群體。取消文化[2]是社會發起的一場全面性的羞辱閃電戰，具備相機與網路連線功能的智慧型手機的崛起，讓人們可以大規模地羞辱。

這對青少年來說特別痛苦，他們的大腦正在以一種社會地位與接受度變得比人生中其他時候都還重要的方式改變。來自紐約大學（NYU）的社會心理學家強納森・海德（Jonathan Haidt）的研究顯示，在社群媒體上爭取關注，已導致憂鬱症、焦慮症與自我傷害事件激增，尤其在青少女之中。「特別是Instagram，」海德寫道。Instagram「取代了青少年之間其他的互動形式，公開展示了朋友圈的大小，並讓身體外表受到按讚數與留言數等嚴格指標的影響」。

青少年了解社群媒體有惡劣影響，但是他們的社交生活存在於線上，而社交對青少年來說又特別重要，他們就像飛蛾撲火。

然而，答案不只是放下手機與少用網路。網路具有流行性，當我們掌握了善用一個平台的技術，另一個平台就會出現，利用希望被按讚的需求，將我們拉回一個新的、更強大的匱乏循環中。隨著人工智慧崛起，遊戲往往比我們更了解自己，按照吸引人的無法預測性的確切行程表，一點

2 譯註：cancel culture，名人因為不當言行遭受社群媒體抵制，工作機會、企業贊助，甚至網路影響力「全被取消」。

一滴地發放獎賞。

但是正如阮教授說的，我們不必去玩科技要求我們去玩的簡化版遊戲，可以發明具有自身的目標與結果、屬於自己的遊戲。

更重要的是，我們必須意識到，想要受到喜愛與影響他人的欲望，在網路之外也影響著我們，可能是決定我們的人生歷程、成為什麼樣的人最大的因素。從出生以來，這些欲望就操縱了我們在真實世界的思想、行動與幸福。

我們的思想根深蒂固地充滿了社會觀念、強制力與假設，改變了我們看待世界、做判斷，以及與他人相處的方式。在過去，這些社會觀念有助於獲得或維持影響力與生存，在今天經常限制了我們，科學家稱這些為「認知偏誤」（cognitive bias）。

例如，賓州大學與加州大學柏克萊分校的一組科學家發現，當我們在別人面前執行任務時，我們相信自己受到的評斷比實際狀況要嚴厲許多。我們也認為人們會根據我們生活中的單一時刻來做出全面的歸納。

因此，假設我們在一小時的簡報中說錯了一段話，之後就很容易相信，每個聽眾不僅會在腦海中一遍又一遍地重複播放我們搞砸的地方（就像我們自己一樣！），而且會認為我們是團隊裡糟糕的演說者。因為他們認為我們是糟糕的公開演說者，我們就假設他們也會認為我們在生活的其他方面很糟糕。

我們錯得很可笑。科學家發現，大多數人並沒有那麼愛評斷人，而且很快就會忘記單一的錯誤。但我們誇大了自己每個社交舉動的含義——因為我們相信每個人都非常關注我們的每一次公開行動——便導致我們感到焦慮與壓力。

科學家稱此為「誇大暗示效應」（overblown implications effect），是「聚光燈效應」（spotlight effect）的側翼。聚光燈效應是過度高估別人有多常想到我們，相信我們活在自己的黃金時段電視節目中——**（輸入你的名字）秀**——聚光燈總是照在我們身上。但現實卻是如此：我們通常被自己的聚光燈蒙蔽了雙眼，無法注視其他人的聚光燈。

還有心理學家所說的「基本歸因謬誤」（fundamental attribution error），指我們如何把他人的行為歸因於性格，卻把自己的行為歸因於無法控制的因素，其他人開會遲到就是懶惰，我們遲到卻是因為塞車。

也有「過度自信效應」（overconfidence effect），這是我們傾向於對信念有過度的自信。科學家發現，那些聲稱對一個答案「九九%確定」的人，有四〇%的時候是錯誤的。

還有「錯誤的獨特性偏誤」（false uniqueness bias），指我們傾向於認為自己與作品比實際還要獨特，這經常引導我們把焦點放在自己與人們之間的不同之處，而非相似之處。這也解釋了分裂生成的概念，即文化與人們會透過與鄰居的比較來定義自己。

也有「素樸犬儒主義」（naive cynicism），指我們認為除了自己之外，所有人都是自私的時候會出現的情況。即很多人都如同作家大衛・福斯特・華萊士（David Foster Wallace）所說的，傾向於「在自動、無意識的信念下運作，相信（我們就是）世界的中心，以及世界的優先事項應該由（我們的）即時需求與感受來決定。」

我們似乎也都受到「素樸實在論」（Naive Realism）所困，相信我們看見的就是現實的本來面貌，不，事實並非如此。

心理學家已發現數百種這類的認知偏誤，開始把它們堆疊起來，我們就能看見，沒錯，也許對影響力的追求確實會讓我們誤入歧途。

當我在思考自己對影響力的追求如何帶來快感與低潮時，我回想起一個朋友對我說的話。大約五年前，我和太太發生了一場愚蠢的爭吵，我不認輸，她也不認輸。情況就像是我們都喝了由「基本歸因謬誤」、「過度自信效應」與「素樸犬儒主義」所調製的濃烈雞尾酒。

在這場僵局期間，我向一位朋友發洩情緒。我痛苦而詳細地跟他解釋為什麼我是對的，我太太是錯的，要是能讓她了解這一點，世界就會變得更好。我想知道這位哥們有什麼建議，可以說服我太太，證明我是對的。

他的答覆是：「你想要的是正確還是快樂？」

從此以後，這個問題幫我避免了許多由小我驅動的大腦製造出來，且打算透過捍衛自身立場來讓事情變得更糟的頭痛問題，它凸顯了與匱乏的大腦和其對影響力的渴望相關的重要事情。

賓州大學科學家的理論指出，推論能力不一定是為了讓我們能找到更好的信念與做出更好的決定而發展出來的，推論的演化可能是為了讓我們贏得爭論與獲取影響力。在與他人的互動中，匱乏的大腦扮演的角色就像是我們趾高氣昂的人格，利用推論來保護自己的地位，讓我們在短期間外表和感覺都很好。

這遠遠超出了與我們的重要他人的辯論。我們如今已經脫離一百五十人的部落，在那裡我們全都朝著一個共同目標努力。對影響力的渴望影響了我們與他人實際互動與網路互動的廣大範圍。大的爭議，當然有，更常見的是最微小的差異。

我們的預設值仍然是要占上風來加強影響力，但為了做到這件事，大腦會從各種認知偏誤中汲取訊息，這些機制在人類進化的嚴酷考驗中有其道理，那時我們更可能去爭論那些真正會影響生存的立場，因為影響力可能代表了生或死。

然而，在我們安全、舒適的世界裡，大多數的日常爭議都很不合理。但我們卻沒看見這一點，我們讓希望自己永遠看起來很好與維持影響力的古老欲望，陪伴我們走入焦慮、怨恨與不幸中，長期下來會傷害我們。

當我們問自己：「我想要的是正確還是快樂？」時，採取的是長遠的視野，並在方程式中插入洞察力。但我們也可以稍微改變問題，可以是「我想要看起來很好，還是快樂？」、「我想要比這個人更出色，還是快樂？」、「我想要正確，還是當個好朋友、同事或重要他人？」以此類推，玩玩看吧！

選擇問這些問題的人，在短時間內可能會感到不適（我們正在對抗固執的大腦），但隨著時間一久，就有辦法消融導致日常生活的痛苦、狗屎般的廢話。當廢話消融，就會變成肥料，帶來成長。

「我想要正確還是快樂？」甚至可以提供視角與清晰度，讓我們看見另一個重要的事實：在大多數爭論中，我們可能都**不是**正確的。而另一邊也不是正確的。時間會改變我們的世界觀，大多數人都可以回顧過去的爭論，並意識到，很少有完全、無可置疑、普遍正確的地方。我們「反應過度」之處遠多於「反應不夠」之處——另一種在過去有助於生存的傾向，就像煙霧偵測器，無論煙是來自微波爐裡輕微燒焦的爆米花或是大火，都會發出一樣的警報聲。

我們是誰、我們知道和適用的是什麼，是一個移動的球門。今日讓我們願意赴湯蹈火的事，明天可能會很樂意讓出，但我們很不擅長在當下看見這一點。

因此，「我想要正確還是快樂？」每當想影響他人的欲望把我拉往錯誤方向時，我現在都會試著問自己這個問題。大腦要求我去玩一個遊戲，但我可以退出大腦，或強迫它去玩另一個遊戲。

對於問這個問題，我並不完美，我甚至不會說自己擅長問這個問題。但是當我陷入小我的陷阱時，我會記得問自己：我想要正確還是快樂。雖然當下會感到不適，但稍後能為我贏得一些情緒空間。它提供了視角並減少了日常生活的痛苦，對所有人來說，感覺都像是一場勝利。

與阮教授的會面結束後開車回家時，我很尷尬地注意到外套還留著可頌麵包的碎屑。我的心思飄回伊拉克，到中間人帶我去的一家烘焙店。埃爾比德的方法似乎是讓我吃東西來爭取時間，好讓他能瘋狂地試圖從無到有地安排會面。

那間烘焙店靠近卡濟米耶清真寺（Al-Kadhimiya Mosque），那個清真寺是什葉派伊斯蘭教最神聖的地點之一。當我們進入店內，迎面而來的就是麵粉、奶油與糖的氣味。架設在清真寺尖塔上的喇叭正在召喚所有人進行祈禱，誦念可蘭經的話語，一首優美的歌曲在烘焙店的磁磚地板上迴響。

烘焙店環繞的玻璃櫃形成一道長長的馬蹄形，裡面裝著快要滿出來的「甜點～」埃爾比德說。「是的～甜點。」

那裡至少有一百種烘焙食品，上面被澆灌了糖汁、灑上種子、加上蜂蜜或糖霜，內餡填滿水果或堅果，有些是霓虹黃、天空藍、海沫綠、珊瑚紅、金盞花橙，有圓形、方形、長方形、半月形等等，全都以公斤為單位販售。店主開始把試吃品塞到我面前。「你吃，」埃爾比德說。「對，你吃，你們美國人愛吃甜點，而且吃太多了。」他這次沒說謊。

人類天生就渴望的還有另一種東西。如果我們相信統計數字，這種匱乏循環每三十四秒就會殺死我們其中一人。

CHAPTER 8

食物

Food

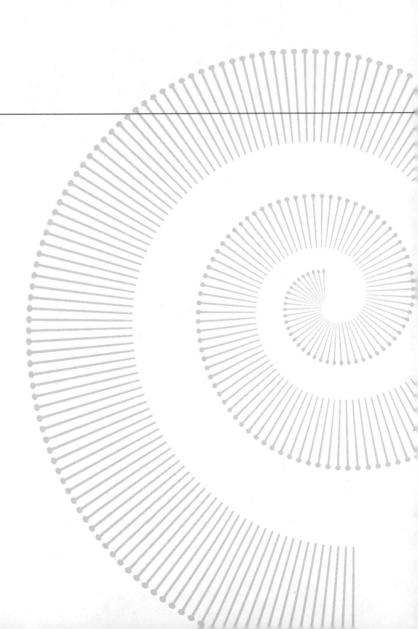

在我們渴望的所有事物中，食物排行第一。我們需要一定數量的食物才能生存，如果得不到足夠的食物，健康就會一塌糊塗；吃太多也會有同樣的後果。

以人類存在大部分的歷史來說，食物是匱乏的，尋找足夠的食物永遠是個麻煩。為了增加生存機率，大腦發展出匱乏循環這樣的優雅機制，來幫助我們在搜尋食物時堅持到底。

過去的食物很像那些沒有人玩的舊式吃角子老虎機。**尋找**食物落入匱乏循環中，但是吃食物呢？倒是沒有。我們的食物很乏味，我們吃的是找到的植物，以及狩獵與垂釣捕獲到的瘦弱動物。想一想：清淡而骯髒的根莖與一些黏滑的魚在火堆上烹煮，沒有鹽，沒有醬汁。我們不多的飲食並不那麼令人渴望。

跟吃角子老虎機一樣，這個改變始於一九七〇年代，全球食物系統轉向生產極其美味的豐富食物的時候。就像在伊拉克那家烘焙店中的我一樣，全世界的人突然有了數百、甚至數千種精緻的糖、鹽與脂肪混合物的選項。我們用奶油與酸奶油、馬鈴薯一起攪打，在上面灑上起司與培根。我們把魚裹上麵包屑煎炸，浸泡在油膩的醬汁裡。我們不需要努力去尋找食物，甚至不用停下來花力氣去準備，只要打開一個盒子或袋子，啟動微波爐，甚至幾乎不用咀嚼。

這種事先制定好配方的美味食物無所不在，且數量很大。進食採用了匱乏循環的元素，食物被設計成令人無法抗拒且可快速消耗，好讓我們能吃得更多、更快。在過去，我們可能每天只吃一或兩餐，但我們開始全天候地進食。沙克生物研究中心（Salk Institute）的研究發現，在今天，一般人在十五小時之內會吃三頓正餐與各種點心。這種新食物激勵了快速重複，在吃飽的時候會促使我們吃得太多。

每一餐也可能變成一種無法預測的美味賭博。歷史上大多數時候，我們每天都吃著同樣乏味的食物。但今天我們有數千種選擇，每一種都可能帶來一種從未體驗過的新風味。研究顯示，如果有更多不同口味的選擇，人們就會吃更多食物，這就是我們常常在自助餐餐廳吃太多的原因。科學家尚未明確指出我們轉而去吃大量美味、誘發匱乏循環的食物，將如何改變健康。我們知道它們有很大的影響，但有多大呢？而如果每一餐沒有大量的糖、鹽與脂肪，我們的健康會是什麼狀況？

我們對這個主題仍然感到有些不確定，因為要完美地研究它是不可行的。大多數的營養科學都是基於有缺陷的調查。而像是心臟疾病與某些癌症等與飲食有關的致命殺手，要經過數十年才能形成，而非幾個月或幾年。一項接近完美的研究，需要把人們鎖在一間實驗室，讓他們一生都吃同樣的食物。

但後來我發現了麥可・古爾文（Michael Gurven）的研究，他發現，要了解工業化之前的食物如何改變人們健康的想法並非遙不可及，除了實驗室是在玻利維亞叢林最偏遠地帶的幾個前哨基地之外。研究的參與者是神祕而古老的部落「齊曼內」（Tsimane）的成員。

無論齊曼內人是否知道，他們都成功避開了食物的匱乏循環，並達到了神話般的健康水平。他們似乎解決了一個重大問題的古怪之處，該問題的觸角伸入現代生活的太多面向，他們的智慧顛覆了來自一些最受推崇的大學多年來的科學思維。

「二十年前開始，我就在思考人類演化的大局，以及人類以前的生活方式。」古爾文告訴我。「要了解那些事，你必須研究非工業化的居民，許多居民仍然以不同的程度存在的事實，令我深深著迷。」

因此古爾文深入玻利維亞亞馬遜地區。他原本是去研究人類是如何進化到分享匱乏的食物。「但是當我拜訪與停留在不同的齊曼內村落時，我會問人們：『你們都需要什麼？』，」古爾文解釋道。「人們總是告訴我：『我們生病了，需要醫療保健方面的協助。』」

但齊曼內人的疾病跟我們不同，他們的疾病是那些我們很久以前就用抗生素等藥物征服的疾病，他們面對的是各種感染與寄生蟲的問題。

於是古爾文招募了一些醫生來幫忙。「我想，如果我們能弄清楚部落的醫療照護需求，並診斷與治療他們，那就太好了。很多齊曼內人的嚴重疾病與死亡都是完全可以預防的。」古爾文告訴我。

然後他有了一個領悟。「但後來就像是，好吧，等一下，我們有這些醫生……我們應該收集數據，並追蹤齊曼內人到各個不同的年齡階段。我們應該在一個更複雜的層面上深入研究健康與疾病，特別是在二十年前，我們對那類環境中的疾病的了解，不如你以為的那麼多。也因此，能學到的、可能有啟發性的任何事，我們幾乎都會試著去學習。」

醫生做了所有能做的測量，結果顯示，有些被我們認為是老化過程中無法避免的疾病，事實證明並非如此。但我們必須接受某種形式的匱乏，並拒絕匱乏循環。

在我們離開玻利維亞的魯雷納瓦克（Rurrenabaque）時，這艘三呎寬、三十呎長（約九公尺）的硬木皮克船（peque-peque）的引擎發出嗥叫聲。灰色的雲高掛於叢林樹冠層上方，過濾初升的太陽光。我決定親自去看看齊曼內人，所以我到了這裡——玻利維亞亞馬遜地區。

我知道這次旅行會很辛苦，但它變成了一件最不方便的事。我前一天就飛抵拉巴斯（La Paz）。要過海關、進入這個國家，我必須出示護照、簽證，以及包括大規模緊急撤離保險的旅遊保險證明。

抗議、暴動與革命，一直都是玻利維亞的全民運動。儘管如此，美國國務院剛剛才把南美洲國家列入紅色的「笨蛋才會造訪」的國家清單，來避免民眾前往。即將到來的總統大選涉及幾個想成為獨裁者的人，軍隊與農民準備好要進行血腥衝突。加上新冠病毒的 delta 變種正在城鎮中蔓延，使得該國已經量能不足的醫院變得無用，且禁止外來者進入。

最初的計畫是飛進玻利維亞的拉巴斯，位於海拔一萬三千三百二十五呎高（約四千零六十一公尺）、世界最高的國際機場。在那裡，我會跳上一部小飛機，然後急速下降到玻利維亞亞馬遜地區。那趟飛行會花費三十分鐘，並降落在海拔九百呎（約兩百七十四公尺）的城鎮魯雷納瓦克，它就坐落在貝尼河（Beni River）上，是進入叢林的一個出發點。

然而，「計畫」這個詞在拉丁美洲經常是流動的。當我準備要離開拉斯維加斯時，玻利維亞當地的航空公司就取消了未來三個月所有飛往叢林的班機。

但是……抱歉。不退款。

我唯一的選擇是從陸路走，會花十二個小時，而非三十分鐘。我感覺得到駕車旅行的每一秒鐘，那是一條顛簸不平、單線道、垂直的泥土路。我們經過嵌入山坡上的白色十字架，同時車子的側輪在距離懸崖只有幾吋的地方轆轆作響，死亡的證據就躺在下方幾百呎處成堆生鏽的舊車骨架中。

計畫的下一步是搭乘六小時的皮克船，深入玻利維亞亞馬遜河。我被告知，我前來會見的人民的村莊最終會從起霧的河岸現身。

我們在一陣清涼的微風中航行，駛上亞馬遜河的主要支流——貝尼河。我們剛剛穿過一座巨大的峽谷，船隻駕駛奧古斯丁諾（Augustino）把小艇轉向左邊一條匯入貝尼河的支流，名為基基貝河（Quiquibey）。河水顏色變淺，風也變得溫暖。

奧古斯丁諾十八歲，很少說話。他的船跟所有的皮克船一樣，都是一艘長尾式的船。船的名字來自小小的馬達，在水上航行時會發出「皮克—皮克—皮克—皮克」的噪音。這些馬達有一個六呎長、可以上下左右旋轉的螺旋槳把手，名叫「長尾」。這個距離讓船更容易操縱，並讓奧古斯丁諾能快速輕鬆地把螺旋槳從水中抬起，避開漂浮的垃圾。

這算是好的，因為「這條河很危險，水位高、水流快，滿是樹枝、樹木與大圓石。」這是根據艾力克斯（Alex）的說法，他是烏丘皮阿莫納（Uchupiamona）族的成員，從小在一座順著另一條河往上八小時的村莊長大。艾力克斯站在皮克船的船首，姿勢像是美國職籃ＮＢＡ的後衛，充當奧古斯丁諾的眼睛，進入前方即將到來的水域。

河流像肺一樣會收縮與擴張，在收縮中加深並加速，把木材與急流引向我們。河在擴張時變淺並變慢，為部分浸入水中的大圓石與樹木騰出空間，水位變低到讓我們擱淺。

「當心！」艾力克斯朝我們大聲喊道，要我們小心頭部，那時我們正經過運河上方一根粗樹枝的底下。艾力克斯基本上是個沒那麼好戰的切・格瓦拉，他是原住民的政治領袖與本地部落的堅定捍衛者，反抗狡猾的政府與採礦、伐木和石油公司入侵。政府想悄悄出售這片土地給那些公司。

「在那邊！」他大聲喊道，向奧古斯丁諾示意一根半浸泡在水裡的木材。

奧古斯丁諾迅速有力地駛向那根木材，正當我以為我們都要落水的時候——皮～克……皮克……皮克—皮克—皮克——他如演奏交響樂般地把引擎減速，用螺旋槳讓船轉了一個彎，把我們放到一個絕佳位置，既可保持動能又躲開了迫在眉睫的危險。這孩子是這些水域的傳奇賽車手戴爾・恩哈特（Dale Earnhardt），也是威嚇者（Intimidator，恩哈特的綽號），可以把這艘船放入只能塞進一根棉花棒的空間。

基基貝河的河岸很高，由紅色黏土組成，上面是大片不規則的綠色森林，似乎沒有起點，沒有終點，也沒有參考點。白色的鳥在我們穿越急流時跟著我們往上游飛。我們看見河岸上的水豚與在木頭上曬太陽的烏龜，每隔差不多一小時，就會看見一、兩個人在河岸或獨木舟上釣魚。

在艾力克斯大喊危險之後的六個小時，我們看見了一艘皮克船與幾艘手工製造的立式獨木舟被綁在一起放在河岸上。奧古斯丁諾將馬達轉向右舷，把船駛上一座沙灘。我們全部跳下船，爬上陡峭的紅色河岸，到達平坦、難以穿越的叢林時，檸檬樹的香味撲鼻而來。

「快點！」奧古斯丁諾說，一邊輕彈著手指朝一條切進樹木之間、幾乎看不見的小徑示意。走了幾百碼之後，我們來到了一處空地，而他們就在那裡。

迎接我們的齊曼內人沒有穿鞋，穿著你可能在二〇〇五年捐給救世軍的破舊衣物，其中一人穿著 Hollister 的牛仔褲與印有「Life Is Good」字樣的 T 恤。另一個人穿的是 Old Navy 的燈芯絨褲與一件白色 T 恤，外罩一件 Gap 的開襟毛衣。還有另一個人穿著 Levi's 的牛仔褲與聚酯纖維足球上衣。有十個人，三名成人，其他都是青少年與兒童。

奧古斯丁諾靜靜地走向那群人當中年紀最長的男子，用齊曼內語說了一些話，那名男子一邊聽、一邊盯著叢林地面，沒有回應。

艾力克斯低聲跟我說話，他告訴我，那名男子名叫里昂西奧（Leoncio）。里昂西奧是柯迭村（village of Corte）五十名齊曼內人的實質領袖。里昂西奧大概有五呎二吋高（約一百五十七公分）、一百二十磅重（約五十四公斤），有深褐色的肌膚與些微斑白的黑髮。在奧古斯丁諾說話並偶爾朝我這邊點頭時，眼睛抬都不抬一下。我無法怪罪這個男人。

像我這樣瘦長身材、淺色皮膚的人會帶來麻煩。自從一六一六年西班牙探險家初次與里昂西奧的古老部落接觸，並提供基督教以交換黃金、土地與其他具有貨幣價值的東西以來，我們就代表了要求和問題。

但是奧古斯丁諾是齊曼內人，而艾力克斯在這些地區擁有良好名聲，於是他走上前，開始用西班牙文跟里昂西奧說話。我只聽得懂「記者」、「心」、「動脈」與「健康」等字詞。

當里昂西奧終於開始回應，一隻亮橘色的蝴蝶在他們之間飛舞。「好的。」他說。他的眼睛從地面往上抬，終於對上我的眼睛，他的臉上帶著一種理解的表情，而他眼前這個瘦長身材、淺色皮膚的人是個垂死之人。

• • • • • •

假如我跟大多數的美國人一樣，代表我的動脈正在慢慢地阻塞中，不斷累積的血小板與脂肪，很像從粉刺滲出來的，令人作噁、發臭、蠟白色的黏稠物。

最後，其中一條動脈將會累積太多血小板，阻斷流向心臟或大腦的血液與氧氣，導致器官——以及假設是我——的死亡。

最好的情況是，我可能會在巨大的驚嚇與隨後的藥物與手術治療中，從這次心臟病發或中風存活下來。比較不好的情況是，平安度過，但身體的一側癱瘓了；無法說話、看不見；大腦無法記憶或思考，甚至變成植物人。

最糟的情況是，當場掛掉，以寡婦製造者的方式死亡。

大約有一半的機會，其中一種情節會成為我的命運，在西方人當中，我並不特別。

我們稱這些心臟與血管的問題為心血管疾病，而心血管疾病是目前為止最可能殺死我、你與我們認識的每一個人的疾病，它在全球殺死的人數目前比其他八大死因所造成的死亡加總人數還要多。

醫學很偉大，有助於減少死於其他像是癌症、肺病等疾病，以及車禍與工作意外的人數。

但醫學卻跟不上心血管疾病的速度。這種疾病已在全球蔓延，擴及到新的地區與更多人身上。當人們開始減少抽菸，我們也發明了史他汀類降脂藥（statin），這種疾病的發生率曾大幅下降。但現在發生率正在回升，以全球而言，目前造成的死亡人數比一九九〇年增加了五〇%，這個數字勝過人口成長速度。

數字是殘酷的。在美國，心血管疾病每三十四秒就會奪走一個人的性命。塔夫茨大學（Tufts University）的科學家發現，只有七%的美國人擁有「最理想的心臟血管代謝健康狀況」，年輕人的風險也在增加中。心臟病發作的病人當中，如今有三〇%的人是在三十五到五十四歲之間。現在，七十歲以前死亡的人當中，有四〇%的人死於心血管疾病。二十歲以上的美國女性中，有四四・七%的人患有某種程度的心血管疾病。在美國疫情的高峰期，心血管疾病致死的人數比新冠病毒多了二五〇%。

所以，是的，心血管疾病是我們的致命因素，但我們顯然寧願忽略我們的命運。

仔細想想，世界上最大的媒體，像是《紐約時報》與《衛報》（*Guardian*），刊登癌症相關的標題比心血管疾病多了將近十倍，謀殺與恐怖主義的相關標題則多了二十倍。但一般美國人死於心血管疾病的機率，分別比死於癌症或謀殺的機率高出五〇%和三十八倍。

我們也會為了錯誤的事情而煩惱，一般美國人對可能罹患癌症的擔心，比心血管疾病多了十九倍——有谷歌醫生與她的診斷，我們每一種身體異常狀況一定都是癌症第四期，讓人們落入充滿焦慮的兔子洞。這就像是你在玩一場慢速的俄羅斯輪盤遊戲時，過分在意右手食指上一顆長相怪異的痣一樣。

在這個叢林中有一個可能的解決方案，里昂西奧與其他齊曼內成員似乎就有，他的動脈最有可能跟我的相反，就跟嶄新的銅管一樣乾淨。

那是根據古爾文醫生團隊的說法，他們最近研究了將近一千名四十歲以上的齊曼內人，那是一項史詩級的研究。「我們真的想要在一個更深的層面上鑽研心臟疾病，而不只是測量一些血壓指數。」古爾文說道。科學家聚集了部落成員，把他們帶到下游，然後租了一輛巴士，載他們到該地區首府的一家醫療診所，用詳細的電腦斷層掃描分析他們的心臟。

「我們做了普遍的觀察，齊曼內人似乎不會死於心臟病。」古爾文說。但他完全不知道他們的心臟有多健康。掃描結果顯示，齊曼內人擁有科學紀錄中最健康的心臟。即使是部落中最年長、超過七十歲的人，都很少有心臟血小板堆積的跡象。齊曼內人的心臟平均看起來，比一般美國人的心臟年輕二十到三十歲。

更瘋狂的是，他們的健康心臟造成的影響往上連到大腦，也往下連到其他主要器官。一項研究發現，年長的齊曼內人大腦縮小的速度，比美國人的大腦慢了七〇%，這代表齊曼內人似乎不會罹患失智症與阿茲海默症（全球第五大死因）。另一項研究發現，他們也不會罹患糖尿病與腎臟疾病（全球第九大死因），即使是殺死我們的癌症，在他們身上也很罕見。

天啊，齊曼內人甚至擁有較緩慢的「表觀遺傳學」老化率，那是一種對細胞、組織與器官系統如何老化的詳細測量。

同時，一般美國人生病的可能性比不生病的可能性更大，十個人之中，有六個人患有慢性疾病。十個人當中，有四個人有兩種或更多慢性疾病。齊曼內人則是：十個人中，沒有一個人。他們在死於那些害死我們的疾病上很不在行。

他們以一種我們曾經做過、但失去的方法，找到了「足夠」。

• • • • • • •

經過正式的介紹之後，里昂西奧帶領我踏上一條兩旁都是叢林的狹窄泥土小徑，腐爛的棕色樹葉鋪滿地面，從中長出各種大小的草、植物、灌木與樹木。

里昂西奧五十歲，但體格像李小龍，動作也一樣敏捷優雅。這個男人上下擺動著身體、迂迴行進，優雅的步伐從未中斷。同時，我也以喜劇演員藍尼・布魯斯（Lenny Bruce）的風度移動，一路絆倒、踉蹌，並努力留在小徑上，緊跟在後以便聽他含糊的說話聲。

有一棵樹的樹幹垂直往上長了九呎（約二・七公尺），然後分裂成一片六呎長、兩呎寬的巨大樹葉，從樹冠呈扇形展開。另一棵樹則是從地面冒出一呎高，然後迅速分叉成樹葉濃密的長樹枝，高達十呎。足球形狀的棕色核果垂掛在這些樹葉的底部。屹立於這一切之上的，是許多樹幹直徑達十呎、樹冠高達兩百呎的樹。生物學家說，這片叢林有多達一萬六千種樹種。

以我無趣的眼光看來，那只是一大片植物牆，只能從高度、寬度與葉形來分辨差異。但我們在行走時，里昂西奧一直遷就我，表現得像是最冷漠的公園管理員。他指著大大小小的植物，輕聲低語地說著他與族人會吃的每一種植物。「香蕉、大蕉、巧克力、酪梨、玉米、努伊（Nui）、卡魯魯（caururu）、阿查恰伊魯（*achachairú*）、帕卡伊（pacai）、馬鈴薯、絲蘭、稻米。」他說。

其中一些東西是自然生長的，其他是里昂西奧種的，深植在所有植物當中。

走出森林，我們進入一片開闊的空地，幾棟露天建築呈現於眼前，由深色的硬木板製成，屋頂是茅草蓋的，地板是泥土。那些建築看起來很簡單，卻是建築工藝的極致。艾力克斯提到，齊曼內人蓋的茅草屋頂可以使用三十年。

精瘦的雞在腳邊跑來跑去，鴨子發狂似地以隊形搖搖擺擺地走著。一隻可能有十五磅的鯰魚剛剛才從河裡釣上來，掛在一片木板上。

一個火坑位於這一切的中央。里昂西奧的幾個孩子圍坐在火堆上的一個大鍋子周圍。他們想用一頓飯來歡迎我，但首先我們得先準備食材，這是一次團隊合作。

里昂西奧一個十二歲的兒子，正握著一支十磅重（約四・五公斤）、形狀像槓鈴的木杵，用全身的力氣重複把木杵圓形的一端往一個大研缽裡搗，研缽裡裝滿了看似米色種子的東西。「把稻殼剝掉。」艾力克斯告訴我。這一家人的稻米就種在距此一百碼的地方。

他們問我想不想試試。「好啊！」我說，然後開始用力搗。這個訓練產生的效果很明確，我背部與手臂的肌肉在搗了一百次之後就累了。

接著，里昂西奧一個十歲左右的女兒握著一把大砍刀，要決定那些小小的雞之中，哪一隻可以拿來做美味的午餐。她伸出快速的死亡之握抓住了一隻。

然後，里昂西奧的太太把那些米丟進火堆上的鍋子裡，另一個女兒則正要走進叢林採摘一些植物。

一小時後，我們全都坐下來吃飯。即使身處叢林中，這一餐的基本組成與風味，對於二戰前世界大部分的人來說，都會很熟悉。

我們的午餐就是由那隻倒楣的雞不同的部位組成的，我吃了牠的一隻腿，骨頭上的肉不多。那隻雞比較像是美國七、八十年前會養來吃的雞。一九五〇年代，平均一隻雞要花大約兩個月，才能達到最高體重二・五磅（約一・一公斤）。今天，養雞人可以用更少的食物，讓一隻雞在同樣的時間軸裡成長到九磅重（約四公斤）。

肉的兩邊放著一堆米與一小撮的洋蔥與番茄，一個共用的大碗裝著大蕉，放在炭火裡連皮一起烤。

到達玻利維亞之前，我也與希拉德・卡普蘭（Hillard Kaplan）談過。他是古爾文的博士學位指導教授，也研究齊曼內人。他提供的重點訊息是：「心血管疾病是一種現代的現象，生活方式會影響你死於這種疾病的可能性。對你的心臟有益的東西，也對身體的其他部分有益，還能預防其他疾病。」

一切都始於我們吃的東西。

• • • ● • • •

我遇到的麻煩，以及我踏上這段最不方便的旅程來到叢林的原因是：古爾文與卡普蘭告訴我，齊曼內人的飲食並不合理。

隨便舉一個過去五十年來曾經流行的飲食法。以一天的餐點來說，齊曼內的飲食方式一定會對它豎起中指。齊曼內的方式不是原始人飲食法、純素食、生酮、以植物為主、低碳水化合物、地中海式，或是任何一時的流行所銷售與告訴我們的，是得到健康、長壽與可以登上雜誌封面的體格的關鍵。

里昂西奧與其他散布於亞馬遜各地的兩萬名齊曼內人吃的東西，甚至顛覆了一些最受尊敬的學術機構所做的營養研究與建議。即使美國心臟協會（American Heart Association）都會對於給予完全的認可考慮再三，然而……

啃著六十分鐘之前還活著的雞（願牠安息）的腿時，我問里昂西奧，他每天的飲食是什麼，想要一份詳細的內容。「給我菜單。」我用帶著美國腔的西班牙語說道，艾力克斯笑了出來。

接著里昂西奧給了我一份採購清單。「魚，肉。」他說。這男人用傳統的彎弓捕魚和打獵，獵物的大小從五百到六百磅不等。他獵過最大型的動物是貘，暱稱為亞馬遜鹿。

齊曼內人早餐、午餐與晚餐都吃魚或肉。當然，肉冒犯了所有素食與以植物為主的飲食法，但它也從一九五〇年代起就激起營養學家之間的激烈辯論。今天，科學家投入所謂的「肉類戰爭」，討論吃肉是否有益健康，還是一張通往疾病與死亡的單程車票？哈佛與德州農工大學（Texas A&M University）的研究人員，最近就陷入一場肉類健康問題的醜陋公開爭論中。

接著里昂西奧轉向水果與蔬菜，含糊不清地說著我知道的名詞，並隱藏其他可能會變成行銷給像我這樣好騙的美國人的下一個「超級食物」。「馬吉洛（*Majillo*）、酪梨、奇亞籽、葡萄柚、洋蔥。」他繼續說道。有那樣的心臟，我猜想他一定吃很多這類食物，因此我問他：「很多蔬菜嗎？」

里昂西奧只是聳聳肩。「一點點。」他說。他一整天吃的蔬菜，大約和我們在一份沙拉中吃的分量差不多。

接著里昂西奧似乎有些離題。「糖、巧克力。」他說。他自己種甘蔗、收成、榨汁，然後把甘蔗汁乾燥製成糖，用它來增加果汁與食物的甜味。巧克力的狀況也一樣。有位很受歡迎的醫師聲稱，糖上癮的程度比古柯鹼還要強八倍，還會讓你更早死。里昂西奧看起來可不像上癮或苟延殘喘。

「同時，他們沒有吃很多添加的糖。」古爾文告訴我。如果必須親自種植、收成與處理自己吃的每一克糖，我們吃的糖也可能少很多。

但所有這些食物只是齊曼內人飲食的一小部分，里昂西奧這麼說，可能占三分之一吧。接著他談到讓他與家人活得健康的基礎食物，也就是他吃最多的東西。

說到這種食物，現代的網路飲食專家似乎都會同意一件事，就是它並不好、很糟、非常可怕，是那種會讓原始人飲食死硬派、生酮狂熱者、「清淨」飲食者，以及葛妮絲・派特洛（Gwyneth Paltrow）與鐵粉陷入過敏性休克的基本食物。

「玉米。」他說。直接吃，或製成一種名為「奇恰酒」（chicha）的濃稠、半酒精的飲料。在關注飲食的圈子裡，玉米已變成一種禁用語，最近十本最暢銷的健康書當中，有九本都禁止出現這兩個字。截至撰寫本文為止，網飛已推出許多部關於玉米的紀錄片，這些影片主張，玉米是一種正在悄悄殺死所有人的恐怖之物。

「米。」但不是你在全食超市（Whole Foods）找到的那種特殊的米，那些米有各種不同的修飾語，像是棕色、野生、有機、非「基因改造」或某種被「禁用」的東西。我們說的是白米，里昂西奧的家人剝去外殼的米。即使是哈佛的營養科學家都說我們應該避開白米，他們引述一個大部分未經證實的關於體重增加的理論，名為「肥胖的碳水化合物—胰島素模型」（the carbohydrate-insulin model of obesity）。這個理論聲明，碳水化合物會升高血糖指數，因而增加一種名為胰島素的荷爾蒙，儲存脂肪。里昂西奧一天吃一、兩次白米飯，身材卻瘦得像職業馬拉松選手。

「馬鈴薯、大蕉。」他說。這些食物用水煮或火烤，然後直接吃，在齊曼內人的餐盤上也是一天會出現一、兩次。如哈佛的科學家說的，馬鈴薯與大蕉兩者都是「澱粉炸彈」。澱粉是一種碳水化合物，存在於從小麥、白米到玉米的一切食物中。但是，馬鈴薯與大蕉之類的食物含有較多澱粉。有些科學家說澱粉是「不好的」，是根據同樣具爭議性的碳水化合物─胰島素模型理論。他們也提到一些研究發現，吃大量薯片與炸薯條的人，長久下來容易增加更多體重。這……如果禁止每一種我們剛好也會油炸、裹上起司，混合了鮮奶油、奶油或糖的天然食物，我們就沒有什麼東西能吃了。

古爾文告訴我，總的來看，齊曼內人的飲食，大約有七〇％都是由富含碳水化合物的乏味食物組成的，是現代飲食與甚至是最受敬重的機構所詆毀的食物。我了解到，這種詆毀完全是錯誤的。

• • • • • • •

要了解齊曼內人的心臟為何不會突然停擺，必須了解匱乏大腦對食物的影響。充滿卡路里、口味與口感的奇怪新世界，如何改變發展了五億年的系統？這也能揭示一年產值八千億美元的飲食與減重產業，為何大部分都會落入驚人的失敗。事實上，我們被推斷在未來幾十年會累積更多與飲食相關的疾病。

匱乏的大腦是在食物供給經常短缺的世界中進化出來的，因此天生就渴望所有食物，尤其是富含卡路里的食物。食物的味道越濃郁、卡路里密度越高，就越美味。它越是美味，我們就越可能渴望它，進而吃得比所需的更多一點。身體把多餘的食物儲存為脂肪，在過去，擁有多餘的脂肪是抵抗飢餓的保險政策，身體會利用這些脂肪，在食物匱乏時活下來，在找不到食物時補充熱量。

但是，我們一直以來從土地上獵捕、抓取或採摘的食物，並不是那麼豐富與高卡路里，不只是數量匱乏，在卡路里、口味、口感與其他使食物更加美味的特質上也很匱乏。我們吃的是自己找到的植物與獵捕和垂釣到的動物，請記住：是骯髒的植物根部與一些黏呼呼的魚在火堆上烹煮，樸素的飲食並沒有那麼令人渴望。

至少在一萬三千年前，我們就開始意識到，如果可以飼養動物、種植食物，而不只是獵捕與碰巧發現，或許就能擁有更多食物。於是，就跟里昂西奧一樣，我們繼續打獵、捕魚與採集，但也開始飼養綿羊與山羊之類的動物，以及種植稻米、馬鈴薯、玉米與小麥等食物。

人類開始在中東地區耕作小麥、豌豆、扁豆與鷹嘴豆，在中南美洲種植馬鈴薯、豆類、玉米與花生，在中國耕作稻米等等。這些農作物導致了人口成長、人類文明與帝國的出現。拜貿易與征服所賜，食物資源快速傳播至世界各地。

人類開始依賴農作物，因為它們是了不起的植物，是對成長、健康與不死超級有利的超級食物。「農作物是建立城市與軍隊的唯一方式，而這些是創立帝國的要件。」飲食歷史學家瑞秋・

勞丹（Rachel Laudan）這麼告訴我。農業科學家稱這些食物為主要作物，它們變成人類飲食的主要產品，因為能為許多人提供茁壯成長所需的充足卡路里、維生素與礦物質。

農耕是人類曾犯下的「最嚴重的錯誤」這樣的說法，如今在部分學者當中相當受歡迎。他們主張，農耕導致了階級化的問題，而且身為獵人—採集者的祖先工作量比我們更少（大多數研究表示，這並未考慮處理獵捕與採集而來的食物需要的時間）。而回到我們開始農耕之前，科學家估計世界上有大約一千萬人。因為狩獵與採集需要大片土地才能找到足夠的食物，才不會挨餓，要是我們沒有開始種植主要作物，仍然會在外面挖掘與追捕食物，也仍然只會有大約一千萬的人口。你、那些學者與我，可能就不會是那幸運的一千萬人之一，所以我們就別抱怨太多了。

蔬菜與肉一般都是少少的配菜。蔬菜有重要的養分，但不會提供付出勞力所需的足夠卡路里，以重量計算，一份小麥所含的卡路里，是大多數蔬菜的五到二十倍。

這也是為什麼直到最近，如果人類試著像洛杉磯的純素食者那樣永遠都只吃各色蔬菜，就會繼續挨餓的原因。只有在你有一張資金充裕的信用卡，以及可以輕鬆前往現代雜貨店與雅痞快速慢食[註1]沙拉餐廳時，才有可能辦得到。齊曼內人吃蔬菜的方式，就是人類萬古以來的方式——當作補充品，一點促進營養的東西。

肉和魚也是如此。不管生酮、原始人飲食與肉食主義的倡導者相不相信，大多數早期的人類並沒有吃大量的肉，不會一邊走路一邊大口啃著獵捕到的動物煮熟的腿，就像我們經常在卡通裡看到的穴居人祖先的樣子。

內華達大學拉斯維加斯分校的人類學家與人類飲食進化專家艾莉莎・克里特登（Alyssa Crittenden）告訴我，那些流行的飲食法過於注重肉類。「獵人—採集者主要是吃植物為主的飲食。」她說，像是塊莖與水果之類的食物。有一些罕見的例外，像是北極地區的部落。但即使是在少數肉類供應最充分的時候，大多數獵人—採集者部落的飲食，還是嚴重傾向植物。例如，即使在坦尚尼亞北部哈扎人（Hadza）部落的肉類很充分的時候，肉類也只占飲食的四〇%，那還只是對男人來說，女人吃的肉更少。一年中的其他時候，這個部落的人幾乎完全仰賴野生塊莖植物。

肉和魚擁有必需的蛋白質與礦物質，對人類飲食相當重要。但動物的特點在於會逃走與游走，狩獵具有挑戰性，即使你有一把來福槍，更不用說弓箭或魚叉等自製武器了。即使人類馴養了豬與牛之類的動物，也不可能養太多，那時沒有現代的生物工程技術與豐富的飼料。

「肉類一直都很匱乏。」飲食歷史學家勞丹說。「大多數的人本質上是蔬食者，你不想殺掉你擁有的動物，因為牠們能給你蛋或後代。」她說，直到一九〇〇年，肉一般都被視為一種款待，在許多低收入的國家仍然是如此。像今天的美國人一樣吃那麼多的肉——一天吃十二盎司，只可能發生在國王與皇后身上。

在過去，大多數人的飲食就像齊曼內人一樣：以穀物或馬鈴薯等為主食，佐以一點肉與蔬菜。

1 譯註：fast-casual，興起於九〇年代。這類型的餐廳重視食材來源、有開放式廚房，餐點通常都是現點現做，用餐環境與氣氛也較舒適。

但這些飲食法讓文明得以崛起，也激勵了最了不起的思想家。古希臘作家、《伊里亞德》與《奧德賽》的作者荷馬，就稱大麥與小麥麵粉的飲食為「人的精髓」。即使是最兇猛的戰士與征服者，都是吃我們的主要作物。羅馬士兵每天吃兩磅小麥，十八世紀的大英帝國征服世界四分之一的土地，也都是靠小麥麵包來供給能量，日本武士也是以白米為食。

主要作物甚至打造了我們了不起的大腦。哈佛大學的考古學家團隊最近進行的一項研究發現，兩百萬到七十萬年前，人類開始食用主要是澱粉類的碳水化合物，像是植物的根，類似今天的番薯。這或許就是大腦增大兩倍的原因，而非有些人聲稱的跟大腦生長的肥肉有關。

匱乏的環境與關於主要作物的某件事讓我們的心臟保持跳動，如《美國醫學雜誌》（*American Journal of Medicine*）中的一項研究指出：「二十世紀初期，心臟疾病在美國是不常見的死亡原因。」這種疾病甚至在一九〇四年前都不曾出現在醫學教科書中，但在一九七〇年代發生了改變。

• • • • • • •

午餐結束了。里昂西奧和我放鬆下來，看著他的狗爭奪著剩下的食物殘渣。

我覺得飽了，但沒有太撐，這是有道理的。有個現在很有名的澳洲研究主張，簡單的主要作物配上一些肉與蔬菜，可能是最有效的組合，可以餵飽我們，但能防止我們吃太多。

但我也開始感到懷疑，我想知道剛剛吃的餐點是否很不尋常、是特別的，是齊曼內人準備給客人吃的豐盛食物，但他們平常不會這樣吃，或許里昂西奧與家人只是不像我們有那麼多食物。我們知道，一個人吃得越少，罹患心臟疾病的可能性就越低。例如，在二次世界大戰期間，挪威實施食物配給制之後，心血管疾病死亡人數就大幅下降了。

我也問了里昂西奧，他朝著叢林揮了一下手作為回答。一棵樹上長的大蕉，比你在好市多的箱子看到的還要多。另一棵樹上生長的酪梨足以供應每個布魯克林趕時髦的人吃一個月的酪梨吐司，米也堆得很深。

直到一九四〇年代，大多數美國人並不擔心食物是否會讓腰圍變粗或阻塞動脈，康乃爾大學的飲食歷史學家艾德麗安・羅斯・比塔爾（Adrienne Rose Bitar）這樣告訴我。在那之前的人們，更有可能以一種嚴重、誇張的方式死去，他們會開始嘔吐、發燒或腹瀉，牙齦開始流血，開始咳血，或是全身長滿恐怖的瘡，這些是霍亂、痢疾、肺炎、糙皮病、壞血病等疾病的症狀。那時候大多數的人都死於傳染性疾病與營養不良。

食物在某個程度上被視為藥物，因為多吃食物就能遠離死亡，從營養不足與細菌殺手的困擾中康復。這就是為什麼政府建議我們多吃，給出「吃一頓充滿活力的午餐！」之類忠告的原因。

但是，有越來越多的美國人與其他已開發國家的人離奇死亡。他們的死亡沒有什麼戲劇性的前奏，像是七孔湧出一些物質，或是看起來像行屍走肉，這些人這一刻似乎很好，下一刻就摀著胸口當場倒地身亡。

在二十世紀初，只有不到一%的人死於醫生所稱的循環系統疾病，但這個數字不斷往上攀升，食物一定與這件事有關。

人類處理食物已有一百八十萬年的歷史，烹煮、乾燥、研磨、發酵等等。但這些處理並不複雜，且進行的規模相對小。工業革命發生後，我們開始以不同的方式和更大的規模生產一切物品，包括食物。

小麥、馬鈴薯、玉米、稻米與燕麥被大規模種植，然後製成數千種食品。現今一般雜貨店裡有五萬種商品，大多數都是由五種主要作物製成的美味、包裝好的混合物。

我們改變了動物與從牠們身上獲得的產品。古代的肉不像今天的肉，以前吃的四肢瘦長的動物就像過去的人類一樣，必須整天四處尋找匱乏的食物。以前的動物沒有被過度製造、用藥與餵食，不像現在的動物有美味的脂肪。因為含有額外的脂肪，現代的切片牛排所含的卡路里，比齊曼內人吃的合法獵捕的肉多了大約八七％。

在廠房、家中與餐廳，我們開始把那些維持人類健康數千年的主要作物，轉變為匱乏大腦不認識的複雜菜餚與包裝食品。這是匱乏的大腦天生就渴望的食物，甜的、鹹的、油膩的、鬆脆的、香氣撲鼻的等等高熱量的混合物。

我們經常聽到許多現代食物體系的負面訊息，但這場食物革命的好處是巨大的。之前的大部分時間裡，「我們的祖先過著貧窮而短暫的人生，經常受到疾病折磨，許多可直接歸因於他們有吃與沒吃的東西。」飲食歷史學家勞丹在一篇知名的文章中寫道。

全世界的食物變得充足，飢餓情況開始減少。食物運輸變得更安全而輕鬆，也能保存得更久。

食物也變得更營養了。我們了解到，像是甲狀腺腫、壞血病與糙皮病這樣的怪病，是由缺乏某種單一營養素所引起的，像是碘、維生素C或B_3。我們開始用缺乏的營養素來提高食物的營養價值，並拯救了數百萬人的生命，人們甚至開始長高。

二次世界大戰提升了食物處理的技術，這是一場為全世界數百萬士兵提供食物的大規模演習。小型食品公司加入戰爭，努力協助提供軍隊保存期限長、容易運輸的配給食品，包括通用磨坊（General Mills）、卡夫食品（Kraft）、雀巢（Nestlé）、可口可樂（Coca-Cola）等等。

戰後，這些有大量新產品線的公司，把注意力轉到供應一般美國人的食品上，依靠廣告公司來宣傳產品。食物與農業科學家也加入其中（到了二十世紀末，光是在美國就有七萬名飲食與農業科學家），這個產業蓬勃發展。

到了一九五〇年代，現代食品與醫療體系使得營養不良與傳染性疾病變得毫無意義。我們有充足的食物，吃得像處於匱乏時代一樣。大約就在那時，曾在哈佛大學任教，也是明尼蘇達大學（University of Minnesota）生理學家的安塞爾・凱斯（Ancel Keys）注意到一個弔詭之處，有充足機會取得新食品的富有美國男性吃得很好，卻被那些捂住胸口、當場倒地的死亡所毀滅。

另一方面，義大利南部、日本及其他國家小城鎮裡的貧窮男性，罹患心血管疾病的風險少了大約四到十倍，且往往活到超過九十歲。

強化營養的成功向科學家展示了，食物中缺乏某種單一營養素可能導致疾病，但凱斯懷疑，吃**太多的**單一營養素是否也可能會生病？

凱斯認為是的。一般美國人飲食所攝取的卡路里當中，脂肪占了大約一半，但在義大利的飲食當中只占五分之一。凱斯寫道：心臟疾病「在美國男性當中最為嚴重，而且在脂肪在整體飲食中占比越來越少的國家，心臟疾病便傾向變得日漸減少。」

「然後，一九五五年，艾森豪總統心臟病發作。」康乃爾的飲食歷史學家比塔爾說。「那時大眾開始關注心臟疾病成為一種流行病的觀念，艾森豪必須實行低脂、低膽固醇的飲食，凱斯博士的研究重新獲得流行文化歡迎，並開始形塑政府的營養建議。」

關於食物的科學思維發生了改變，我們開始把食物視為一群各自獨立的化學物質，我們可以調製這些化學物質，來讓我們變得健康或不健康。因此，政府、大學與飲食專家紛紛提供忠告，要我們減少或增加食物中看不見的特定構成要素，像是脂肪、碳水化合物、飽和脂肪、纖維、糖與蛋白質。由此產生了各種要我們買單、聲稱掌握健康祕密的飲食法：吃低脂或低碳水化合物，多吃蛋白質，少吃糖等等。就像阮教授關於價值獲取的想法，但是改成食物的成分。

到了一九七〇年代，某件事從根本上改變了我們找到足夠的能力。「如果你看看肥胖的模式，一百年來的大部分時候，我們一直都在變胖。」肥胖研究者、神經科學家與《住在大腦的肥胖駭客》（*The Hungry Brain*）作者史蒂芬・基文納特（Stephan Guyenet）說道。「但是肥胖從七〇年代、八〇年代、九〇年代，直到今天都在加速成長。是什麼導致我們開始吃更多？我想有各種不同的解釋，但顯然跟我們的食物有關。」

一九九〇年代末期，凱文・霍爾（Kevin Hall）即將完成博士課程。因為人們減少抽菸，心血管疾病從一九五〇年代的高點逐步降低；但在過去的幾十年裡，隨著肥胖人數成長，又開始捲土重來。

霍爾是訓練有素的物理學家，一個信念堅定、重視數字、數據與數量的男人。他是國家衛生研究院的研究員，這個身分給了他大筆資金與資源，來進行嚴格控制條件的實驗，能深入探究食物影響人們健康與腰圍的本質。他把參與者鎖在實驗室裡，但是，出於道德因素，他只能把他們留在那裡一段時間。

當我跟霍爾談的時候，他告訴我：「一般而言，營養學聚焦於試圖了解食物中的分子，像是碳水化合物、脂肪、蛋白質、纖維、糖、鈉、飽和脂肪等等，以及身體如何處理那些個別的營養素，還有營養素中哪一個數值較高或較低是否會更健康。」霍爾的著名發現就是，只要一個人攝取的卡路里分量相同，低碳水化合物與低脂飲食的減肥效果就沒有差別。

但在二〇一〇年代初期，一群巴西的科學家提出異議，如霍爾轉述的：「我們完全想錯了。那個團隊說，食物當中的個別營養素並不重要，甚至不有趣。食物的健康程度，其實與加工的程度與目的有關。過度加工食物（ultra-processed food，又稱超加工食物）才是導致肥胖與心血管疾病的原因。」

根據官方說法，過度加工食物「主要是工業製造的廉價食物熱量與營養素，加上添加劑所組成的配方，使用一連串的加工過程，並含有最少的全食物。」意思是，過度加工食物其實是「垃圾食物」科學式的委婉說法。

對霍爾來說，巴西科學家的理論充滿了更多在營養學中堆疊起來的荒謬觀念。熱力學定律指出，一卡路里就是一卡路里，不管它是來自新鮮的綠花椰菜，還是一塊布朗尼。「所以我第一次聽到他們的主張時，」他說，「我認為是無稽之談。」

他甚至打電話給那個團隊表示不滿，並提出尖銳的問題。他指出，人類已經做加工食物很久了，但肥胖問題是最近才出現的。「我問他們：『過度加工食物有哪裡讓你們認為是不好的？』我得到的答案似乎都在削弱他們的主張。他們會說：『這個嘛，那些食物的糖分、鹽分與脂肪含量真的很高，而且纖維與蛋白質含量很低。』我就說：『這個嘛，等一下，你剛剛列出了一堆營養素，就不能說它跟營養素無關，然後，當我追問時，你說的第一件事是，這些食物含有大量壞的營養素，含有少量好的營養素。』在我聽來就是懶得思考。」

要讓另一個人閉嘴，唯一的科學方法（尤其當那個人是科學家時），就是用數據證明他們是錯的，確實的數字與數據。

「所以我們帶了二十個人進實驗室，跟我們一起待了一個月。」霍爾說。「我們每天給他們三餐與一盒零食，然後下簡單的指令，他們想吃多少就吃多少。」像這樣嚴格控制的研究，比基於調查的標準營養研究更可靠。那是因為科學家測量了食物的精確數量，並控制了其他可能影響體重的因素，像是運動、抽菸或壓力。

在半個月的時間裡，參與者的三餐與零食是一個標準美國人的飲食，加上過度加工的食物。在另外半個月的時間，他們吃的是齊曼內人的飲食。

標準美國飲食的一週早餐，是可頌佐奶油、肥豬肉香腸，與鮮藍色包裝的優沛蕾（Yoplait）優格。齊曼內飲食的一週，早餐是雞蛋佐馬鈴薯與蔬菜。一天的垃圾午餐是一個起司漢堡佐炸薯條，一頓齊曼內午餐是鮪魚佐一個番薯與青豆。一份垃圾晚餐是一個高脂漢堡佐奶油馬鈴薯泥與肉汁，一頓齊曼內晚餐則是一片瘦肉較多的牛排，搭配白飯與蔬菜。

「兩種飲食有同樣數量的卡路里、碳水化合物、脂肪、糖、鈉、蛋白質與纖維。」霍爾說。「所以我想，如果真的是這些營養素導致體重增加，那就不會有任何差異。」

霍爾與團隊追蹤、測量並記錄了參與者吃進去的每一口食物。

是的，標準的美國飲食有餅乾當作點心，還有全麥餅乾、糖漬的果乾或花生醬零食。另一方面，齊曼內組的點心是原味優格與一些莓果，或是柳橙或蘋果切片。

結果呢？如果你給一個人一片餅乾、起司漢堡、皇家寶藍色包裝的優格、馬鈴薯泥加入奶油與鮮奶油，再淋上濃郁的鹹肉汁，我們會吃得越來越多，直到變胖並死於心臟疾病。如果你給一個人原味優格配上一些莓果、原味馬鈴薯、瘦肉或白飯，我們會吃剛好**足夠**的食物，不太可能陷入食物的匱乏循環。

這項研究中的人不只是吃垃圾飲食，而是猛吃。「吃過度加工食物的人，一天吃超過五百卡，然後體重與體脂就增加了。」霍爾說道。但是當他們吃類似齊曼內人的飲食，「他們自然就吃得比較少，體重與體脂也降低了。」

可能的解釋似乎可以追溯到匱乏的大腦，以及我們的豐盛世界。

霍爾說，有一種解釋是，過度加工的食品每一口都含有豐富的卡路里。「當你生產過度加工的食品，就濃縮了卡路里。」他說。「因此無論營養成分是什麼，每一口食物都含有更多卡路里。」假設我們吃了兩盎司的馬鈴薯，若是簡單烘烤就含有五十卡，若是洋芋片則含有三百六十卡。

第二個解釋則呼應了嵌入匱乏循環中的快速重複性。「我們發現人們吃過度加工食物的速度快很多。」霍爾說道。這可能是因為齊曼內飲食讓參與者的大腦分泌出更多稱為「多肽ＹＹ」（PYY）的荷爾蒙（會降低他們的胃口）。齊曼內飲食也降低了一種稱為飢餓素（ghrelin）的荷爾蒙（會令人感到飢餓）。齊曼內的食物甚至要花更多功夫去咀嚼。同時，過度加工的飲食剛好相反，它切斷了那些幫助我們找到足夠的自然煞車系統。

所以，是什麼導致肥胖的增長與其讓人心跳停止的副作用呢？到了一九七〇年代，我們匱乏的大腦——數百萬年來已調整自己適應食物較少與較乏味的世界——活在一個豐盛的世界，到處都是引導我們吃得更多、更快的食物，而且很快就讓大多數美國人容易取得，我們更常吃這些食物。

快速重複性是食品工業的關鍵。以零食來說，食品研發主管卡洛斯·巴羅佐（Carlos Barroso）表示：「零食世界裡有三個Ｖ：價值（value）、多樣性（variety）與迅速（velocity）。」就是匱乏循環。

「從一九七〇年代開始，零食世界有一場影響非常深遠的改變。」營養研究者基文納特說道。「有一場巨大的行銷攻勢，目的是在美國飲食中創造一種全新的食物類別，就是零食，很成功。

你看看人們吃的零食類型，會發現都是過度加工的食物。」

霍爾說，一卡路里仍舊是一卡路里，垃圾食物不會打破物理法則。但如果卡路里來自垃圾食物，我們就會吃得更多、更快。霍爾正在設計幾項研究，想找出到底是什麼驅使他在那項研究中觀察到的體重增加。

然而，當我們想重拾健康時，就會有人向我們推銷某種流行的飲食法，那種飲食法會妖魔化或反過來推崇食物的某種營養成分或是某方面，並提供各種符合我們飲食規則的過度加工食品。例如，漢堡王會賣單人份生酮飲食類型的三明治，裡面的卡路里比齊曼內人兩頓全餐所含的卡路里還要多。或是一堆原始人飲食鬆餅，接著是生酮糖果棒，然後是低碳水炸玉米餅、低脂洋芋片與餅乾。那些由「純蛋白」公司（Pure Protein）製造的營養棒，含有跟糖果棒一樣分量的卡路里，加工方式也一樣，而它們是亞馬遜網站第二受歡迎的零食。

正如學者哈拉瑞（Yuval Noah Harari）所解釋的，這是消費主義的雙重勝利。「不是吃得少，那會導致經濟緊縮，」他寫道，「人們反而吃太多，然後購買減肥產品——對經濟成長貢獻了兩次。」當我們購買「減肥食品」時，經常是花更多錢來吃更少的食物，以整體看來是一種奇怪的現象。

當我們的飲食變得太極端、無意識地強迫自己吃得更少時，匱乏的大腦就會採取防禦性措施。我們是從二次大戰期間進行的明尼蘇達飢餓實驗（Minnesota Starvation Experiment）中學到這一點的。該實驗發現，當我們吃得太少時，身體會藉由減緩有益健康的過程來讓新陳代謝變慢，從降低心率、體溫到縮小器官，作用非常廣泛。同時大腦會做出反應，把注意力轉到食物上，並增加飢餓信號，使我們更難以抗拒食物。結果是：體重減緩下降、飢餓感上升，減重通常會失敗，並反彈得更厲害。該實驗的參與者最後的體重比研究開始時更重，他們的新陳代謝與飢餓信號停止運作了好幾年。

很大的諷刺是，一個人**真的**在挨餓時，飢餓的效應是有益的，能幫助我們節省能量，並在食物較難以取得時把食物擺在第一優先（早在我們身處於每個角落都有食品儲藏室與速食的世界之前）。

然而，匱乏大腦的生存機制如今正對我們產生不利影響，是七四%超重或肥胖的美國人中有這麼多人努力節食的原因。節食者盲目地走入「更少」，把熱情與正常的新陳代謝當作起點，然後體重開始快速下降，但身體破壞了他們的努力。

匱乏循環有助於解釋在某一年中減重的人當中，為何有九五%最後還是復胖。開始減重時，體重計的刻度每天早上都給我們無法預測的獎賞。體重的變化是無法預測的，呈現一種令人興奮的下降趨勢。但是當減重停滯時，數字就變得可預測。無法預測的獎賞不再涓涓流入，減重者感到沮喪——熱情熄滅了，回到舊的習慣中。有個解方是：繼續堅持節食，但要找到能持續那個循環並對目標有利的**另一個**行為，例如舉重。當你變得更強壯，能舉起的重量以及次數會無法預測地改變，呈現令人興奮的上升趨勢。

• • ● ● ● • •

我與朋友邁克・羅素（Mike Roussell）談過新食物與飲食環境。他是營養學博士，經營一家營養諮詢公司，協助過一般人、職業運動員，以及要他簽保密協議的矽谷億萬富翁之類的人。「我父親當了四十五年的裁縫師，自從疫情開始，他比過去還忙碌。」羅素說道。「沒有人穿得下衣服，不活動加上總是吃過度加工的食物，以及利用吃來釋放壓力，這些因素結合在一起，導致許多人體重增加；但令人擔憂的是那些新習慣會持續下去。」

例如，糖果的銷售在疫情期間創下紀錄，成長了一五％。糖果貿易團體美國國家糕點協會（National Confectioners Association）寫道：「在艱困的時期，人們會轉向吃甜食來讓自己感覺好一點。疫情不僅給人們更多自由去買好吃的東西，還讓他們養成上網購買並在家食用的習慣。」

他們是對的。想像下列場景：我們坐在櫃檯邊，面前放著兩個碗，裝著新款的 M&M's 巧克力，第一個碗中的 M&M's 巧克力是「低卡路里」，第二個碗中的是「高卡路里」。邁阿密大學的科學家發現，當我們接收到匱乏的提示時，比如一則新聞報導提到世界的一切都不對勁，像是經濟衰退、疫情或美國政治，就會選擇高卡路里的 M&M's，並且會比沒接收到匱乏提示時多吃一倍的分量。

科學家相信，負面資訊會引發大腦無意識地認為一場饑荒即將來臨。這種對匱乏提示的反應，是早在人類之前就存在的特徵。任何一種動物都一樣，當牠認為資源匱乏時，就會以吃來做出反應，而且吃很多。牠企圖增加體重，讓自己顯得巨大，是聰明的防禦機制。

把我們匱乏的大腦與現代新聞的週期、生活的激烈競爭、豐富的過度加工食物，以及限時銷售的麥當勞肋排堡配在一起。恭喜，你有了一個讓人變胖的優雅公式。

羅素最近向客戶發出挑戰，要他們在一個月的時間內，八〇%的飲食都要是齊曼內人的食物。「最重要的事情之一，是人們意識到有這麼多他們認為『健康』的食物，都是過度加工的食物。」羅素說。「有個參加挑戰的男子是吃生酮飲食，他發現他大多數的食物都是過度加工的，因為他吃的是生酮餅乾、生酮飲料、生酮巧克力棒、生酮包裝食品。有一位女士會在離開辦公室後去健身房運動，在健身房買一杯果昔（smoothie）再回家吃飯。這種果昔號稱是健康飲品，有各種對健康的好處，裡面卻充滿了添加的糖與加工過的水果糊，熱量令人意外地高達九百卡左右。」

羅素繼續說道：「人們很難看清所有的健康行銷手法。但包裝好的『健康』食品實際上都經過比較多的加工，因為如果不使用麵粉、糖或乳製品之類的東西，就很難讓餅乾變好吃。因此我認為大腦在許多層面上都受到了影響，像是行銷的角度，也因為這麼多的『健康』食品經過高度加工，很容易過量攝取。」康乃爾大學的研究顯示，人們錯誤地相信有機的加工食品含有較少的卡路里，因此就吃得更多。

羅素的實驗類似霍爾的實驗，但是在真實世界中進行。「我沒有告訴任何人要吃更多或更少的食物，」羅素說。「但他們發現，在沒留意的情況下體重就開始減輕，因為他們攝取的卡路里比較少。」

而跟那些明尼蘇達飢餓實驗裡的節食者不同，透過吃類似齊曼內的飲食，我們不會陷入吃太少、有害身心的效應（就像透過節食快速減肥會發生的事）。我們會找到**足夠**。

當我請羅素提出他對齊曼內飲食的理論，他很快回答：「要弄清楚為何我們會吃太多而他們不會，並不會特別複雜。」他說。「過度加工的食物在許多層面都被調整為讓我們吃得更多，它們的調味系統被調整到能讓我們的大腦興奮、讓我們想要吃更多。那些食品實際上也被處理成需要較少咀嚼，真的更容易讓我們吃得更多、更快。而齊曼內人沒有這些高卡路里或容易取得的過度加工食物。」

但隨著時間過去，我們的大腦已經適應美味的垃圾食物。「促使我們吃得更多，」基文納特說。「大腦也會習慣這些食物，一旦你吃了過度加工食物，就不會想吃普通的糙米、綠花椰菜和魚，跟成癮的狀況很類似。」

一旦了解到這一點，就很容易對現代食品系統感到沮喪，但我們不該這麼想。「有關食物最大的誤解是，人們認為我們有糟糕的食物，以及一個糟糕透頂的食物系統。」飲食歷史學家勞丹說道。「但我們擁有的食物比歷史上任何人都還要好。」我們只是沒有意識到這一點，因為我們很少人經歷過長期而嚴重的食物短缺，或讀過十九世紀驗屍官所寫的報告，他們正試圖弄清楚為何有這麼多年輕人的屍體上都長滿可怕的糙皮病造成的瘡。

勞丹說，豐盛不只是富裕國家的問題。一九七五年以來，全球肥胖率已增長了三倍。在今天，全球有超過一半的國家肥胖率超過二〇%，與營養不良、匱乏帶來的疾病相較之下，全世界苦於營養過剩、富裕帶來的疾病影響的人數多了四倍。食物短缺主要是分配與政治，而非可取得性的問題。在美國，食物多到要丟掉大約三分之一。

食物豐盛的問題是一件好事，但依舊是問題。

食品企業生產與行銷高度刺激的食物，但是，就跟賭博與使用毒品一樣，完全歸咎於該產業只是一種逃避個人責任（那是匱乏的大腦也不太想要的東西）的方式。

例如，常有人去誹謗麥當勞或樂事，說他們花幾百萬美元去研究與測試薯條與洋芋片，提供了糖、鹽、脂肪與口感的完美組合，好讓我們達到如食物心理物理學家霍華德・馬斯可維茲（Howard Moskowitz）所說的「極樂點」（bliss point）。但是，我們真的想活在一個食物**沒有**提供極樂點的世界嗎？

「我對於食品工業製造美味的食物沒有任何不滿，那是他們的工作。」羅素說道。「但我們可以選擇：『我不用每天吃那種食物，只要偶爾享受一下。』」

「如果你看看那些食譜書、雜誌、餐廳、主廚、YouTube與Instagram上的『美食家』行業，」勞丹說，「你會發現這些美食家社群跟大型食品公司一樣強調美味。」她指出，直到大約（你猜對了）一九七〇年之前，針對一般讀者的食譜書（不是寫給有錢人看的），很少把食物的味道當作主要考量。「省錢排在第一位，味道是你希望在省錢的同時得到的東西，但如今情況發生了逆轉。」那是豐盛的另一個好處：食物變得更便宜。一九二〇年，美國人有四〇%以上的收入花在食物上面，到了二〇二〇年，這個數字變成了八・六%。

因此，不是我們決定：「今天我要吃更多！」而是我們有能力去購買和吃更多具有豐富觸發因素的食物，可以讓匱乏的大腦開心，並促使我們進入飲食的匱乏循環中。

那麼，為什麼不過度進食呢？在有機會時大量進食，能讓人類健康地存活幾百萬年。但對於大多數人而言，那超出了大腦天生去尋找足夠的能力，多餘的食物進入了腰圍與動脈血管。當你提供人類更多食物，以及熱量更高的食物，人類就會吃得更多。除非我們意識到匱乏的大腦與深印在食物中的匱乏循環元素——匱乏如何促使我們去渴望只會引發更多渴望螺旋的食物——並選擇像里昂西奧那樣吃，吃得夠就好了。

• • ● ● ● • •

我們剛吃完午餐。「好的，」我告訴里昂西奧。「我接受了。」現在談談具體細節。「你每天都吃什麼？」齊曼內人一天的飲食是什麼樣子？我需要細節。他答應我的請求，並告訴我……沒什麼特別的。

每一餐，他餐盤的四分之一通常是瘦肉蛋白質，像是雞肉、魚肉、幾顆雞蛋或紅肉。另外四分之一是蔬菜，像是高麗菜。餐盤的最後二分之一是未經加工的主要作物，像是馬鈴薯、番薯、米飯、藜麥、南瓜、玉米或大蕉。

這種飲食不像我們可能已經習慣的那麼富有滋味，但數千年以來都成功讓我們免於疾病。我們不需要執著於細節，所有齊曼內食物之間唯一的共同點就是：只有一種成分。

我在叢林裡又住了幾個晚上。我吃了更多清淡但令人滿意的餐點。我不小心踩進一個螞蟻窩，那些螞蟻兇猛地攻擊我的腿，咬了我數百下。我看著一名十三歲的齊曼內男孩，用一把大刀猛烈地砍下他捕到的一隻五十磅重的鯰魚頭部。太陽從河面西沉時，他一刀一刀地砍著，讓魚的血、內臟以及脊髓的碎片噴湧而出。一切充滿了田園詩的氣息。

雖然齊曼內人不會得到殺死我們的疾病，但他們還是會死。古爾文告訴我，肺炎與感染仍舊是問題，他們也會面臨意外。當我問艾力克斯關於齊曼內人面對的危險時，他轉過頭嚴肅地看著我。「巨蝮蛇。」他說。那顯然是一種可以長到十五呎（約四．六公尺）的響尾蛇。

「被咬一口就會死嗎？」我問道。

「當然，」艾力克斯說。「我叔叔就是被一條巨蝮蛇咬死的。」毒液太強而醫院太遠。

然後，我不得不跟新朋友說再見。公平地說，我不知道他們是否把我視為朋友，或是一個身形非常巨大、問太多食物相關問題的外來者（那或許可以解釋我的身材）。

往下游的途中，我們停留在一個距離魯雷納瓦克約一小時的村莊，是一個名為莫塞坦（Moseten）的部落。與齊曼內人一樣，他們歡迎我一起吃午餐——不一樣的類型，主要的食材還是一樣，但大蕉與魚裹上麵包屑並油炸。如果我說莫塞坦午餐的滋味沒有齊曼內飲食來得好，就是在說謊。跟我談過的研究人員發現，莫塞坦人比齊曼內人多吃了三五〇%的糖與五五〇%的油。

莫塞坦人跟齊曼內人一樣積極勤奮，兩個部落的人一天都會走大約兩萬步，想讓心臟變好，這是我們也應該要做的事。但研究顯示，莫塞坦人的心臟開始看起來跟我的心臟一樣，「他們的心臟血管代謝健康狀況較差。」古爾文說。隨著文明悄悄進入上游地區，研究人員說，某些偏遠的齊曼內聚落甚至也開始油炸食物、在食物上灑鹽，以及購買過度加工的食物，進而吃得更多。

古爾文說，這是我們在全世界都看得到的現象。他向我指出對肯亞西北部圖爾卡納人（Turkana）的研究。他們的傳統飲食不包含過度加工的食物，但越來越多圖爾卡納人搬到城鎮裡居住。他解釋，吃傳統飲食的圖爾卡納人不會罹患慢性疾病。「但是住在城鎮裡的圖爾卡納人，飲食已轉為較多過度加工的食物，身體活動也改變了。」古爾文說。「你開始看見他們的糖尿病與心臟疾病風險有了重大改變，而這些改變可能很快速。」

• • • • • • •

回到拉斯維加斯，我決定在一個月內盡可能吃與里昂西奧的飲食相當接近的食物。

第一天：我走進食品儲藏室進行盤點。裡面有一百二十七種不同的食物，令人驚訝的是，這比一般美國人食品儲藏室內的食物還要少。但其中只有十五種是齊曼內人可能吃的單一成分的食物，我甚至還列入了罐裝蔬菜。

剩下的食物，甚至傳統上認為是健康的東西，像是全麥穀片與能量棒，都充滿了各種成分。冰箱稍微好一點，有新鮮的胡蘿蔔與蘋果。但排在冰箱門上的調味料牆——用來增加味道的甜的、鹹的、高脂肪的高熱量糊狀物——是不行的。

剩下的只有米、馬鈴薯、甜菜根、胡蘿蔔、洋蔥、蘋果。幸好有個冷凍庫裝滿了最近獵到的麋鹿瘦肉。

為了補充糧食，我開車到好市多，那裡是我認為美國最棒的地方之一，跟民主一樣。當我搖搖晃晃地推著超大的推車，行經寬敞的走道與爭奪免費試用品的人群時，我很快就發現這家店的大部分地區都是禁區，整個走道與冷凍櫃中只有過度加工的食物。

我的大腦盡可能不去想一袋袋、一盒盒想吃但不能吃的所有東西，同時我太太卻把一大盒家樂氏水果圈圈麥片扔進推車。我認為這是一種挑釁的行為，我臉上的表情也說明了這一點。她看著我，用不在乎的口吻說：「傻瓜。」接著繼續往走道走，似乎完全根據以下的問題在做選擇：「如果麥可沒有實施這套齊曼內飲食法，他會想要吃什麼？」

當我做出選擇，她就做出各種評論。「喔，所以齊曼內魚是……」她說，拿起一件我剛剛丟進推車裡的商品，唸出標籤上的文字。「三叉戟海鮮公司野生阿拉斯加鮭魚漢堡？」

我想讓這個練習盡可能忠於齊曼內的版本，但也得講道理。里昂西奧可以走到基基貝河邊拋一條線就釣到新鮮的魚，我住在沙漠裡，必須去好市多買——沒錯，急速冷凍、去骨與真空包裝的魚漢堡。

每天的早餐是燕麥片、莓果與雞蛋，午餐是米飯或大蕉、高麗菜與鮭魚漢堡，晚餐是番薯、青豆與麋鹿肉，甜點是蘋果。如果要吃零食，就得吃生胡蘿蔔或香蕉。

儘管簡單，我的飲食卻比歷史上人類吃的還要多樣化。飲食歷史學家勞丹解釋，在大多數有記載的歷史中，只有幾種食物主宰過人類的飲食。「每一天你都會吃主要作物，也許還有一點肉。」

她說道。我們擁有豐富的選擇是很好，但要記得，一餐之中有越多東西可以選擇的人，越有可能吃得太多。這也解釋了為什麼我們即使在吃完一頓大餐之後，通常還有「另一個胃」可以給甜點。

所有的食物選擇也使我們在餐桌上變得挑剔。勞丹說：「豐盛的問題之一就是，每個人都可以設計自己的飲食。在過去，你如果不吃家中其他人吃的東西，就沒得吃，沒有人會特別為你做什麼吃的。這也導致了一種家庭對飲食分量大小的控制，因為過去有足夠的食物，但不足以讓每個人都吃到想吃的分量。」她說。「但是今天，許多小孩成長的環境，只要在合理範圍內，就可以挑自己想要吃的東西。人們不再需要迎合他人的口味，我們的飲食有了驚人的個性化，這一點大幅破壞了飲食的社交性。」

考慮到這一點，當一位鄰居邀請我們去吃晚餐時，我並未提到我的實驗。我吃他們準備的食物，但偏愛最像齊曼內飲食的東西，像是沙拉與一點烤雞。我在餐廳裡也盡了最大的努力，多數地方會提供烤肉，配上一份碳水化合物，像是馬鈴薯或米飯。當然，餐廳的食物分量很大，也可能全都被注入了足以殺死一頭馬的奶油與鹽巴。但事情就是如此，對分量與奶油之類的調味料更寬鬆的做法，也是傳統餐廳的食物對體重增加的貢獻大於速食的原因。

一路上，太太繼續把我的實驗當成搞笑道具。我要煮晚餐時，她會問：「喔，部落的人會用 Instant Pot 壓力鍋來煮肉嗎？」或是：「他們不是喝河水嗎？或許你應該去沙漠走走，看看能不能找到水。」

我忍不住大笑。忍受她的廢話很值得，我開始快速減重。幾週內，我就從一百八十磅（約八十二公斤）掉到一百七十五磅（約七十九公斤）。那些餐點很令人滿意，我找到了「足夠圈」。我沒再落入無意識過度消耗的食物匱乏循環，齊曼內飲食利用了能擺脫匱乏循環的第二與第三個方法，拿掉了無法預測的獎賞與快速重複性。我從自己身上看到了這一點，霍爾與羅素從研究參與者身上也看到了這一點。

然而，我並不想減掉太多體重。要維持一百七十五磅重，我得吃多一點。那是好多的食物啊，齊曼內人一天大約吃兩千七百五十卡，但我得多吃五百卡才能維持體重。吃標準美國人飲食，我總是遇到相反的問題，要努力別吃太多；但是吃齊曼內飲食，有些餐點幾乎像是苦差事。有一天，我花了三十分鐘才吃完午餐準備的大蕉。

但我也睡得更好，皮膚更清爽，血壓與靜止心率更低，變得更專注，工作也更有生產力，感覺更好了。

• • • • • •

一個月後，我完成了齊曼內飲食實驗，但我也意識到幾件事：像是喝低卡汽水的習慣導致夜間有胸口灼熱感，下午五點後不再喝，就會睡得比較好。像是氣炸大蕉是種很棒的食物，飽足又美味。像是吃一顆蘋果當甜點幾乎跟吃一碗 Reese's Puffs 穀片一樣令人滿足，熱量還少四倍。主要是，我發現了不會引發匱乏循環的食物。

我繼續維持那種飲食的大多數元素，預設餐點變成了齊曼內餐點。但如果偶爾偏離軌道，在機會出現時吃一個起司漢堡與薯條，配上特大杯低卡汽水，我也不會擔心。我確信齊曼內人也會這樣做，現代食物很棒，我們只是需要加以平衡。

最重要的是，這種方法是可持續的。一組跨國研究團隊最近分析了十四種不同的飲食方式，發現可持續性非常重要。如同傑出的營養學家萊恩・諾頓博士（Layne Norton, PhD）解釋的：「這個分析顯示，我們必須問：『什麼對你來說是最容易長期堅持的飲食法？』而你或許也應該那麼做。」

在我們對話的結尾，古爾文跟我談到如何大致上知道什麼對我們是好的：單一成分的食物、運動，以及少點壓力而非更多壓力。但是，飲食產業已讓健康變得比發射衛星到天體運行軌道還要複雜，把我們推進奇怪的飲食與運動、睡眠等方面的細緻規則中。

「我想我們不應該因為任何小事而感到太多壓力。」他說。「如果健康飲食、運動與睡眠的習慣帶來焦慮，你可能就是做錯了。假設某個複雜的健康規則確實增加了你一年的壽命，你還必須減去花在擔心與做那件很有壓力的事情上所有痛苦的時間與精力。」

減了五磅體重，我準備好去探索匱乏的大腦還渴望什麼。我把太多東西丟進車子的後車廂，朝著灰熊國度前進。

CHAPTER 9

物品

Stuff

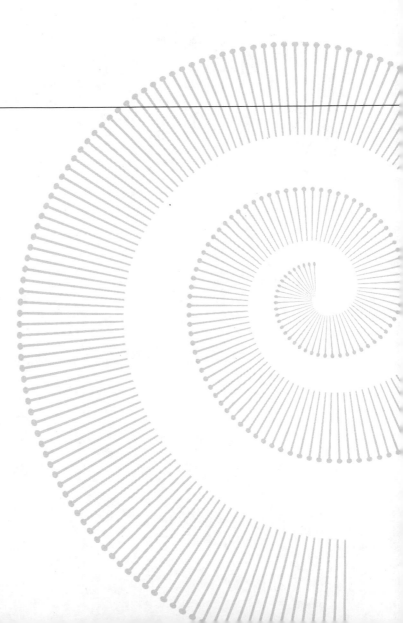

從拉斯維加斯開十三小時的車到達米蘇拉（Missoula）之後，我終於可以當乘客了。蘿拉・澤拉（Laura Zerra）開著二〇一七年款的切諾基吉普車（Jeep Cherokee），載著我們往東行駛，穿越蒙大拿州（Montana）的二〇〇號公路。這是全美最長的州際公路，一條美麗細長的兩線道柏油路，水平穿越「大天空之州」註1。

柏油路兩旁是高聳的松樹，間歇性地遮蔽道路，在我們穿越陽光與遮蔭處時創造一種閃光燈的效果，也讓澤拉手臂與大腿上布滿的深黑色墨水印忽明忽暗。她的刺青像是卡爾・榮格註2與約瑟夫・坎伯註3的狂熱夢境，都是神話與象徵符號。

她的右前臂上刺有一條銜尾蛇（ouroboros snake），那是出現在許多古代文化中、死亡與重生的象徵符號。左前臂刺有一隻納瓦霍蜘蛛（Navajo spider）。一隻祖尼烏鴉（Zuni crow）刺在右上臂內側。取自一幅十九世紀木刻畫中、狼人吃老婦人的圖像，則刺在右臂外側。左上臂上刺了一隻鬣狗。

「大家都以為鬣狗以腐肉為食，」她駕著吉普車繞過一個彎道時告訴我。「但鬣狗其實比獅子更常獵食。我很愛被誤解的動物。」這也解釋了她手臂內側刺的禿鷹。「禿鷹這類食腐動物有著可怕的名聲，但牠們在生態系統中扮演了很重要的角色，而我能認同這一點。」她說。「我是以一種非常真實的方式認同，我靠著別人過剩的一點東西在生活。」

現代人也是動物，有時智慧型手機、多力多滋與鋪著地毯的家會讓我們忘記這一點，但有些人生活得更接近我們的原始型態，那些人往往像鬣狗與禿鷹一樣被誤解，就像澤拉。

我們一小時前離開米蘇拉，到達林肯鎮的郊區，該鎮是「大學炸彈客」泰德・卡辛斯基（Ted

Kaczynski）住過的、水電自足、十乘十二呎的小屋所在。澤拉在方向盤後方往後靠，一邊跟我說：「我是個有點古怪的小孩，喜歡花時間待在森林裡，喜歡那裡的動物，想親自近距離看到牠們。我最後跟一群郊狼成了朋友，大部分時間都跟牠們在一起，或者只是教牠們容忍我，而那些郊狼……」她的聲音越來越小。

她把腳從油門上移開，讓吉普車減速。她把背挺直，做出一隻禿鷹的姿勢，盯著路肩看。一隻騾鹿躺在路肩上，路殺。澤拉在吉普車持續減速時伸長脖子、瞇起眼睛，越來越慢，越來越慢。

「啊，不行。」她說，突然踩下油門，重新加速。「每年的這個時候，在春末，如果你沒有在一大清早發現路殺的動物，那就不好了。」

澤拉帶著她所謂的「連環殺手工具箱」，放在吉普車的後車廂，裡面有一支骨鋸、一塊防水布、手套、手術刀、一條繩子與垃圾袋。如果那隻鹿最近才被撞死，我們就會把車停在路邊、屠宰牠，然後把所有的肉載回米蘇拉。「我討厭動物死於糟糕原因的想法，」她說。「不必浪費那些肉。」

澤拉的狗內倫（Nerron）是一隻只吃新鮮路殺動物的比利時瑪利諾犬（Belgian Malinois）。「我

1 譯註：Big Sky country，指蒙大拿州，因為擁有廣大而一望無際的平原而得名。
2 譯註：Carl Jung，瑞士心理學家、精神科醫師，分析心理學創始人。
3 譯註：Joseph Campbell，美國的神話學家、作家和教授。

現在已經到達一個境界，即使是在開車時，也能輕易辨別那隻動物是在多久前被撞的。」她說。「我以前得停車去查看。」

澤拉多數擁有的東西都在這輛吉普車裡，當然有連環殺手工具箱，但也有一個 Eberlestock 牌子的捲口式大背包，裡面裝了一半，都是非常特殊的裝備。

我們出發前是在她的朋友詹娜・沃勒（Jana Waller）的家，沃勒在狩獵圈是個名人，曾在運動家頻道（Sportsman Channel）主持節目，現在則是在 CarbonTV。澤拉從二〇二一年開始住在沃勒家的一間客房裡，因為她喜歡從那裡很輕鬆就能到達蒙大拿州的荒野。

澤拉和我坐在客廳地板上，我們把所有裝備都擺出來，準備到鮑勃馬歇爾荒野區（Bob Marshall Wilderness）住幾晚。那是一片占地一百萬英畝、沒有路的蒙大拿荒野，美國林務局（U.S. Forest Service）說這是美國南邊四十八州中灰熊密度最高的地區之一。但我們為這趟即將來臨的旅程所準備的裝備，看起來很不一樣。

她的裝備包含以下物品：一塊用來遮蔽的防水布，比一頂帳篷更小、更輕。一個萬用袋裝著一條緊急求生毯、指南針、打火機、助燃膏與用來黏合切口的強力瞬間膠。刀子，雨衣和雨褲，衛生紙與牙刷。一件溫暖的羽絨大衣，一個頭燈與煮飯用的錫製平底深鍋。防熊噴霧劑。每一晚吃的冷凍乾燥保存的背包餐。早餐與午餐吃的一條麵包與三條奶油。一根湯匙。

「通常我不會帶這個，」她舉起那根湯匙說。「我會直接咬一口奶油，然後吐在麵包上。但我不想在你面前做這種事，湯匙是為了不嚇到你。」

我看著自己那一堆行李。我的衣服看起來像是打算成為熱愛戶外活動的黛安娜・羅絲（Diana Ross）。有多雙襪子、內褲與各式各樣的衣服。還有個寬敞的帳篷，一個能治療猶他海灘註4上所有傷患的急救箱。各式各樣可以裝在背包中的晚餐、早餐、糖果棒、蛋白能量棒等等（齊曼內實驗顯然已經結束）。一把刀。一個多功能工具組，裡面有一把刀與其他三十七種功能。還有其他東西。我打算把這些都裝進一個跟轎車一樣大的後背包。

「妳覺得我帶太多東西了嗎？」我問道。

「嗯……你要找出對你有用的東西。」澤拉說。這似乎是一種比較客氣的說法，意思是：「你帶太太太太多沒用的東西了。」

為了向澤拉學習一些東西，我開始精簡裝備，讓它們看起來比較像她的。我把大背包換成比較小的背包，放棄帳篷，跟澤拉借了一塊防水布。「在熊的國度，你只會被困在帳篷裡。」澤拉說道。「帳篷就像個布做的監獄。」

我留下多餘的衣物、襪子與內褲。我抗拒了胖小子基因的引誘，篩減了食物。

澤拉還多放了一罐防熊噴霧劑與一把格拉克十毫米手槍在附近的桌子上。她說，考慮到灰熊，我可以帶其中一種、兩種都帶，或兩者都不帶。我的第一個衝動是給自己重裝備，我需要這把格拉克……是的，當然……或許澤拉還有放在某處的地獄火（Hellfire）飛彈。

---

4 譯註：Utah Beach，二戰期間，盟軍進行諾曼第登陸時，對於登陸海灘所給的軍事代號。

接著高層次思考力開始見效。我意識到，帶那把格拉克，是假設我能夠把它拿出來、開槍，然後讓十毫米的子彈射中灰熊八吋寬的額頭，而牠正像一部一級方程式賽車般地向我逼近。而這一切還必須在我一邊尖叫、嚇得屁滾尿流，同時後悔自己沒有上教堂的時候發生，這似乎是個相當具有技術性的要求。

因此，我只帶了防熊噴霧劑。我有信心至少能對著一隻向前衝的灰熊噴出一團噴霧，有足夠的嗆辣噴霧讓我看不見，不用看著自己被痛毆。

「很好。」澤拉在我把防熊噴霧劑固定在背包的腰帶上時說。「用那把槍，你可能射不中牠，或只是射中牠的身體，讓牠更生氣。」她說道。「或者如果那隻熊正在攻擊**我**，你可能最後會射中**我的**頭。」有人相信你真好。

儘管做過篩揀，我的背包仍塞得滿滿的。而我還有最後一件東西想帶：一個 MSR WindBurner 效率系統爐，我試了各種不同的角度想把它放進去。

幾分鐘的推擠與拉扯拉鍊之後，我放棄了。「我們可以用妳的鍋子煮水，」我說。「反正我的爐子只是為了煮咖啡。」她一定看見了我眼神中的一絲遺憾，因為她抓起了我的爐子。「我幫你帶。」

撇開連環殺手工具箱不談，澤拉的頭腦驚人地清醒。

「我不知道該怎麼說，」繼續上路後，我對她說，吉普車正加速通過那具鹿的屍體。「但如果妳不理睬那個路殺事件，對一個做妳這行的人來說，妳還滿正常的。」

她大笑。「這就是我並非一個真正的生存主義者註5的原因，至少我不認為自己是。」她說道。「我可以一無所有地活著，而且可以生活很長一段時間。」

儘管有湯匙，澤拉過去十五年都是以這一套方式在生活。她太謙虛了，她絕對是個生存主義者，但不是戲劇化、有各種不同風格的那種。山野生存主義者會穿著海狸皮毛，帶著火槍參加偏遠地區的復興聚會。末日準備生存主義者會用技能與儲藏食物來做好準備，因應即將到來的核災末日或外星人入侵。極端主義生存主義者過著沒水沒電的生活，且會因應暴政崛起而囤積槍枝與子彈。還有原始技能生存主義者，是會做捕夢網的嬉皮類型的人，會種植與製作自己的食物、衣服與房子，通常只想與大地之母合而為一。

澤拉是個獨一無二的人，她是一名跑者、槍手、探險家、旅行者，總的來說，是不同人類經驗的探尋者。她在世界上旅行多年，名下沒有任何財產。但她也曾短暫地與億萬富翁一起旅行。她當過出海捕魚的漁夫、屠夫、蹄鐵匠、蘑菇覓食者與農夫來賺錢，也曾上過《原始生活二十一天》（*Naked and Afraid*）節目，在節目中輕鬆獲勝，以致製作人不斷找她回來接受更長、更艱鉅的挑戰。她有一次甚至在《價格猜猜猜》（*The Price Is Right*）節目中贏得一輛車。確實是各種不同的人類經驗。

澤拉並非一直如此與眾不同。「我在學校的表現一直很好，可以寫論文與反芻資訊，打算成

5 編註：survivalism，透過儲備生活物資自用或與他人以物易物，學習災難中的生存技能。

為一名醫生或獸醫。」她在加速吉普車時告訴我。「人們告訴我，要得到幸福與活出最好人生的方法，就是得到好成績，這樣就能找到好工作。但我真正想做的事是探索不同的環境，並學習如何在其中生存。」她想，成為一名醫生會是存錢的好方法，這樣她就能在有薪年假期間在野外探索並測試自己。

她在二〇〇三年進入康乃迪克大學（Connecticut College），是全國較菁英、自由派的藝術大學之一，東岸「小常春藤」名校之一。她每一科都拿A，即使是那時，她仍把所有空閒的時間都拿來做喜愛的事。她的宿舍變成淋浴與藏書的地方，大部分的時間，她都住在學校附近的康乃迪克森林、她自己蓋的小屋中。

但有時，最糟糕的人類經驗才會引導我們進入最棒的人類經驗。「我有個非常好的朋友，很出色、聰明又有才華。」澤拉告訴我。「但她被考試與作業搞得壓力很大，因為她也以為活出最棒人生的方法，就是得到好成績，獲得一份好工作，如此就能在週末與假期做自己想做的事。我朋友變得承受不了而在學校企圖自殺，是我走進房間發現她的。這件事改變了我腦中的一些想法，我想知道，什麼才是真正重要的東西？我生命中的一切都建立在得到這張文憑上。我意識到，我在課堂上沒有學到任何我關心的事，那些資訊無法應用在我人生想做的事情上。」

她意識到，如果想要，一個人就可以自由地旅行與探索不同的環境，並學習如何在其中生存。如果沒有工作，就不用擔心假期有幾天。

因此她在只剩一個學期就畢業的時候離開了學校。「這是讓別人感到最苦惱，卻是我感到最驕傲的事。」澤拉說道。「因為那是我為了自己，只為自己所做的第一件事，不是因為其他人和我對於世界運作方式的敘述。我只能靠自己，而我相信我自己。」

她打包了一個內容一樣、但款式比較舊的裝備背包開始旅行，這一刻，我就在那裡，在她的旅程中和她一起。

我以為澤拉可能會教我一些在這個大量消費主義的世界中活得好的智慧。如果數據正確，衝動購物在疫情期間激增，而且之後持續增加中，我仍在思考自己的行為。線上演算法似乎把為我的個性與興趣量身打造的物品，在我最容易分心的時候放到我面前，而我會買單。

例如，在疫情隔離期間，我沒有地方可去，也不用去任何地方，我每隔五分鐘就會看一下手機上的時鐘。但我卻買了一支貴得離譜的奢華手錶，我會戴著它在屋子裡四處走，同時身上穿著從連鎖商場 Target 買來的十四美元運動長褲，與從牙醫那邊免費拿到的T恤。

除了不用腦的線上購物之外，我還經歷過一件特別不光彩的事。我不詳述事情發生的細節，結果就是我把開了四年、心愛的皮卡車換成了一輛速霸陸豪華休旅車（Subaru Outback）。

畢竟皮卡車還有很長的壽命，這不只是毫無意義的購買行為，但從個性的觀點來看，卻糟糕地很適合。沒有什麼比速霸陸豪華休旅車更不合理的家庭用車選擇了，但是我沒有小孩，而斜背車又不完全符合我的氣質。與一個足球家長把本田奧德賽（Honda Odyssey）換成哈雷鏟頭機車（Harley-Davidson Shovelhead）剛好相反。

「你買了一輛速霸陸……豪華休旅車？」我回到家時，太太這樣問我。她看著我的眼神，就像你看著一條忠實且訓練有素的狗在你最喜愛的地毯上尿尿，那是厭惡又失望的眼神——但也真心關切這隻動物可能身體很不舒服。

「這部車是『消費者報告』（Consumer Reports）選出的最佳車款』！」我大聲說道。她只是搖搖頭。這不只是我的衝動控制力似乎支離破碎，也是我新近失去理智的衝動正把我導向令人困惑的新領域，就像是浪蕩子很興奮地回家——服用了迷幻藥。

這種感覺像是匱乏循環。我會想到或看見一件可能改善生活的產品，然後在網路上搜尋適合的版本，最後終於找到一個獲勝者。接著我會重複這個循環，優比速（UPS）快遞的小姐跟我交情很好。

但我新擁有的物品不斷累積，開始占有我，像是我接了一些自己不一定想做的諮商工作，但我覺得應該負擔接踵而至的帳單，並讓購物合理化。

然後，一旦我意識到自己擁有太多東西，而這件事開始困擾我時，就會到達一個臨界點，並開始尋找答案。我無法丟掉帳單，但我在網路上找到的建議是，如果我清除物品，情況就會好很多，我被指引走向更少或是「極簡主義」。

但我從未感覺這些資源有助於最基本的問題：我一開始為何會買太多？清理物品感覺像是暫時的紓解，並未打破那個循環；它是循環的**一部分**。

所以，我想知道澤拉是否有解決這個購物循環的方法，我並不幻想自己很快就會只靠一個背包生活，並賣掉我稱之為家的空調儲物間，也不想這麼做。我比較想深入思考自己的「澤拉背包」會長什麼樣子，以及那會如何改變我，或許透過檢視所有物背後更深層的原因，我就能找到「足夠」。

• • • • • •

想到我們的祖先是住在類似嬉皮公社的社會中獨立又開明的人，感覺很好，彷彿財產並不重要，只有歡聚一堂、分享、和平與愛。

雖然我們的祖先確實不像我們擁有這麼多的東西，但今天、昨天甚至數百萬年前，不在乎物品的想法只是個童話。「所有人在某種程度上都是唯物主義者。」科學家在學術教科書《消費者行為》（*Consumer Behavior*）中寫道。「人們自然會渴望更多在文化中被珍惜的物質資源。」

確實，儘管迪士尼電影中的想法感覺很好，認為我們的祖先是與自然「合一」、只拿取需要的東西，但事實往往是相反的。自然界經常很殘酷，比較像昆汀・塔倫提諾（Quentin Tarantino）的電影。為了生存，我們常常不得不殘酷，而擁有太多東西，幾乎總是比擁有太少東西對生存更好。

例如，在黑腳族（Blackfoot）部落當中的皮斯肯（piskun）習俗，皮斯肯的意思是「深血水壺」，描述一項延續了兩千年的古老狩獵習俗，部落族人會追趕牛群，最終把牠們排成一個漏斗狀，然後將牛群趕下懸崖，同時殺死數百隻動物。這就相當於黑腳族的感恩節與黑色星期五：一場獲取食物與物品的大型活動。

他們從這場活動中獲得了數千磅的肉與物資，牛皮拿來建造避難所與製成衣服，牛骨與其他部位拿來製造好工具與軍事裝備。但部落成員無法快速地處理所有的牛，大量的肉與材料都會腐爛。

那只是一個例子。古代人類社會的物質至上與共享程度各不相同，然而，沒有一個完全主張平等。許多人只是純粹的囤積者，像是溫哥華島（Vancouver Island）的夸扣特爾族（Kwakiutl）。研究該部落的人類學家海倫・科德爾（Helen Codere）寫道：「每一戶都製作並擁有許多墊子、盒子、雪松樹皮與毛皮毯、木製餐盤、牛角勺與獨木舟。」她解釋，他們就是不斷地製造物品。「生產許多相同的物品（從未）被認為是多餘的。」她寫道。情況就像：當一個人能擁有五十支牛角勺時，為何每個人只能擁有一支？這個習俗早在歐洲人抵達之前就開始了，因此他們似乎沒有想到要從他處囤積物品。

或者，夸扣特爾族南方的部落也是如此，拜氣候與如今是加州的土地物產豐盛所賜，這個地區的部落很少需要遷徙，因此把時間都花在累積物資上。科學家寫道，他們對累積財富有一種「著迷」。

德州大學（University of Texas）的人類學家認為，我們的原始設定就是蒐集更多而非更少的東西，他們提出三個人類進化到喜愛物品的原因。

第一個原因是擁有物品有助於生存。科學家解釋：「在過去，擁有正確數量的正確物品，能提供保護、舒適感與交換所需物品的強大能力。」或許最好把這些物品視為「裝備」，而非東西，裝備有清楚的效用。裝備就像工具、避難處與武器，幫助我們完成維持生命的任務，同樣的規則也適用於今日。

澤拉與所有物的關係是把物品視為裝備的終極表達。「我擁有的每一件東西都必須對得起它的重量，」她告訴我。「必須具有多重功能。」

我們喜愛物品的第二個原因是，可以為我們帶來身分地位。擁有適合我們所在時間與地點的物品，能提高我們的社會階級。某些商品不僅能滿足其主要目的，還具有彰顯我們在社會上的階級與地位的次要目的。

美國經濟學家與社會學家托斯丹・范伯倫（Thorstein Veblen）在一八九九年將此稱為「炫耀性消費」（conspicuous consumption），指我們購買昂貴物品而非功能相同但較便宜的物品，以顯示社會地位的時候。他寫道：「對珍貴商品的炫耀性消費，是有閒紳士獲得好名聲的一種手段。」沒有人**真的**會為了知道時間而去買卡地亞（Cartier）手錶，也不是為了攜帶雜物而去買LV包。

稀缺性與獨特性是精品與銷售高價商品的祕訣。天普大學（Temple University）的科學家發現，匱乏提示——相信一件物品難以取得或限量供應——的表現優於人氣提示（例如宣傳某件物品是暢銷冠軍的廣告）。

炫耀性消費與難以取得的商品，甚至能迷惑最有見識的人，例如達賴喇嘛尊者擁有十五支奢華名錶，他的收藏包括兩支勞力士（Rolex）與一支非常罕見的百達翡麗（Patek Philippe）。對我們這些不懂名錶的人來說，後者是當你覺得勞力士太便宜時會去買的品牌。

第三個原因是，我們可以利用物品得到歸屬感。這跟購買物品以獲得地位不同，科學家解釋：「追求地位的動機體現在努力**超越**群體中的其他人，而追求歸屬感的動機則體現在努力與群體中的其他人**在一起**。」

現在科學家稱此為「品牌部落主義」（brand tribalism），指我們從購買的商品中找到社會意義之處。仔細想想全食超市、Goop註6、黑步槍咖啡註7與巴塔哥尼亞註8等品牌，購物與展示品牌商標就像購買食物、營養補充品、咖啡或一件高價羽絨外套一樣，是一種社會政治、群體內、幾近宗教般的行為。人類在物品上打上品牌商標的歷史至少有五千年了。

但是一直以來，我們都只能擁有這麼多東西，因為製造物品所需的材料較難取得，手工製作商品也要花更久的時間。例如，過去一名鐵匠鍛造出一根釘子要花一分鐘，釘子非常匱乏且珍貴，以致縱火犯經常會燒掉建築物，只為了偷取釘子。在今天，現代的製釘機械能在一分鐘內做出三百六十根釘子。

我們過去擁有較少物品的另一個原因是，許多群體的人不斷在遷徙，經常拋棄難以攜帶的物品。

因此，並非過去我們想要的東西較少，我們其實渴望更多，當機會來臨時，我們會欣然接受，只是機會很少來臨。

即使是十八世紀，多數美國人擁有的東西也不多，可能是一間屋子，一些獲取與烹煮食物的工具，一些基本的家具，一本聖經，幾件衣服，一些視我們最近燒毀多少建築物而定的釘子。那時的美國男人與女人平均擁有三套衣服，即使是最富有的人也不需要衣帽間，湯瑪斯・傑佛遜[註9]的太太瑪莎（Martha）也只有十七套衣服。

匱乏循環的第三部分是快速可重複性。在過去，購買行為無法落入匱乏循環，因為我們太貧窮，東西太匱乏且昂貴，人們比較可能一次製作或購買某件物品，用到完全磨損直到無法使用。

但是十八世紀標示了那種情況的結束。一七三三年，英國人約翰・凱（John Kay）發明了織布機，使紡織工人的織布速度提高了一倍。

但那不僅表示我們開始得到更多紡織品，凱的發明引發了一種骨牌效應，增加了對紗線的需求。為了滿足需求，我們意識到必須製造一種能製造更多紗線的機器，這代表我們需要能得到更多棉花的機器，然後是能製造更多機器的機器，依此類推。一部機器會大幅增加一個產業的生產力，鼓勵其他產業去發明或採用新機器來滿足需求。依此方法繼續下去，直到所有產業都拜機械化之賜而機械化地生產材料為止。

---

6 譯註：影星葛妮絲・派特洛於二〇〇八年成立的健康與生活風格品牌，提供各式知識、商品與療癒法。
7 譯註：Black Rifle Coffee Company，由美國退役軍人艾文・海佛創立，咖啡豆產品均屬接單生產，並以空運送達。
8 譯註：Patagonia，世界頂級戶外服飾品牌，以注重環保與員工福利聞名。
9 譯註：Thomas Jefferson，美國第三任總統。

到了一八五〇年，一場全面的工業革命正在發生。當我們開始想出如何更快速便宜地製造物品時，匱乏的環境，也就是智人在約兩百五十萬年前脫離大猩猩以來所處的環境，開始轉變成豐盛的環境。

如果今天對瑪莎・傑佛遜展示我們的衣櫃，她一定感到很震驚。一般美國人每一年都會購買三十七件衣物。一項研究發現，我們目前擁有一百零七件衣物，該研究還詳細說明了我們對那一百零七件衣物的感覺，發現我們認為其中有二一%是不適合穿戴的，其中五七%的商品不是很好——不是太緊就是太鬆，還有平均一二%的衣物，我們從來沒穿過。只剩類似瑪莎・傑佛遜的一〇%——十一件商品——是我們經常會穿的。美國國家環境保護局（EPA）說，我們每人每年丟棄大約六十八磅（約三十一公斤）的衣物與紡織品。

但是，機械化當然不只是給了我們更多衣服，還給了我們更多的一切。

在今天，搬家公司的職業團體國際運輸與包裝協會（International Shipping and Packing Association）表示，一般美國人的家中包含了大約一萬磅重（約四千五百四十公斤）的物品，分布在一萬至五萬件或輕或重的物品上，從筆到電視機。《華爾街日報》（*Wall Street Journal*）發現，美國人現在每年花一・二兆美元在不需要的物品上。

精神科醫生在一九三〇年代首次開始注意到有錢人當中的強迫性購物行為，如今我們不必是有錢人就能強迫性購物。歷史學家潔奈特・庫柏曼（Jeannette Cooperman）寫道：「只有在二十世紀，人們才開始對隨機、不是非常珍貴的物品進行古怪的過度囤積。」

《精神病學新領域》雜誌的一項研究發現，有六％的美國人患有強迫性購物障礙。有些研究指出這個數字是二％，但其他研究認為可能高達一六％。

美國知名精神病學家與愛荷華大學（University of Iowa）教授唐納德・布萊克（Donald W. Black）指出，強迫性購物者會經歷的不同階段，也呼應了匱乏循環。首先，購物者會尋找好的機會——經常有促銷或新商品的地方。下一步是搜尋：進入商店、商場或購物網站。布萊克注意到，這些購物者通常都會尋找無法預測的交易，可能是賣三十美元而非六十美元的普通手提包，或是打六折、降價至兩千兩百美元的精品包，就買了——然後迅速開始搜尋下一件要購買的商品。

布萊克寫道，患有強迫性購物障礙的人「把（購物）描述為極度令人興奮」，而就像成癮一樣，通常都是一種學來的應對機制，布萊克寫道。「負面情緒」——例如憂鬱、焦慮、無聊——「是最常被引用的（購物）先行詞，而狂喜與從負面情緒中解脫則是最常見的結果。」

布萊克說，我們有大量的廉價商品，代表這種障礙對低收入者的影響與對有錢人是一樣的。而快速可重複性是關鍵，他解釋道：「許多強迫性購物者會大量購買。」

甚至我們對「需要」的概念也改變了。我們喜歡認為，需求是發明之母。但皮尤研究中心（Pew Research Center）指出，實際上是相反的：發明是需求之母。我們發明了一些並不是真正需要的東西，但隨著時間推移，它開始強力主導我們的文化，以致我們開始認為它是個需求，就像全球定位系統（GPS）、藍牙、無線耳機、遙控器、電視、微波爐等等。我們形塑了機器，機器再用一種使我們越來越依賴的方式形塑了我們。美國人認為是「必需品」而非「奢侈品」的商品數字，每十年都呈倍數增加。

當我讀到這些數字時，它們似乎太高了，甚至是荒謬的。誰會擁有一萬件物品？更何況是五萬件？然後，在寫這一段文字時，我停下來數了數，光是在我桌上的物品就有十九件。筆、筆筒、咖啡杯、室內香氛噴霧、電腦、手機、螢幕、網路攝影機、轉接器、檯燈、書、Kindle電子閱讀器、筆記本……。至於整個辦公室呢？哈哈哈。不需要的物品中最突出的有：從中東帶回來、以阿拉伯文寫的駱駝香菸招牌，太多的書（大多數讀到一半），掛在牆上的傑利・賈西亞註10馬克杯的照片，我在曼谷巷子裡跟一個人買的一罐奇怪的粉末，他要我「只能在緊急時刻」使用。事實上，如果緊急時刻來臨，辦公室只有一件東西我會帶走：我的狗，牠正蜷縮在一張丹普（Tempur-Pedic）狗床墊上，周圍有三個狗玩具。

是的，在美國，如今有許多狗擁有的物品甚至比幾百年前的美國人還要多。太太與我不給狗穿衣服，因為虐待動物是錯的。但光是狗衣服產業的產值，在未來幾年預計會達到一百六十六億美元。

與我們的祖先不同，我們並不會偶爾被迫拋棄東西，或徹底清除物品。我們一生都在循環使用與蒐集物品，正如瑪麗・奧利弗註11在詩作〈我擁有一間屋子〉中所說的：「我擁有一間屋子，小巧但舒適。裡面是一張床、一張書桌……一具電話。諸如此類——你知道是怎麼回事：物品會聚集。」確實，物品會聚集。

但我們的物品不是蒐集在像奧利弗住的小屋子裡。自一九一〇年以來，一般住家面積已增長了七五%，現在大約是兩千五百平方呎（約七十坪）。在某些城市，住家大小已增加了三倍，例如我的家鄉拉斯維加斯。

隨著工業化席捲全球，匱乏的大腦繼續發揮作用，推動著我們追求更多。如今我們都擁有太多廢物，以致有一整個工業複合體設計來協助我們處理所有廢物。我們買書、看電視節目，教我們篩揀與整理東西的魔法。為了讓自己能囤積越來越多廢物，我們付費使用儲藏間、分散的場所，這不只是一件事，也是全國成長最快的生意之一。現在美國的自助倉儲設施數量，比麥當勞、漢堡王、星巴克與沃爾瑪超市（Walmart）加起來的總數還要多。

加州大學洛杉磯分校的科學家表示，我們傾向於蒐集這麼多物品的部分原因是，我們缺乏一個告訴自己已經過度購買的生物調節器。我們飲食時經常會過量，但終究會覺得飽脹而必須暫停。但對於物品（或影響力或資訊，就此而言）就並非如此，永遠可以快速地重複，然後找一個儲物間來存放。

這裡提出一個好的經驗法則，能幫助你決定要買新東西或捐贈舊東西：在六十秒內做出決定。心理學研究者梅莉莎・諾伯格（Melissa Norberg）是澳洲認知與行為療法協會（Australian Association for Cognitive and Behaviour Therapy）的會長，她曾寫道：「每當你發現自己花了超過一分鐘才做決定，

---

10 編註：Jerry Garcia，美國搖滾樂歷史上的知名歌手。

11 譯註：Mary Oiver，長年隱居山林，創作多以山野自然為對象，被稱為美國當代的「歸隱詩人」。

很可能就是你試圖尋找一個合理的理由，去購買不需要的東西或保留不再被需要的物品。」

• • ● ● ● • •

很多人會對自己的購買行為感到內疚。我們相信大量物品正在破壞環境，像是每一次亞馬遜會員購物，或我們從某家快時尚商店購買六美元的T恤，都是在投票贊成殺害北極熊。

但我與安德魯・麥克費（Andrew McAfee）談過，他解除了一些內疚——儘管有兩條限制條款。麥克費是麻省理工學院（MIT）的「科技向善」（Tech for Good）研究團體的共同主任。他解釋，直到一九七〇年代，地球看來都在走向環境崩壞。

他告訴我：「汙染正在加劇。我們已徹底消滅一些物種，生態系統也面臨威脅。資源使用量年復一年呈指數式增長，與整體經濟成長亦步亦趨。」但就在第一屆世界地球日前後，即使我們的人口增加，資源消耗卻開始下降，這個趨勢持續且每年都在加速。我們的人口增加，經濟也更強大，但我們使用的資源卻更少。

「即使我們的人口與經濟繼續發展，我們最後還是想出了減輕地球負擔的辦法。」麥克費說道。這並不是說我們開始消耗或渴望較少，事實剛好相反。

「相反地，」麥克費告訴我，「一直有競爭性資本主義的連續衝擊，以及非常好又不斷進化的科技工具，開始允許我們用更少的錢做更多的事。基於一個非常簡單的理由，畢竟分子材料與資源都要花錢，而公司喜歡省錢。因此當機會透過科技而來，讓他們可以用更少的錢做更多的事，將商品或服務推向市場，同時又在材料上付更少錢，他們永遠都會接受那樣的交易。」

例如，在一九六〇年，一罐啤酒使用的鋁，比今天整個六罐裝的啤酒還要多。鋁罐的重量從八十五公克降至不到十三公克。釀酒廠可能沒有考慮到全球的鋁供應量，但會考慮到自己的損益平衡表。一罐啤酒使用較少的鋁，會節省釀酒廠（與飲酒人）的錢。這個通用法則適用於多數的資源使用。

在美國，包括一氧化碳與鉛在內的六級空氣汙染源，自一九七〇年來已下降七七%，同時國內生產毛額與人口分別成長了二八五%與六〇%。二〇〇七年以來，我們已減少了一三%的總體二氧化碳排放量，都是拜簡單的經濟學與明智的政府環境法規所賜。

我們不僅更有效率地利用資源，也看見舊的創新融合成一體。例如，在我的一場講座中，我讓學生看一則一九九一年老牌電子零售連鎖店業者 RadioShack 的知名廣告。它以各種在店裡銷售的商品為主角：電腦、電話、鬧鐘收音機、立體聲音響、計算機、無線電掃描器、攝錄影機、照相機、錄音機、電話答錄機等等。當然，最初的廣告是印刷在報紙上的。

「那些物品如今都消失，集中到智慧型手機裡了。」麥克費解釋道。

把這兩種現象放大，並將它們與降低汙染、保護野生動物的明智政府干預手段結合，我們已能改善人類的狀況，同時對地球蹂躪得輕一點。如今我們消耗較少的資源、使用較少的土地、汙染較少，甚至把差一點被我們推向絕種邊緣的物種重新引入，全都是在人口增長與生活水準提高的同時發生的。

麥克費說，他敢打賭在十年內，我們使用的資源將會比今天更少，不管人口與經濟成長多少。不過，我們並未完全脫離困境。麥克費告訴我，首先，「全球暖化是真實存在的，是我們造成的，而且狀況很糟糕。世界上還有一些地方汙染嚴重，而且狀況越來越糟。」他認為，答案就是去做自從一九七〇年以來一直有效的事。「我們知道處理那些問題的教戰手冊。」他說。

他指出，世界人口預計將在二〇五〇年左右開始減少。「地球資源豐富，足以滿足我們的消耗量。」他告訴我。「這是違反直覺的，因為我們在摧毀這個地球，而且狀況越來越糟的想法，已重複灌輸到我們腦中。」但是數據顯示，如果繼續創新並把那些創新散播到全世界，我們就會沒事。

第二個問題，是更好的鋁罐、把一堆商品的功能融合在一起這樣的改善也無法解決的問題，要處理的是人類的狀態。隨著變得更舒適與採用更有效率的科技與物品，我們未必會變得更滿足，世界各地的心理健康問題日益嚴重。事實上，許多科技的轉變導致了我們的不滿，不僅使我們與他人失去連結，也使我們與自己以及令我們滿意的生活方式失去連結。

「豐盛會帶來問題，」麥克費告訴我。「我們應該更喜歡豐盛帶來的問題，而非匱乏帶來的問題，但它們仍然是問題。」

•
•
•
•
•
•
•

澤拉一年有六個月的時間待在遠離步道的荒野裡，但她不是個隨性的露營者或在大自然中漫步的人。我們一路曲折地進入茂盛的草地，跨越岩石小丘，走上滿是大圓石的田地，並穿越茂密的灌木林與樹林。

那是我們待在偏僻農村的第二天下午。大約二十分鐘前，我們停下來吃「午餐」。對我來說，那是一條薄荷巧克力脆片克利夫蛋白棒（Clife Builders bar），味道像是在刷牙後啜飲一口巧克力牛奶。

澤拉則是吃奶油，她用湯匙舀了四分之一條的奶油到麵包上，然後把麵包像玉米餅一樣折起來。一份奶油玉米餅。

問題是在一頓奶油午餐之後，澤拉就像吃了濃縮咖啡豆、年輕敏捷的小狗，看似瘋狂地在屋子四周繞圈、全速奔跑，只是澤拉和我是在南方四十八州最崎嶇難行的山上，往更高更深的荒野前進。

還有健行，以及澤拉強迫我去做的事：行經連腳步最穩健的四足動物都會避免踏上的土地。在我們向上攀爬一座岩石斜坡時，她一直在前方走著。

她指著山坡最頂端，盡頭是垂直向上數百呎的峭壁。「峭壁底部通常是平坦的，」澤拉說道。「公羊經常在那種地方出沒，經常死在那裡，那是找到動物頭骨的黃金地帶。」

在秋天，澤拉有時會為了吃肉而打獵。在春天與夏天，她主要從事採集鹿角的活動——基本上是搜尋與蒐集動物自然留下的鹿角。每年冬天，鹿與駝鹿之類的有蹄類哺乳動物的角會脫落，她有時甚至會找到鹿、駝鹿與大角羊的頭骨與骨骼。

澤拉說她比較喜歡採集鹿角，因為「我可以在一年的任何時候做這件事，這比較困難，因為動物沒在移動，而我在尋找更小的東西。我必須更加警覺……我並不是真的在尋找鹿角，我在尋找的是一個時刻，一隻動物死去的時刻，通常是為了讓另一隻動物得以存活。」

有些人把採集鹿角當成有利可圖的副業。收藏家願意為一具保存完好、長著厚重彎角的公羊頭骨或駝鹿的鹿角頭骨支付數千美元。就重量而言，鹿角是地球上最堅固的天然物質之一，保存良好的鹿角可做成刀柄，或是當作物品上的裝飾，那是喜愛戶外活動的網路賣家夢寐以求的商品。即使是風化的鹿角，也能賣給把它當作一磅約三十美元的潔牙骨販售的公司。

「我從來不賣頭骨、角或鹿角，」澤拉告訴我。「那會完全毀掉我的搜尋體驗。」那種追尋完全是為了有起有落的興奮感與清楚的搜尋目標，令她著迷，並激勵她在荒野中停留更久。我把這個資訊收入囊中，聽起來很像薩爾與贊托對於匱乏循環的想法。

我們終於抵達山坡的頂端。我們伸長脖子，仰望著上方變得更高的峭壁。「這看起來是個完美的死亡地點。」她說。上面崎嶇且受到保護，是只有極少數動物會想去的地方。

然後她沿著峭壁正下方的一片平坦地帶快速前進，就像一隻剛剛聞到野雞氣味的獵狗，快速地走在地面時上下掃視著小徑。最後，平坦的峭壁底部變成一道陡峭的斜坡，垂直向下數千呎。

「運氣不好。」澤拉說。那地方沒有任何東西，那是一次跡近錯失。但我們確實見到絕美的景色。天空是明亮的白色，點綴著深灰色的烏雲，看來彷彿會散開掉落到身上。下方的湖像一條肥大的蛇蜿蜒迂迴，在群山間滑行。我們坐了一會兒。

澤拉告訴我，在她旅行的期間，被迫成為「荒野遊民」馬蓋先。「有個背包是我在一家軍品店看到、覺得便宜買下來的，裡面有一條羊毛毯、一個水壺、一支鍋子、一把刀、一本日記、護照，以及一個 Bic 牌打火機。」若她沒有某件東西，就必須發揮創意。「我發現這張泰為克[註12]用來當作防水布效果很好。身處於一種遇到問題，需要發揮創意想出解決方法的情境中，我幾乎會感到興奮，因為我不能只是跑去買東西。這令我敞開，完全處於當下的經驗中，得到的報酬非常大。」

澤拉或許聽起來有點瘋狂，但她也間接提及了一些意義深奧的事。

伊利諾大學與約翰霍普金斯大學（John Hopkins University）的科學家最近寫道：「消費主義與過度獲取已成為生活的秩序，豐盛也如同常態般出現，特別是在（已開發）的世界。」科學家說，因為有大量取得各種資源的管道，我們的原始設定就是透過購買來解決問題。

為了了解我們買東西解決問題傾向的壞處，科學家採用兩組人進行了六個不同的實驗。第一組人被告知資源是匱乏的，第二組人則認為資源是豐富的。

六個實驗都要求兩組人用他們擁有的資源，發揮創意去解決問題。例如，在其中一個實驗中，參與者必須盡可能想出一塊磚最多的用途。在另一個實驗中，他們會拿到一把樂高拼圖，被要求

12 譯註：Tyvek，美國杜邦公司研發的一種材料，由高密度聚乙烯纖維製成，具有輕薄、柔軟、光滑且堅韌、防水、不易變形等特點。

盡可能設計出最酷的玩具。在另一個實驗中，他們收到一根蠟燭、一盒火柴與一盒圖釘，必須想出如何臨時把蠟燭固定在牆上，而且在點燃蠟燭時蠟不會滴到地上的方法。

在六個研究中，而且是全部六個！面對匱乏資源的參與者都表現得比較好。他們想出更多磚塊的用途，他們的玩具是最有趣的，他們逐漸變成馬蓋先。總的來說，匱乏組不僅想出更多解決方案，解決方案也幾乎都更有效率和創意。

重點是：當物資充裕時，我們傾向於用更多東西來解決任何問題，購買與增加。我們更可能如廣告所言地使用物品，因為一定有些我們能買來解決問題的小器具。

相反的情況發生在匱乏組。沒錯，我們的第一個傾向是透過增加更多來解決問題，但人類是堅持不懈、有創造力的生物。如果無法用增加來解決問題，我們不會放棄。如果在沒有擁有足夠的時候就放棄，我們的物種早就滅亡了。在現代世界，如果壓抑增加的傾向——強迫自己用現有的資源來解決問題——我們有可能解決得更好、更有創意與效率。創意與效率在匱乏之下會成長。

這項研究強化了數十年前、長達多年的研究。透過面對限制，我們通常最後會取得更多成就。這甚至不是一件相對「用更少實現更多」的事，只是一件「更多」的事。

澤拉發現在有限資源下解決問題的經驗與頓悟時刻，也改變了她的世界觀。

「剛開始，我並不是個善於交際的人，」她告訴我。「我喜歡獨處，大部分時候都認為，其他人只會毀壞我如此珍愛的荒野。」她以為她會四處流浪一陣子，然後在某間沒有公用水電的小屋中過著與世隔絕的生活。

「但我開始愛上透過搭便車與人相處。」她解釋道。「我搭上一部車，與一個人相處一段有限的時間，而我們都知道彼此不會再相見。人們與我在一起時會完全真實，因為不用假裝成他們認為在正常生活中必須成為的人。人們會告訴我最深、最黑暗的祕密，我們也會對著彼此哭泣。那是一次又一次的美好經驗，來自能夠完全處於當下與解開束縛的自由。我不用煩惱要為了一張機票或巴士車票，去工作以賺取四百美元。那全然改變了我的經驗，也改變了我生命中的那些時光。我可以搭上飛機或巴士，不與任何人交談，抵達目的地，但也會錯過許多完全改變人生與對世界觀點的經驗。」

在我們觀賞風景幾分鐘之後，澤拉又開始移動了。我們開始下降，在下坡的岩石上滑行，岩石滑動的聲音大到她得大喊著說話。

「聆聽人們的故事，只是讓他們說話，我想就是在那時，我意識到真正想要的是體驗全部的人類狀態。那些來龍去脈、起起落落、好的與壞的事，就是去經歷真正豐富的人生經驗。」她在稀薄的蒙大拿州空氣中大喊著。「我不認為這些人類經驗全都是好的，但我認為它們都很重要，會改變我的觀點。因為我看得出來，每個人只是在用自己擁有的一切盡力而為，你知道嗎？一般來說，人們是善良的。但我們全都符合自己鑄造的模型，如果我們把焦點放在負面事物上，就會去尋找負面事物。但如果以即使只是一點點的同情與真正的興趣去接觸事物，並姑且相信人們，我們就能看見人們如何不符合我們的描述，會發現人們都很了不起。」

值得注意的是，澤拉並非什麼富二代。她的父母是實實在在的中產階級——幼稚園老師與電子工程師。「我十四歲時在一間農場找到了第一份工作，可能是非法工作。」她說。「但是父母告訴我，如果我想要什麼東西，就得付錢。而我年滿十六歲時想要一部車，這樣我才能往荒野跑。」

儘管澤拉大學輟學，她仍背負著貸款，金額相當大。在旅行期間，她會打一、兩個月的零工，來支付一年的貸款。

她還經歷過一段與典型流浪生活完全相反的生活。澤拉在電視上的一點名聲，讓她結交了一群超級有錢的人，他們喜歡在艱苦的生活條件下遊玩，例如去參加四萬美元的狩獵之旅。

澤拉說金錢的心理負擔一直都在。「我注意到人們擁有的越多，似乎就越少關心當下，比較常關心未來，一直在做東西、維護東西，以及隨之而來的一切。」

「每一件事都會事先安排好、計畫好與列入時程，」她說。「我形容它是一頓非常昂貴的『快樂兒童餐』，是每個有錢人得到的東西的副本，事情完全按照計畫進行。而它與我擁有的經驗截然不同，像是當我有六美元與一個裝著幾件物品的背包時，我會走進荒野，必須自己解決問題。那些經驗是如此獨特，當我們有這麼多錢去讓一切變得完美的時候，我就是感受不到它們。」

當斜坡變得平緩，岩石轉變成松樹，澤拉便開始尋找鹿角與頭骨。她告訴我，她了解工作的人面臨的限制，因此這不是任何形式的批判。「如果你經營一家公司，或有很多家人仰賴你，想要逃離卻只有六天的時間。」她說。「我可以理解你為何願意花錢來充分利用這六天，你最後會買到『快樂兒童餐』的體驗。你不想計畫，也不希望任何事出錯。你時間有限，而且還在想著其他肩負的責任。」

「我明白，」她說。「但我只是覺得，與沒有那麼多錢相比，金錢並沒有為我帶來更好的體驗。金錢帶來更多的控制，但也帶來更少的冒險。當我從較少的資源與物質開始時，無論賺到什麼，無論自己解決了什麼問題，我都會比擁有無限資源時更享受每一刻。它有一種如此自由與不可思議的東西，『賦權』這個詞已變得有點令人討厭，但知道你正在創造自己的經驗以及依靠自己，在某種意義來說，就是一種賦權。然後，等一切結束，你會有一種更大的滿足感，因為你會想：天啊！我剛剛完成了這一切。」

澤拉的說法讓我想起贊托告訴我的一些事。正如我們所知，匱乏循環的產生是為了集中注意力，並鼓勵有助於生存的堅持，像是尋找食物。但匱乏的大腦進化出其他優雅的方法，讓最具挑戰性的搜尋帶來最大的獎賞。

「如果動物餓了，且必須比平常花更多時間、更努力地尋找食物，跟容易找到的食物比較起來，牠們會傾向於更珍惜那份食物，即使是完全相同的食物。」贊托告訴我。「這種額外的心理價值會鼓勵未來的堅持，並激勵他們繼續尋找。」

我們會在一場隨之而來的賭博中追求獎賞，內在的提示告訴我們，需要一份獎賞的聲音越強烈——強烈的飢餓需要尋找食物，刺骨的寒冷需要尋找遮蔽處——當我們找到食物或生起火時，心理上的感覺就越美妙。「在現代世界的解釋是，人類會珍惜必須工作更久、更努力才能得到的東西。」贊托說道。

那也是為什麼，在背包旅行或半程馬拉松之後吃的第一頓正餐特別美味，在多年辛勤工作賺取低薪後，第一次得到的大升遷更令人滿足。或是贊托說的，為何「學生在最困難的課程中得到A，會比在感覺能勝任的課程中拿到A更加興奮。這兩個成績對平均成績來說價值完全相同，但是他們會更看重比較難拿到的成績。」

當澤拉與我上上下下地穿越松樹林，進入一片寬闊而傾斜的草地時，我思考著這一點。我最喜愛的報導之旅最後總是有某件事出了差錯，而我必須解決問題的旅行，就像伊拉克之旅，有沙塵暴與瘋狂的中間人，或是沒有計畫就瘋狂降落至玻利維亞叢林的那次。

因為如此，我發展出如今用來應對所有磨難的座右銘：「沒有問題，就沒有故事。」每個故事都有一個困難。一個意外事件使生活充滿不確定性與挑戰，若逃避或付錢去消除那些困難，就能移除挑戰並得到確定性，但我們也會對自己了解更少，更不會成為自己旅程中的英雄。

我也在最近的狩獵之旅中體驗過這一點。一家公司邀請我跟一群獵人一起去一大片私人土地上打獵，這與我過去進行過的狩獵都不同。

我典型的打獵通常是在公有土地上進行，會吃難吃的冷凍乾燥背包餐，睡在泥土地上，飢餓、無聊、寒冷與筋疲力盡，都是其中的一部分。在公有土地上打獵更困難，成功的機率明顯較低，最好是徒步深入荒野，過著因陋就簡的生活，且比計畫中停留更久。

這次打獵剛好相反。我們住在一間小屋（想像一間等級較低、只有泥土路能抵達的萬豪酒店〔Marriott〕），餐點豐盛又美味，房間溫暖且設備齊全。在白天動物休息的時候，我們會返回小屋，在柔軟的床上小睡片刻、查看電子郵件或看電視。

打獵是真的。但那片私人土地上的野生動物管理是如此理想，以致我們幾乎保證可以帶著一頭年長又巨大的駝鹿回家。旅程中的其他獵人很像澤拉略微提及的那些人，那些時間有限的成功人士。

那是一次很好的經驗，但我並未獲得通常從狩獵中會得到的莊嚴情感與獎勵感，即使是不成功的狩獵。

聽起來很奇怪，但是睡在泥土地上，夜晚很冷，吃著難吃的背包餐，以及整個下午都在體驗深沉的無聊，只為了可能不會有回報的事，雖然在那一刻感覺很不舒服，卻使得整個過程變得更有價值。因為吃了每一盎司的肉，我每天晚上都可以在晚餐時回想起這些經歷。

• • ● ● ● • •

「到了某個時刻，我變得太極端了。」澤拉在我們走了更多路之後告訴我。「如果擁有的東西比能輕鬆放進一個背包的東西還要多，我就會感到壓力，我把它視為一種責任。還有這種殘留的感覺……，如果我擁有這個東西，現在就要對它負責，必須照顧它，這令人壓力很大。」

在我們行走時，松鼠偶爾會從灌木叢裡出現，或急匆匆地跑到樹上，牠們正在為下一餐努力工作。原來，人類與松鼠的共同點比我們想像的還要多。

每年秋天，寒冷的天氣到來，改變了松鼠。寒冷導致松鼠體內的一種荷爾蒙開始釋放，會觸發小小的匱乏大腦進入囤積模式，牠們會開始蒐集並儲存最多食物以便過冬。但是，即使是同樣的季節，松鼠也可能會有不同的應對方式。

如果是有利於果實與種子成長的美好夏天，秋天的囤積就是一次輕鬆的嘗試，就像跟朋友一起帶著厚厚一捆現金去美國購物中心（Mall of America）一樣。松鼠聚集在一起，跟松鼠鄰居打招呼，把所有的果實與種子放在洞穴裡，一邊隨意地增加更多。

但如果是一個不利於果實與種子成長的糟糕夏天，情況就會改變。匱乏會讓場面變得如同末世，松鼠會變得有防禦性且偏執。牠們認為松鼠鄰居想偷走自己的東西，會與其他松鼠爭奪匱乏的果實與種子。然後，一旦累積了夠多儲藏品，牠們就會準備好迎接更多衝突，像保鑣一樣站在洞穴入口，準備保護那些儲藏品。

我跟密西根大學的心理學家史蒂芬妮・普雷斯頓（Stephanie Preston）談過，她整個職業生涯都在研究動物與人類如何與牠（他）們的財物連結。她告訴我，面臨一場使必需品變得匱乏的災難時，人類就會變成松鼠。「疫情就是一個很好的例子。」普雷斯頓告訴我。疫情就像一個非常糟糕的夏天。

一開始，人們就感到恐慌，第一個反應就是囤積物品，人們吵著要衛生紙、罐頭食品、乾洗手與更多物品，在商店走道上爆發爭吵。然後，一旦我們處於有資源得以平安度過疫情的冬天，仍會繼續松鼠一般的行為。

「這就是人們擔心衛生紙或食物之類的物品被搶劫的傾向，」普雷斯頓說道。「因此人們去買槍，槍枝與彈藥的銷售創紀錄，新的槍枝擁有者的人數也創下紀錄。這跟囤積食物、坐在隧道般的家前面，準備擊退競爭者的松鼠完全相同。」

但在我們最初像松鼠般的疫情異常行為之後，第二階段來臨。這個說法引述自第四章提到的研究匱乏的范德堡大學研究者哥德史密斯，一旦人們確保基本物品的安全，很多人就會開始陷入用愚蠢的購物來紓解壓力的匱乏循環。

這種傾向受到很多媒體關注，我們不常聽到的是另一種行為傾向。有些人會以相反的方式來反應。在這波疫情的第二階段，整理、清理、清除與讓一切井然有序的行為也驟增了，松鼠不會練習收拾東西的魔法，但我們會。

給救世軍的捐贈物多了兩倍。二〇二〇年七月到九月，紐約市的人丟棄的非垃圾物品數量增加了大約一〇%。轉售專家協會（Association of Resale Professionals）的執行長告訴《紐約時報》：「每個人都要負擔太多接踵而來的商品，這是我們這一行過去從未有過的經驗。」有些二手商店必須租用實體儲存空間，來整理所有捐贈物。有些人清理的理由跟其他人購買的理由相同，如同一名在疫情期間清理物品的人說的：「我現在感覺平靜多了。」

普雷斯頓花了許多年研究這種行為，她的努力讓大家了解許多人經歷的購買與清理的循環。

普雷斯頓解釋，過度囤積與極簡主義兩者「經常是由想把每一件事做到好的完美主義所驅使的，有一種焦慮存在。但極簡主義者與過度囤積的人不同。過度囤積者的焦慮是擔心自己會犯錯並需要某件東西，因此一再蒐集物品。但（極簡主義者）會有的，則是一種對於混亂與許多無法逃避的事物的焦慮。」無論是因為害怕有一天可能會需要而在家中保留各種零星雜物，或是盡全力追求極簡主義，「這種行為幫助人們找到一種控制。」她說。

這就是為什麼盲目追求更少是行不通的。極簡主義在我們於線上分享的照片中看起來很好，但並未解決我們認為它會解決的根本問題。就像成癮一樣，比較好的問題是弄清楚表面之下隱藏著什麼。我們為何一開始就想要「更少」？

「每個人都感到有一點壓力，因為我們都很努力工作。」普雷斯頓告訴我。「然後到處都能取得便宜且豐富的商品，我們看見許多人被困在用物品來滿足感受的循環中。」可能是買很多、買一點點、累積、整理或極簡化。「但你會被困在一種終究讓情況變得更糟的循環中，最後會傷害你的生活品質。」普雷斯頓說道。

澤拉說她現在感覺自己似乎到達了「擁有足夠」的微妙平衡。「我現在處於一個相當好的位置，」她說。「我沒有太多東西，那是一定的。但我也不覺得在自我剝奪，我擁有的一切都有其目的，我很感恩。」

在我們健行時，我深思澤拉的方法。「我感覺妳並未擁有物品，」我說。「比較像是妳擁有『裝備』。妳擁有的每一件物品都有一個更高的目的，有時是多重的目的，幫助妳去做讓自己感覺有活力的事，比如採集鹿角。」

她想了一下。「是啊，」她說。「我沒那樣想過，但我確實主要是擁有裝備，而非物品。」

最後一個下午時，我已經對採集鹿角感到厭煩了，我們什麼都沒找到。如同賭場從早期的吃角子老虎機所學到的，接連輸太多次會讓人們放棄玩遊戲。

但接著我們往下朝著一片濃密的松樹與茂密的枯灌木叢走去。澤拉感覺這個區域似乎是「準備好讓駝鹿死去」的地方。

「你看。」她說。前方十五碼處的地面上有兩支鹿角高高升起，灰白的顏色與曲線在周圍豎起的棕色垂直細枝當中顯得很突出。她大跨步地走向它們，推開茂密的灌木叢。

澤拉站在鹿角的上方，接著握緊拳頭、擺動手肘，像剛踢進關鍵性一球的世界盃足球選手。那是一副完整的公駝鹿頭骨，還有完好無缺的兩支鹿角。中大獎了。

她抓住鹿角的眉枝，那是駝鹿眼睛上方長出的鹿角。頭骨被擱在她的肚子上，白色與暗色的鹿角主幹柱狀部向前突出，橫掛在四呎遠的空中。

她的笑容像個孩子，充滿迷戀與喜悅。「好美，」她低聲說道。「太令人興奮了。」

我們的努力、計算與堅持提供了極其迷人的東西。現在我了解採集鹿角，我改變態度了。「我們還剩幾小時的天光，」我告訴澤拉。「我們繼續吧！」

兩小時後，我們來到對面的峽谷，就像那邊所有的峽谷一樣植物蔓生。我必須朝四面八方彎腰，才能通過濃密的樹叢。澤拉注意到一處空地上有某個灰白色的東西。

是一隻羊的頭骨，最終的發現。她跑向它，我緊跟在後。但當我們距它只有幾碼的時候，她回頭望著我。「喔，不。」她說。「不，它很舊了，角已經腐爛了。真傷心，真的很令人傷心。」最終的發現其實是最終的跡近錯失，就像五個下注符號中的四個排成一排，而第五個就是高了一點點，無法完成大贏的局面。

最後一晚，我們坐在火堆旁，一陣寒冷的微風讓火堆的松木煙旋轉起來，不時吹到我們的臉上。

「妳介意我問妳一個有點奇怪的問題嗎？」我說。「當妳在尋找鹿角時，感覺像是什麼？」

澤拉凝視著火焰。「我百分之百處於當下，除了正在做的事情之外，任何事我都不想。」她說。「我不會去想未來可能存在什麼，以及過去發生什麼。我只是百分之百地在那裡，非常自由。」

然後她必須指出顯而易見的事。「我也非常清楚，那裡吸引我的，在那一刻，真的就是尋找這些從動物頭部脫落的生長物。可能有點怪異，其實是非常怪異。」

她繼續說道：「但我在搜尋時，懸疑感不斷擴大。在當下，搜尋是如此具有挑戰性，但真正的喜悅是在發現一具鹿角前的五分鐘，當我來到一個區域並想著：『這塊區域看起來很棒。』如此無法預測，我可能認為正在一個好區域，卻什麼都找不到。但我是在追求一種持續的希望，如果每次走到那裡都能找到一具鹿角或頭骨就不好玩了，會失去它的目的。」

「當我找到鹿角或頭骨時，感覺非常有成就感，給了我一個成功的標記，以及身在那裡的人為目的。到這裡不是為了找到鹿角，大部分鹿角都送給別人，我是為了這種有趣、完全投入、身在其中的時刻。」

她停下來看著我，我在整個過程中一直點頭。「就像腦中一個不同的部分打開了，那件事對心理健康的作用，讓我得以存在於這些搜尋的當下，就是這件事的重點，我知道這很奇怪。」

澤拉在做的事比較像是極端清醒。

我向她描述匱乏循環，告訴她，贊托的工作，以及這個循環之所以如此強大，是因為它的進化是為了讓我們生存。我解釋雷德與賭場業如何利用它，以及現在如何被許多吸引我們的科技所使用與增強。

「啊，所以那幾乎像是荒野是我的賭場，而採集鹿角是我的吃角子老虎機。」她說。

澤拉以一種給予自己目的的方式在使用這個循環，帶領她徹底臨在、花時間待在大自然中、鍛鍊身體與增進心理健康。她把匱乏循環變成一種強大正面的習慣建立循環，一個豐盛的循環。

隔天走出荒野時，我回想起澤拉與我在為這趟旅程收拾行李的情景，遵從她的指引，我的表現出奇地好。

這個經驗引導我想出一個未來購物的原則，我得出的結論是「裝備，而非物品」。物品是一種為了擁有而擁有的所有物，增加我們已經擁有的收藏品。我們經常利用物品來滿足情感衝動，或對社會宣傳我們是某種類型的人。它解決了一個我們意識到的問題，用一點點創意就能解決得更好。

另一方面，裝備有個明確的目的：幫助我們達成一個更高的目的。

這個方法觸及了可以擺脫匱乏循環的三種方式。它消除了盲目購物的機會、無法預測的獎賞，以及快速重複性。一件物品提供的機會轉變成更有意義的事物，無法預測的獎賞變成那件裝備讓我們能夠去完成與經歷的事，而在購買前暫停下來思考「裝備，而非物品」，則減少了我們的購物量。

澤拉的裝備就是她留在背包裡的物品，她沒有擁有太多，也沒有太少。她擁有裝備：讓她落入豐盛循環的實用物品，那個循環啟動了她的身心，並帶來深刻的滿足。

對其他人來說，「裝備，而非物品」的想法，有助於我們離擁有自己的隱喻性物品背包更近一步，能引領我們活得更投入、更有意義——即使我們的背包是一棟房子。

CHAPTER 10

資訊

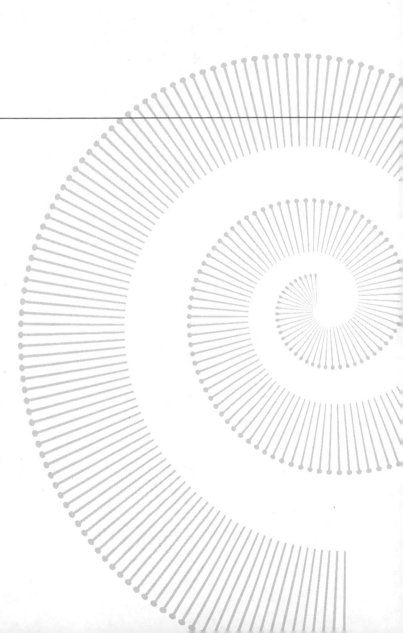

Information

我第一次遇見太空人馬克・范德・海（Mark Vande Hei）是在外太空，他正在低地球軌道上，在地球表面上方兩百五十哩處，以一小時一萬八千哩的速度繞行地球。我則坐在位於拉斯維加斯的辦公室，牢牢地站在地面上，透過超強大的視訊會議電話跟他說話。

范德・海是個星際耐力狂，曾參與國際太空站[註1]五次不同的探勘，累計在太空中停留了五百二十三天八小時五十九分。因為二〇二一與二〇二二年之間一次為期三百五十五天的任務，他是在太空停留時間最久的美國人。

為了讓太空人在長時間的太空停留中保持樂觀與心理上的投入，美國太空總署（NASA）會跟太空人想要談話的任何人聯絡。在太空中，范德・海喜歡聽我上一本書《勇闖阿拉斯加三十三天》（*The Comfort Crisis*）的有聲書，很感興趣，想跟我聊聊，美國太空總署就促成了這件事。

美國太空總署在休士頓的人員安排我在早上八點零五分與范德・海談話。我提前十五分鐘登入電腦，一邊等、一邊在網路上閒逛。容我補充一下，我很懷疑，我家附近環繞著崎嶇的沙漠山峰，幾乎無法獲得足夠的手機訊號服務來跟街上三哩遠的人訂披薩。而在這裡，我們卻想與在繞著地球飛馳的人造小行星裡的人進行現場視訊會議。

「嗨，」我聽見一個聲音從喇叭中傳來，於是點擊影音播放APP。「謝謝你抽出時間跟我說話。」

范德・海就在那裡。我知道這不是放長線釣大魚的騙局，因為那個人在漂浮，真的。他的打扮很休閒，穿著棕褐色長褲與下襬塞進褲子裡的藍色T恤。現場視訊的畫質出奇清晰（你的納稅錢正在努力工作）。

他以快速帶我參觀太空站來作為這通視訊電話的開場。

國際太空站的內部看來像是喜歡白色的科技囤積者設計的，每一處表面都覆蓋著一系列電線、開關、按鍵、螢幕、儀表盤、管子與控制面板。因為沒有重力，就沒有天花板或地板這樣的東西。全部都是牆壁，沒有真正的上、下或側面。

他帶我參觀廚房，那可以說是宇宙中最乾淨整齊的廚房了。乾燥的食物裝在袖子形狀的獨立包裝裡，像稅務文件夾般排列在金屬抽屜裡。接下來，他帶我去到存放太空服的房間，然後是健身房。裡面的每一面牆上都裝著奇怪的機械。俄國太空人拜尤塔・杜布洛夫（Pyotr Dubrov）在攝影機畫面裡呈水平地站在牆上，在健身房的先進電阻鍛鍊設備（Advanced Resistive Exercise Device）上做深蹲，這個設備使用真空密封的汽缸來製造高達六百磅（約二百七十二公斤）的阻力。

在我們九十分鐘的談話中，范德・海會繞行地球整整一・二九圈。太空人繞行地球一周的速度很快，以致他們一天可以看見十六次日出與日落。

「我們在這上面的主要活動是科學，」范德・海告訴我。「為了取得資訊。」國際太空站的太空人最近在太空站上對DNA進行了定序，研究了重力對視覺神經的影響，觀察了火在零重力

1 譯註：International Space Station，簡稱ISS，地球軌道上最大的衛星，也是太空中最大的人造物體，大小約有一個足球場大。國際太空站在距離地球表面四百公里的軌道上運行，以每秒約七・七公里的速度繞行地球。

環境下的行為表現等等。在太空中，我們在地球上忽略並視為理所當然的系統表現出不同的行為。范德・海解釋，我們需要解讀這些差異，以便成功深入太空，了解自己與我們的未來。

「每天我都會學到一些新事物。」他說。「科學背後的整個理念，就是進行與學習新事物。去探索與得到不同觀點的渴望與機會，驅使我成為一名太空人。探索就是關於新的經驗與尋找大問題的答案。」

他承認這種探索不總是那麼容易。太空人必須犧牲很多，才能拓展人類理解的新領域，包括花一年的時間遠離家人，被關在大小如波音七四七客機、巨大、亮白、吵雜與不舒服的船上，當中的心理負擔，也加上身體的負擔。「出一次任務，我大約會掉八%的骨質密度。」范德・海說，意思是他會帶著百歲老人的易碎骨頭回到地球。他將必須限制跑步一段時間，並且要花一、兩年的時間來恢復骨質密度。到達火星——至少要花三年的一項任務——的速率限制步驟之一，就是想出維護人體的方法。

但范德・海表示，那些困難是完全值得的。「我給你看一些東西。」他說。

他放開手中的電腦，把它輕推過一條長廊。國際太空站亮白的牆面變暗。螢幕穩定下來，范德・海回到螢幕前，手拿著電腦面對他。

「這是地球。」他說，把鏡頭轉了一百八十度。

四分之一的圓掛在無盡的虛空中，一道細細的藍線把那四分之一的圓與黑暗的虛空分隔開來。

「那道藍色的光澤就是大氣層。」范德・海說。那是我們與熾熱的死亡之間唯一的東西。「那就是我們居住的地方，我們不是住在地球，而是住在大氣層中。」我的家、你的家，我們的家。

「現在，我們正在飛越加拿大、密西根與五大湖。」他說。密西根州的「手套」註2頂端與上半島大多被白雪覆蓋，其中夾雜著一些棕色的不規則碎片。五大湖的岸邊呈現海藍色，如煙般散出進入大量金屬藍色的水域，向西則顏色變暗。

我努力思考過，生命是否來自虛無，沒有什麼意義，也沒有要行進到何處。嗯，好吧，從這個視角看地球，讓我深刻地思考，一切都有某種更高的秩序存在。

聖克萊爾湖（Lake St. Clair）煥發出一種淺藍色。底特律河（Detroit River）從中發源，把與它同名的城市一分為二，並流入伊利湖（Lake Erie）。如果我能提供未來的希望，以及要保持善良且樂於助人的一個理由，那就是：即使是底特律，從這上方看起來也很美。

范德・海一定早就知道這個有利的位置能影響人，他沉默了一會兒，讓我去領會。最後，他的聲音又出現了。

「第一次執行太空站任務後，我會說，從太空站，你無法把星星看得很清楚，因為地球內部有太多燈光。」他說，鏡頭依然指向地球。「但後來，我開始在其他人醒來前半小時上來這裡。我會把燈關掉，只是睜開眼睛坐著，有點像是在冥想，不去想太多，只是試著沉浸其中。一開始頗具挑戰性，但最後令人驚嘆。我的眼睛會慢慢適應。太空其實不是我在第一次任務後向人們描

2 譯註：密西根州由上下兩個半島組成，下半島因地形像連指手套而被稱為「手套」。

述的那樣漆黑一片，對我來說，我們平常視為單獨的星星似乎並不是那樣。我能開始看見距離超遠的微弱星星，數量之多，比較像是深淺不同的灰色、白色與黑色，比較像是一種紋理、一張網。那改變了我對感知、人類知識的極限，以及還有多少事物要去探索的想法。」

太空人追隨著一長串的探險家。科學家相信生命存在於地球上已經三十七億五千萬年。生命始於海洋中的一個細胞，但部分是拜探險之賜，那個細胞隨著時間推移而變形，演化成所有曾經存在的細菌、蟲子、鳥類、魚類與動物。我們的物種——智人，在二十萬與三十萬年前之間從這個序列中出現。

探索總是富有挑戰性，但它是動物進化與改善生活必須去做的事，人類是這個故事最偉大的實例。

未知大聲呼喚著我們，讓自己變成已知——去找到機會與進步。但如今豐盛與匱乏循環正結合在一起，以影響我們的方式，改變我們對取得資訊與探險的動力。

• • ● ● ● • •

沒有其他物種像人類這樣探險。大多數動物都待在天生所屬的範圍，且一代接著一代地守在那裡。其他物種即使在遷徙或分布時，也是在可預測的區域中進行，像是北美馴鹿不會移居到邁阿密，企鵝也不會行進到明尼蘇達州，虹鱒更不會游到紐澤西州的海邊高地（Seaside Heights）。

即使曾廣泛分布的動物也不像我們這樣探險。例如，狐狸在全球各地都有，但在分布的時候會改變，因此有二十三種不同類型的狐狸，像是孟加拉狐、北極狐、赤狐、島嶼灰狐、潘帕斯狐等等，每一種都有自己的環境利基。

同時，如今只有一種人類——智人。我們可以前往或住在任何地方，我們曾登上地球最高峰，潛入海洋的最低點；我們在北極建造了五十多個活躍的研究站，在亞馬遜叢林最濃密的地帶設立前哨基地，在理應沒有生物的沙漠中建造了現代都市。

我們珍惜能這麼做的能力。許多最偉大的故事，都是某個平凡人的故事，他進行史詩般的探尋，遭遇未知，體驗轉變到更高意識狀態的經歷。我們稱之為英雄或女英雄的旅程，存在於所有文化的故事中，《奧德賽》、《天方夜譚》、《白鯨記》、《黑暗之心》、《吉爾伽美什史詩》（*Epic of Gilgamesh*）、《愛麗絲夢遊仙境》、《魔戒》等等都是。

我們成為偉大探險家的道路，花了超過三十億年的時間。為了了解它，我打電話給尼爾・蘇賓（Neil Shubin）。

蘇賓是芝加哥大學的演化生物學家。在工作上，他研究地球上的生命及其形成過程。在週末，他是個中西部的模範父親，在青年足球賽中擔任許多兼職工作。

這也是想像蘇賓身在地球上最原始的地方很奇怪的原因，那裡是：埃爾斯米爾島（Ellesmere Island），加拿大北極地區一大片無人居住的凍原與冰雪之地。那是北極群島的一部分，在加拿大北部海面上的一群島嶼，是地球上位置最北的土地之一。

「這座島是一個高海拔的北極沙漠，」蘇賓告訴我。「想像一下美國西南部——紅色砂岩、孤峰與臺地——但是處於北極景觀中，有冰川、冰、凍原與北極熊。」

二〇〇四年，一架直升機把蘇賓與他的科學家小隊載到這座島的西南角，他們到那裡是要搜尋一些已死亡數億年的東西。過去六年裡，蘇賓每年七月都在埃爾斯米爾島度過。他在這些搜尋上已燒掉了數百萬美元的研究補助金，什麼都沒找到。

但蘇賓沉迷於人類手臂的迷人特徵。我們的手臂構造就像這樣：一塊骨頭附著在軀幹上（我們的肱骨），兩塊骨頭再附著在那塊骨頭上（我們的橈骨與尺骨），一小團骨頭再附著在那兩塊骨頭上（我們的手腕），然後我們的手指再附著於那一小團骨頭上；與蜥蜴、熊、狗、貓、獅子、老虎……的手臂結構**一模一樣**，每一種陸地上的動物，都有這種一塊骨頭、兩塊骨頭、一團骨頭到手指的結構。

同樣的情形也出現在我們的腿、肺、肝、眼睛、耳朵、嘴巴等等上面。我們看起來非常不同，但所有陸生動物都有類似的結構，就像牠們身體的藍圖。但那個藍圖從何而來？一定來自某個東西。

蘇賓就是在埃爾斯米爾島找這個東西，透過檢視較古老與較年輕的化石，他已推斷出這個東西是在約三億七千五百萬年前出現的。但是，隨機挖掘化石就像對著一個地球大小的鏢靶射飛鏢。埃爾斯米爾島擁有三億七千五百萬年歷史的沉積岩，是那種可能含有化石的岩石類型。而那些三億七千五百萬年的岩石是裸露在外的，沒有被草或商店街所覆蓋。

而如果那些裸露在外的埃爾斯米爾島沉積岩中包含了那個理論上的東西、那張藍圖，蘇賓又找到了，就是有史以來最偉大的發現之一，那是科學上奮力一搏的努力。

但二〇〇四年是「生死攸關的一年」。蘇賓告訴我。「我們的錢快用完了。」出資方跟賭客一樣，如果接連輸太多次，就會停止付錢，而所有跡象都指向另一次失敗。

在島上最後幾天的其中一天，蘇賓在一座採石場的底部。那地方就像火星的表面，一堆堆火紅色的岩石被萬花筒般的藍色與白色冰雪覆蓋著。他正在做過去六年來幾乎每一個七月天都在做的事：四處敲打岩石與冰，尋找那個理論上的東西，並苦惱著另一次失敗的探險，以及掉入被遺忘的科學家大泳池中，那些科學家無法證明自己遠大的想法。

當白色的冰雪敲擊鋤頭，他注意到一塊冰覆蓋著一些岩石，就像其他被他捶打的冰塊與岩石，但無論如何他還是捶打下去，並且「看見了我永遠不會忘記的東西」，他告訴我。

鱗片。他以前曾在這座島上發現許多有鱗片的化石，但這些鱗片不一樣，不是大而平滑的，反而像排列在泥磚屋頂上小而粗糙的陶土瓦片。

他的心跳開始加速。他捶打更多次，更多鱗片出現，再來是更多捶打。然後是一個重大發現：一副驚人的下巴。

動物出現在陸地之前的生命歷史基本上是這樣的：大約一百三十八億年前，宇宙大爆炸發生，創造了外太空。隨著時間推移，銀河開始形成。地球約在四十八億年前形成。我們的星球是顆不適於居住、不斷在改變的堅固球體，但很快地，一道大氣層包圍了這個球體，接著水淹沒球體崎嶇不平的表面，並填滿低窪地區，創造出海洋與湖泊。

生命大約在三十七億五千萬年前形成，以一個單一微小細胞的形式出現在海洋中。最後，大約八億年前，這些細胞中的一些開始聚集在一起，人多勢眾地找到更多資源與安全。這些細胞群體最後在較大的群體中分裂成較小的群體，並擔負起特定的工作，例如其中一些群體感知到食物的位置，其他群體則協助處理那份食物。這意味著這些小群體成為一個較大身體中的器官：大腦、消化道與其他。我們就是這樣獲得了第一批動物。

到了五億八千萬年前，各種怪異的水生動物遍布海洋，牠們的身體形狀像海綿、緞帶與多刺的魔毯。這些海洋生物最後開始發展出用於保護的殼與尖刺，以及形狀扭曲的頭與尾巴，以便快速移動與猛烈攻擊，殺死並吃掉其他生物。

然後，大約四億年前，蘇賓告訴我：「陸地上有了一個能讓生物生活的地方，植物與昆蟲已發展出根系與土壤。因此在陸地上有了全新的生態系統可供探索，但是大多數的生命仍是在水中演化。」

「這些水域如今完全是一個『魚吃魚的環境』」，蘇賓說道。「有小魚和大魚，但幾乎都是掠食者。我說的是**大魚**——十五呎長（約四・六公尺），有著如鐵道釘般大小的巨齒。」

就像蘇賓在埃爾斯米爾島上那座採石場中低頭凝視的牙齒。

蘇賓與團隊小心地開鑿出那個已經化石化的生物，把它帶到實驗室。那隻魚看起來像是鰻魚、鱒魚和短吻鱷的雜交種，將近十呎長（約三公尺），是牠的時代中真正的弱者。對這隻魚來說，資源是匱乏的，生命是危險的。更大、更快的魚試圖吃掉這隻魚或牠的食物，但這隻魚有一項特殊的資產：奇怪的鰭。

這些鰭的構造很獨特——一塊厚厚的骨頭附著於兩塊骨頭，再附著於一團骨頭，再附著於一些像手指般的東西。這讓這隻魚得以把自己支撐起來，搖搖擺擺地沿著海床行進，就像鱷魚走路的方式。

有一天，這隻魚利用這些特殊的鰭搖搖擺擺地走出水面，走上陸地，那是地球歷史上最偉大也最重要的探險遠征。這隻魚是最初的埃爾南多・德・索托[註3]或費迪南・麥哲倫[註4]——朝未知前進，以獲得可能為其帶來更好生活的資訊。這個生物會發現，陸地提供了更多。更多食物，更多資源，更多安全。

透過這麼做，這隻魚把一張藍圖帶到了陸地上。

蘇賓把這隻魚命名為「提塔利克魚」（Tiktaalik），在因紐特語（Inuit）中，意思是「大型淡水魚」。現在科學界已普遍接受提塔利克魚的手臂、肺、脖子、牙齒、鼻子、眼睛、耳朵等等，為人類的手臂、肺、脖子、牙齒、鼻子、眼睛、耳朵等等提供了藍圖，也為其他曾生活在地球上的動物提供了藍圖——從迅猛龍、海鸚到獅子、老虎與熊。提塔利克魚給予地球上的生命一個相

3 譯註：Hernando de Soto，十六世紀的西班牙探險家，曾用了四年時間對今天的美國東南部進行探險。

4 譯註：Ferdinand Magellan，葡萄牙探險家。一五一九年至一五二二年率領船隊首次環航地球。

當直接的基因配方，這個配方只針對每一種生物而進化，以能增加數量與存活下去的方式，如果沒有，就會滅絕。

「這完全不是推測。」蘇賓說道。「這些都是美麗的連結，擁有超過一個半世紀科學研究的多樣證據。」

二〇〇六年四月，蘇賓發表了他對這隻魚的研究，以及它提供的有關我們的事，那篇研究出現在科學期刊《自然》的封面。

除了為其他動物的身體提供藍圖之外，這隻魚可能還擁有某種探索的驅動力，一種對能改善生活的資訊的永恆渴望，也願意持續滿足這種渴望，直到獲得回報。提塔利克魚「在適合探索陸地時擁有正確的創造力」。蘇賓告訴我。「因此牠走出了水面，因為牠希望找到機會。」

機會→無法預測的獎賞→快速重複性

科學家曾經相信飢餓、口渴、性或其他生存需求驅動著人類的一切行為，但是一九五〇年代的哈佛心理學家發現，人類與許多動物都有探索的動力。

這方面的研究已累積多年。二十世紀初，以訓練狗而知名的心理學家伊凡・巴夫洛夫（Ivan Pavlov）留意到，狗有他所稱的一種「偵查反射」（investigatory reflex），那個名詞有點太專業了，因此巴夫洛夫經常稱其為「那是什麼的反射」。當他把狗放到一個新地方，狗立刻就會四處嗅聞——探索資訊以回答「那是什麼」？

他也在自己、同事、朋友、家人身上看見「那是什麼」的反射。科學家開始發現，探索對我們身為人類的發展至關重要，例如新生嬰兒掃描與用視覺探索新景象的時間，比舊景象要長得多，這有助於大腦的發展。其他研究顯示，被允許去探索世界的嬰兒與幼童，比受到直升機式保護與大多時間待在相同地方的嬰兒與幼童，發育得更好也更快。探險家孩童更快獲得語言與身體技能，建立更強大的免疫系統，也更了解世界，甚至睡得比較好。

巴夫洛夫解釋，那種反射「在人與動物身上引起立即的反應」，去探索新事物與新地方。之後不久，一九二五年，科學家以巴夫洛夫有關探索的思想為基礎，發現了老鼠會穿越一道電擊牠們的通電鐵絲網，只為了獲得進入新領域的特權。

其他研究發現，為了探索，猴子會讓自己經歷四項地獄般的、令人沮喪的測試，相當於猴子版的律師資格考。

重要的是，這些實驗室動物沒有一隻是飢餓、性飢渴、口渴、寒冷或身處危險之中，都會在食物、性、水與安全等需求都被照顧到的情況下進行探索，牠們只是為了探索而探索。

因此，到了一九五〇年代，哈佛大學的科學家有信心地寫道：「動物行為最明顯的特徵之一，就是探索環境的傾向。據說好奇心會殺死貓，狗會典型地徹底搜尋周遭環境，而猴子與猩猩總是因為不停地調查環境而令觀察者印象深刻。」因此，研究人員宣告：「探索應該被列為一種獨立的主要驅動力。」

雖然人類與其他動物共享這份驅動力，我們對探索的驅動力還是比較強烈——讓我們進入更遠、更深的未知中。正如提塔利克魚擁有特殊的鰭，讓牠能搖搖擺擺地進入廣闊的陸地，人類的身體與大腦也擁有一些特徵，讓我們成為更努力不懈的調查者。

匱乏形塑我們成為史詩級的探險家。回顧第四章，在九百三十萬到六百五十萬年以前，地球如何經歷一次巨大的冷卻期。那時，我們的祖先比現在的我們更像黑猩猩，生活在非洲叢林中，以吃水果為生。但隨著世界變得越來越冷，叢林開始縮小，邊緣逐漸變成更乾燥的林地，果樹減少，水果變得越來越難找到，且只在特定季節才可取得。

在這個新的匱乏環境中，最優秀的探險者蓬勃發展。那些具有身體特異之處，能走過更多地方、站得更高以取得水果的猿類，就能得到更多、更好的食物，得以生存並散播基因。這也是促使猿類演化成人類的開始。

匱乏是行動、發明、思想與在地圖與心理上開闢新天地之母。

隨著時間的推移，物競天擇會發揮作用。我們成為死之華（Grateful Dead）樂團在歌曲〈輪子〉（The Wheel）裡所說的，「一定會走過再多一點點的土地。」我們的祖先發展出可以站得高、用兩腳走路的特徵，而非像多數靈長類那樣透過四肢「用指關節走路」來移動。我們有了足弓、大型膝關節、膝蓋在髖部之下能彎成不同角度、可以面向兩邊側面的大型髖關節、瘦長的腰部、長長的脊椎等等。

直立用兩腿行走，幫助我們走更遠的距離，並解放雙手，給了我們兩項獨特的優勢。

首先，我們可以拿到樹上更多的食物，然後把食物搬回營地。人類是唯一能按照自己的意願長距離搬運重物的動物。之後我們還能搬運工具與其他補給品進入未知的領域，這些工具幫助我們在陌生的地方生存。

第二，行走使我們在走過土地這件事上的效率大為提升，其他猿類行走相同距離所消耗的熱量，是人類的四倍。

直到今天，像是黑猩猩這樣的猿類平均一天只走一哩或兩哩路，而現代的狩獵採集者平均每天走八哩路。但有時我們的祖先在大型狩獵或探險期間，一天會走超過二十哩路。今天，超級馬拉松選手可以在不到二十四小時內徒步走過一百哩路。

耶魯大學的研究人員表示，大規模的徒步旅行創造了一個史詩般的探險回饋循環。我們探險得越多，能得到的資源就越多，特別是來自食物的資源。我們能得到的資源越多，越能促進不可思議的大腦的發展。不可思議的大腦發展得越多，我們就越能想出探索新領域的方法。

這可能就是，步行時開放地注意世界，之所以直到今天還能強化創造力、專注力與理解力的原因。最近刊登在《心理學研究》（*Psychological Research*）期刊的一項研究發現，一群自由走動、意識放在開放世界的人，在一項創造力與點子的測試中，得分明顯高於那些一邊走路、一邊專注於手機的人。另一項研究發現，步行二十分鐘的孩子，能提高專注力與了解複雜資訊的能力。科學家寫道，沒有焦點的行走「有助於認知健康，而且或許對一生有效率的（大腦）功能是必要的。」步行時提高的專注力與創造力，可能幫助我們注意到重要的地標、想像出走得更遠的方式，並在探險中生存下來。

許多動物擁有幫助牠們在某個特定地區茁壯成長的特徵，例如一隻北極狐的白色毛皮。但是大腦讓我們成為通才，我們可以有創意地思考，並想像工具的獨特用法。其他動物可能把倒下的樹視為地上的障礙，而人類卻能想像用石頭挖出那棵倒下的樹，放入水中作為一艘獨木舟。等獨木舟放到水裡，我們仍會繼續抽象地思考要到更遠的地方，會夢想著像是裝上一面帆與一支舵之類的點子。

正如諾貝爾獎得主與馬克斯普朗克進化人類學研究所（Max Planck Institute for Evolutionary Anthropology）的所長史萬特・帕博（Svante Pääbo）跟《國家地理雜誌》（*National Geographic*）所說的：「沒有其他哺乳動物像我們這樣四處遷徙，我們跨越邊界。即使所在地擁有資源，我們仍會進入新領域。其他動物（遠古人類物種）不會這樣做。尼安德塔人存在了數十萬年，但從未擴散至全世界。在僅僅五萬年之內，我們的足跡就遍及四處。這其中有一種瘋狂的成分。航行出海，你不知道另一邊是什麼，而現在我們還要去火星。我們從不停止，為什麼？」

到底是為什麼？我們在尋找什麼？科學家現在認為，探索的驅動力終究是一種對資訊的追求。

布朗大學醫學院（Brown University Medical School）的心理學家賈德森・布魯爾博士（Dr. Judson Brewer）告訴我，隨著人類的演化，匱乏大腦發展出一種對資訊的渴望，特別是改善生活與增加生存機率的資訊。

擁有更多資訊可以大大降低我們隨時死亡的可能性，例如，想出下一餐要從哪裡來，發現有食物與其他資源的新區域，知道一場暴風雨是否即將來襲，了解其他人的動機，或是預測未來，都是值得的。得到的資訊越多，就越有可能獲得食物、性、物品、地位與更多，並且避免可能被殺死的情況。

這就是哈佛電腦認知神經科學實驗室（Harvard Computational Cognitive Neuroscience Lab）的研究人員湯米・布藍查德（Tommy Blanchard）指出人類是「資訊消費者：搜尋與消化資訊的生物，就像食肉動物狩獵與吃肉一樣」的原因。

搜尋未知領域去尋找資訊，支配著匱乏循環，由對更綠的草的渴望與好奇心所驅動，需要心靈與身體的深度參與。我們必須全力以赴，從家裡出發，進入深淵。我們什麼都不知道，可能到來的事物是無法預測的，越過山丘之後，可能是一大群我們能吃的動物——或是想吃掉我們的動物。

我們會繼續探索——重複這個循環——直到找到那片更綠的草地並得到獎賞，也就是說，直到意識到其他地方可能有更綠的草地，把我們用力推回機會與無法預測的獎賞的循環中為止。

科學家甚至發現了一種稱為DRD4-7R的基因，與探索和冒險意願有關，還替它取了一個暱稱，叫「愛旅行基因」（wanderlust gene）。

但這個基因不只與探險有關聯。科學作家大衛・多布斯（David Dobbs）解釋，這個基因似乎「讓人們更願意去冒險，探索新的地方、想法、食物、關係、藥品或性愛機會，以及廣泛地接受移居、改變與冒險。」

美國太空總署曾發表一份官方的解釋，說明：「人類受到驅使去探索未知，發現新世界，突破科學與技術限制的疆界，然後進一步向前推進。幾個世紀以來，這種探索和挑戰已知與曾到過之處疆界的無形欲望，已對社會帶來了好處……好奇心與探索對人類的精神極為重要。」

甚至對我們的生存也是如此。哲學家法蘭克・懷特（Frank White）在深具影響力的《綜觀效應》（*The Overview Effect*）一書中寫道：「太空探險或許是人類生存與進化的關鍵，甚至不止於此……向外探索太空不只是要利用地球之外的資源，並在地球上創造機會。相反地，我們是在為一系列的新文明奠定基礎，那是人類社會進化符合邏輯的下一個步驟。」

當范德・海與我仍在眺望著那四分之一的地球時，他表示自己同意懷特對太空探險的希望，但有一個警告。

「在理想的情況下，有一天我們將在太空探險上取得成功，時間長到足以讓我們離開地球越來越遠，抵達並居住在其他地方。」他說。「但即使我們找到了像樣的環境，也無法想像它們會像地球一樣舒適，因為我們完全適應了在這裡的生活。因此我們必須認知到，地球是我們主要的存在空間，否則就有拋棄它的危險。」

•••••••

地球仍在即時影像上像螢幕保護程式般地緩慢捲動，此時范德・海要我看向我們能看見的最北端。

「我在明尼蘇達州長大，」他說。「在這裡有許多時刻，我往外看著地球與它寬廣開闊的空間。我會看著明尼蘇達與威斯康辛的湖泊與水道，或是紐芬蘭拉布拉多省的海岸線，甚至中亞的廣袤內陸，它們都是如此空曠。從這上面，你會看見地球大部分仍是沒有人煙的廣大空間。我現在比以前對地球有更大的好奇心，等我回去，我想多出去走走，進入新的區域。」

在今天，大多數人都沒有進行傳統意義上的探險，像范德・海一樣進入外太空，或是像澤拉那樣一年有一半的時間在荒野裡開拓新土地。但我們仍在探險。

我們都是資訊消費者。了解未知的驅動力仍存在於所有人的心中，推動了匱乏循環的無法預測性。它是我們在等待關於結果的資訊時所感受到的那份深刻、焦慮的不舒適感，可能是吃角子老虎機滾輪落下的時刻、大量或不足的按讚數、股票交易APP「羅賓漢」股票的變動，或在交友APP上等待一次向右滑。

但在過去，資訊是匱乏的，受限於我們的感官在當下能親身接受的範圍。我們似乎總是相信更多資訊能改善生活，但也生活在一個資訊匱乏的世界。如果想要新資訊，就得實際「去那裡」取得。

人類進化的時候，整個世界都是空曠且未開發的。七〇%的陸地適合人類居住，剩下三〇%的陸地是科學家所謂的「不毛之地」，冰河、乾涸的鹽灘、海灘、沙丘、岩石等等。這些數字在今天大多仍維持不變，但可能會因為氣候變遷而改變。

得知今天的世界大多仍是廣闊且無人居住的空間，我們可能會感到驚訝。城市區域只占了地球的一小部分，都市、城鎮、村莊只占棲息地的一%，多數棲息地的其中五〇%都用於農業。

剩下的數百萬平方哩，是敞開等著我們大膽前往的地方。光是在美國，就有六億四千萬英畝的公有地，是我們可以探索的、驚人地美麗而狂野的國土，大約有六個半的加州那麼大。但我們很少進入荒野，在國家公園，只有一四%的遊客會走到鋪設好的道路之外的地方。

愛德華・艾比（Edward Abbey）寫道：「你無法從車子裡看見**任何東西**，得踏出那該死的新玩意兒，然後走路，最好是用雙手與膝蓋爬行，越過砂岩，穿過多刺的樹叢與仙人掌。當你的足跡開始留下血跡時，就會看見一些東西。」他有點極端。然而，科學界與思想家早就知道走上人跡罕至道路的好處。研究顯示，在荒野中的時間確實會幫助我們「看見一些東西」。當我鑽研書寫《勇闖阿拉斯加三十三天》時，便知道大自然會深刻改善我們的心理、身體，甚至靈性的健康，越狂野的大自然越好。

除了荒野之外，我們也有數百萬個小城鎮與大城市的街區可以探索，這些地方有不同的文化社群，也讓我們有機會去學習、聆聽、嗅聞、品嘗，並接觸看待世界以及與他人相處的新方法。然而，研究顯示，大多數人都會掉入一種可預測的例行公事中，走同樣的路去工作，並且經常出入同樣的街區、餐廳與商家。

在今天，我們去探索與擴展視野的驅動力並未被馴服。相反地，天普大學的科學家表示，我們探索的方式在過去二十年來發生了根本性的變化，正如我們的祖先在大草原上搜尋資訊，今天我們是在線上搜尋資訊。

很高興聽到，探索亞馬遜網站一台咖啡機最優惠的價格，跟祖先探索非洲大草原是類似的，但也有一點令人沮喪。

現在我們可以隨時隨地、分分秒秒地搜尋資訊與建議，並捲入資訊矩陣中——希望找到更綠的草地，而這是在一個更受控制、舒適、靜態與間接的環境中進行的。

即使是兩百年前，資訊仍然相對匱乏，大多是我們的感官在當下能夠接收到的範圍。世界上大約有一五％的人識字，如果想要新資訊，仍要透過身心的努力來獲得。

直到一八三三年左右，人類的生活都是像這樣，更處於當下且更專注在與當前生活有關的資訊，那是一個名叫班傑明・戴伊（Benjamin Day）的人創辦一家報社的時候。他是第一個意識到「產品」不是他的報紙或新聞，而是讀者與其關注的事，那也是他可以賣給廣告主的東西。他了解到，能聚集越多讀者，每支廣告就能收越多錢。

因此他做了兩件激進的事。首先，為了得到更多讀者，他的報紙比其他報紙便宜六倍，此舉讓更多人買得起他的報紙。他虧錢在賣，但打算在廣告收益中把錢賺回來。

第二，他努力追求那種匱乏大腦會迷戀的資訊類型。當時的報紙報導的是商業這種無聊的主題，戴伊意識到，要聚集眼神關注並靠廣告賺更多錢，最好刊登利用匱乏循環、無法預測特徵的報導。回想一下，我們的注意力會被無法預測的資訊所吸引，這些資訊可能帶來巨大的獎賞，或是痛苦與折磨。例如，看著吃角子老虎機的滾輪排成一排，代表一個可能的大獎，或是聽說有一名連續殺人犯在逃。

戴伊利用了後者。他刊登了負面的報導：重傷害罪、謀殺、欺騙、偷竊、暴行、流血、醜聞等等。

一年之內，他就擁有了紐約市最大的報紙，模仿者也隨之湧現。這開啟了我們現在身處其中的捕捉注意力與資訊經濟的時代。從那時起，便一直存在著一場軍備競賽，重點在利用我們對資訊的渴求，來吸引我們的注意力。如今，約九〇%的新聞仍是負面的。

英國的一群學者寫道，收音機在二十世紀初出現時，「終於解開向大眾即時傳輸資訊的祕密」。廣播節目製作人學到，媒體可以「擁有」人們的一天，為他們提供源源不絕的資訊。後來，我們在一九五〇年代有了電視，那是終極的資訊入口，短短十年內，一般人就從不看電視到每天看五小時電視。

然後，我們有了網路，改變了大量資訊的來源。資訊不再來自某些高高在上的電視廣播或出版公司，網路容許在任何地方、有一具數據機的任何人，成為一家廣播電視台或出版社，把資訊傳送到任何人都可以閱讀、觀看或聽聞的生態系統中。

結果是：在二十世紀初，人類沒有花時間接收數位資訊。到了二〇二〇年代，一般人一天花十一到十三小時，在螢幕上並透過喇叭吸收資訊。如今這些內容中有四〇%是「使用者生成的」，是我們觀看的 YouTube 與抖音影片、我們閱讀的部落格與 Reddit 貼文，以及我們收聽的許多播客。

有些學者估計，我們現在一天接觸到的資訊，比十五世紀的人一生中接觸到的資訊還要多。

許多都利用了匱乏循環，讓我們覺得自以為是、憤怒、快樂、悲傷或正確——一切都是為了讓我們看見廣告。

哥倫比亞大學媒體學者吳修銘（Tim Wu）解釋道：「（廣告商業模式）的後果之一是完全依賴獲得與抓住注意力，代表在競爭之下，比賽會自然進行到底線；注意力幾乎總是被更花俏、駭人、可憎的選擇所吸引。」這無法預測、一點一滴的負面資訊抓住我們，利用了那種循環。

這影響了我們。仔細想想，二〇一三年波士頓馬拉松爆炸案發生之後，加州大學爾灣分校（University of California, Irvine）的研究人員立即調查了兩組人。第一組由觀看了六個小時以上爆炸案電視報導的人所組成，第二組由實際去參加二〇一三年波士頓馬拉松比賽的人所組成。研究發現：第一組人，即狂看爆炸新聞的人，更有可能出現創傷後壓力症候群（PTSD）與其他心理健康問題。值得重申的是：在舒適的家中狂看電視爆炸新聞的人，比**實際遭遇**爆炸事件的人有更多的心理創傷。

另一個例子是：一項調查發現，一群九歲大的孩童在註冊抖音幾分鐘後，這個 APP 就推播暗示新冠病毒是一項種族滅絕陰謀的資訊，像是：「哈囉，孩子們！這是一支舞蹈影片，還有另一支舞蹈影片。你知道新冠病毒是在一間祕密的政府實驗室裡創造出來的，目的是要殺害你跟所有你愛的人嗎？現在，請欣賞另一支舞蹈影片。」

許多現代的資訊都是由電腦、而非人類製造或處理出來的。人類要花好幾天才能完成的資訊計算、製作與分析，現在的軟體在毫秒之內就能完成相同的東西。這有許多好處，例如能執行乏味工作的電子表格，或是能在我們意識到前方有行人之前就阻擋車子的安全系統。但是，我們理解所有資訊，並據此做出決定的能力並未隨之進化，研究這個現象的德國科學家如此寫道。

研究人員解釋，資訊的報酬率會遞減。當我們一無所知時，增加資訊能幫助我們做出更好的決定。但如果繼續累積資訊，就會到達「資訊過載」的狀態。在這個臨界點，更多資訊通常會導致更糟糕的決定。處理的資訊越複雜，我們就會越快到達那個臨界點。

但是，身為資訊消費者，我們並不知道何時會到達那個臨界點。匱乏的大腦仍然渴望更多資訊，因為它是在一個資訊匱乏以及越多越好的世界中演化出來的。

心理學家提供了一個在資訊大海中做出決定的良好經驗法則，與我們用來決定是否應該保留或丟棄一件物品的規則類似，那就是在六十秒之內做出日常的決定。超過六十秒，分析越來越多資訊只會浪費時間，不會帶領我們得到顯然更好的結果。

在過去，我們要嘛接受未知，要嘛就是進入未知中去尋找答案。我們不斷在衡量取捨，決定滿足資訊渴望是否值得。然而，現在不用費力去抓就能止癢，我們卻抓得太用力，搞得破皮流血。

在今天，資訊生態系統已擴展到我們想像得到的任何問題。網路上包含了數十億個答案，關於節食與運動，生產力與人際關係，我們該買什麼產品、該投資什麼股票，該去哪裡吃晚餐或看什麼電影，都有數百萬的點閱率。

這延伸到我們最深刻的問題，像是如何避免死亡，以及生命為何存在，但它也會滲透到已開發國家生活中最微不足道的細節，例如《紐約時報》在二〇一九年刊登了一則標題為〈你在家裡應該脫鞋嗎？〉的報導，那是一篇八百字的專家與科學研究，衡量你在居住的建築物內部時，腳上穿鞋的利弊與細節。

這則報導並不特別。我最近瀏覽《紐約時報》的「聰明生活」版。短短幾週之內，他們就發表了像是「如何購買蛋糕托盤」、「如何在雨中遛狗」、「如何充分利用洗碗機」、「如何共用一張床」、「如何選擇正確尺寸的收納箱」與「如何準時醒來」等主題的調查報導。

我一直以為這些問題的答案是：「買你喜歡的蛋糕托盤」、「穿上外套去遛狗」、「用它來洗碗盤」、「睡在床的一邊」、「選擇適合物品的收納箱」與「用鬧鐘」，但這些主題顯然都有深具強迫性的方法。每一則報導都用了數百個字，引述各種專家與科學的研究，來探討不同的蛋糕托盤、遛狗策略、洗碗機使用、共用床、收納物品與早上睜開眼睛等選擇的利弊。甚至還有一種對「無壓力的藝術品懸掛法」的深入調查，那則報導引述了五位不同的「藝術品懸掛專家」的話，五個人都在幫助你解決一個你可能不覺得有壓力的問題，直到現在……

那不只是因為我們個人無法了解每一件事，也是因為現在有這麼多抱持不同觀點的專家，甚至無法找到對的專家。我們必須從一個領域中上百甚至上千人當中選擇該信任哪一位專家，許多人是完全意見不合的，例如有執照的醫生、營養師、精神科醫生與運動生理學家，可能會告訴我們截然不同的保持健康的飲食、思考與運動方式。

這是哲學家以利亞・米爾格倫所說的「大蒙蔽」。他解釋，今日的世界包含了成千上萬在有利基的學術領域與工作專長（像是藝術品懸掛）中的專家，這些「專家」將太多資訊推向世界，以致人們不可能了解多數主題更深入的細微差異。每年發表的科學期刊論文大約有三百萬篇，數字每年還成長五％。

• • ● ● ● • •

因此，在現代的資訊深淵中，應該如何平衡我們的資訊消費者大腦呢？我二十歲出頭在《君子》（*Esquire*）雜誌實習時，被「大蒙蔽」狠狠打了一巴掌，取得資訊是多麼容易，而這又如何給了我們一幅現實的不完整圖像。那是二〇一〇年左右，一位資深編輯把我拉進會議室，教我如何找到更好的資訊。

那位編輯給了我一項奇特的報導任務，要去弄清楚教宗賺多少錢。其他兩名實習生和我一頭栽進了這項專案中，我們上網搜尋，也讀了一些報導，我甚至還採訪了一位大學的天主教學者與歷史學家。那位歷史學家支支吾吾地給了他們最好的估算。然後，我們把研究檔案用電子郵件傳給編輯，以便他把檔案轉交給一位寫手。

我們立刻收到了一封回信：「五分鐘後到會議室見我。」

那是一天的尾聲，編輯坐在一張長桌的首位，我們進入那間位於曼哈頓中城的玻璃牆會議室時，還能俯瞰第八大道的景色。

我們都在一張椅子上坐下來，編輯久久說不出話來，然後重重地嘆了一口氣。「各位，不行，」

他說。「不行，不行，不行。如果你們想知道教宗賺多少錢，就要打電話去該死的梵蒂岡問。」

「打電話去該死的梵蒂岡問。」+39-347-800-9066。自從那年以後，這句話就成了我腦海中的簡寫，提醒我該如何鍛鍊人類資訊消費者的肌肉。那是我們每次想深入了解某事的時候都應該考慮的一條經驗法則——不斷質疑資訊來源，以及只要有可能，永遠都要找到源頭。

哲學家阮教授解釋，知識與理解之間是有區別的，知識是掌握事實，理解則不同。

「首先，」阮教授在二〇二一年的一篇論文中寫道，「當我們理解某事，不僅掌握許多獨立的事實，還會看見那些事實是如何連結的……其次，當我們理解某事，就掌握了某些內部模型或對它的解釋，讓我們能用來做出預測、執行更進一步的調查，以及對新現象進行分類。」

當我們更努力地直接從源頭去獲得知識時，理解最有可能降臨。可以說是透過打電話去梵蒂岡來實現的，這需要更多的努力與更深入的探索。有意願去到那裡，拿起電話，或至少閱讀一份主要來源，例如一份研究報告，這會帶來更深入、更正確的理解。

想要知道某個東西的外觀或感覺如何？就去看或體驗它。對某人相信的事情感到好奇？就去問他們。在當下親自去做，能揭露更多訊息。

我們渴望資訊，卻偏愛容易取得的資訊。拿起電話或親自去見某人，會比待在螢幕後面閱讀其他人已經解讀的內容要來得更不確定、更無法預測與控制。

這就符合了現象研究人員所稱的「線上大腦」。由哈佛醫學院（Harvard Medical School）、倫敦國王學院（King's College London）與牛津大學等世界最菁英學術機構的科學家所組成的團隊，最近聚在一起研究線上大腦。他們說，網路已用三種方式改變了我們的大腦。

第一，傷害了我們專注的能力。這並不令人震驚，我們的工作和學習裝置與社交裝置相同，也與夢幻足球追蹤器相同，也與電視相同，也與……你知道重點在哪。利用匱乏循環的APP破壞了我們的注意力，並扼殺了深刻理解所需的專注力。

史丹佛大學的研究人員發現，人們在筆電上於不同的工作之間切換的頻率，高達每十九秒一次。超過一半的大學生承認，無法在不查看手機或不打開娛樂畫面的情況下用功念書十分鐘。

線上大腦的第二個影響是，我們已把一些記憶轉移至雲端。這有明顯的好處——像是我們口袋裡現在就有一部百科全書。但壞處是，這可能使我們更難將看似截然不同的資訊片段連結起來，彷彿我們無法取得填滿拼圖所需的碎片。拼圖的碎片不是全都倒出來放在桌上，反而是有些在一個房間，其他在另一個房間。

研究也支持這個概念。有個研究要求兩組人去尋找資訊，第一組人可以使用網路，第二組人則使用紙本百科全書。網路組更快找到資訊，這一點並不令人驚訝。但是任務完成後不久，跟那些使用紙本百科全書的人比較起來，他們正確回憶資訊的能力明顯較差。這份研究顯示，如果想要更記得住資訊，那麼比較費力地搜尋，像是找到對的書，然後在書中找到對的段落，可能是有利的。就像慢食比快食有利，慢資訊通常也比快資訊更好。

第三，科學家表示，網路正在改變社交互動。我們的大腦對線上與實體的社交互動反應似乎很類似，但有些研究顯示，網路的崛起造成年輕族群之間的社交焦慮，從二〇〇八年以來增加了三倍。研究人員指的是「一天二十四小時，一週七天的直接與間接媒體」，這或許是我的許多大學新聞系學生難以與消息來源接觸與談話的原因。當然，線上評論區似乎是可憎的人類行為總部。

史丹佛大學的研究人員報告，網路與其強烈影響人心的傾向無所不在，包括了日常社交、職業、智性與私人的生活。

我跟范德・海談話時提到這個現象。他說：「在過去五年裡，每當我進行公開演講時，都有更多人問我，地球是不是平的。真的，有一陣子，我每一次去一間學校演說時，就會有一個人問我地球是不是平的，我不知道該如何回答。那讓我真正去思考，科學家努力去做的事情之一，是提出一個理論，然後設法去反駁它。因此我們特地去尋找與我們認為的現實互相矛盾的資訊，這就是我們確信自己取得一個可行理論的方式。如果無法找到任何反駁的方法，我們就會對它越來越適應，但仍然稱它為一個理論，因為在未來我們可能會學到更多東西。」

當我們看著不是平的地球時，范德・海繼續說道：「我認為正在發生的是，我們可以取得太多資訊，它們可能是事實，也可能是不正確的。有問題時，我們傾向到網路上尋找只會強化我們已擁有觀念的資訊，你可以輕鬆找到那種強化的資訊，可能對任何想法變得更加堅定。」

阮教授解釋：發現我們所想的是正確的資訊感覺很棒。哲學家艾莉森・高普尼克（Alison Gopnik）甚至稱它為「智性的高潮」（intellectual orgasm）。那是只有以思考維生的人才說得出來的話，但她抓住了重點。那個恍然大悟的「啊哈」時刻感覺很棒，就像中了頭獎。

另一方面，困惑是一種令人不適的提示，告訴我們要思考更多、搜尋更多資訊。當我們找到認為是正確的資訊，不適就會轉變為舒適，「啊哈！」我們驚呼。這帶來的清晰感不僅令人欣慰且感到值得，也告訴我們不用再去尋找更多資訊或思考更多。一旦有了一個「啊哈」時刻，我們就不需要另一個。可以把這想像成飢餓對上飽足，缺乏資訊就像是空腹，找到資訊就像吃完一個漢堡時滿足與幸福的狀態。

這種清晰的「啊哈」感受通常伴隨著真正理解某事而來，但並非總是如此。我們可能對一個主題感覺很清楚，同時又有一點錯了，甚至錯得很離譜。我們都經歷過這種事，次數多到我們不想承認。請記住第七章的內容，對一件事感覺九九％確定的人，有四〇％的時候是錯的。

還有很多地方很容易就看出我們錯在哪裡，例如，橋梁坍塌、牛排的堅韌度像皮革，或髮型使我們看起來像個怪人，我們就能看出有關如何造一座橋、煎一塊牛排或設計髮型的資訊是錯的，但是大多數的決策都是模糊的。

「我們是有限的存在，擁有受限的認知資源。」阮教授在一篇論文中寫道。「在日常生活中，我們必須弄清楚要做什麼：把錢花在哪裡、要投票給誰、支持哪位候選人。我們面對一連串持續的潛在相關資訊、證據與論點——遠遠超過我們能以任何決定性的方法評估的範圍。……要知道我們完全了解了某事，需要進行一次詳盡徹底的調查。」考慮到我們的世界有多麼複雜，這幾乎是不可能的事。

這可能與過去有所不同。對古老的祖先來說，「啊哈」的清晰感相當可靠，因為他們對資訊的追尋是直接的，要嘛找到食物，要嘛沒有；要嘛找到遮蔽處，要嘛沒找到；要嘛是地位崇高的領袖，要嘛不是。因此我們進化成相信「啊哈」的感覺，就是那種清晰的感覺。

但是目前在大多數情況下，我們不一定能選出最好的資訊。阮教授寫道，因此我們使用快速而寬鬆的「啊哈！」清晰感，來做出大略的估計，就是我們已做了足夠的思考並做出了好決定。但是這份「啊哈！」的感覺，在我們發現資訊中的缺陷之前，就停止進行搜尋。

例如，地平說陰謀論者馬克・薩金特（Mark Sargent）跟《CNN》說他的觀點：「你感覺對人生與宇宙有了更好的掌控力，這感覺容易處理多了。」另一名地平說陰謀論者大衛・魏斯（David Weiss）則說：「當你發現地球是平的……你會變得更能掌控自己的命運。」

大多數人不會相信地球是平的，但我們可能太常受到簡單資訊的影響，或者從網路上的愚蠢資訊中得到廉價、無意義的「啊哈」時刻，像是在家中是否應該脫鞋或是該如何懸掛藝術品。當我問阮教授，我們可以怎麼做，他把它拿來與食物做比較。

「如果你放棄考慮營養，要做出美味的食物很簡單。」他解釋道。「同樣的情況也發生在真相上：如果你不在乎真相與細微的差異，要提出吸引人的清晰概念也很簡單。」

他告訴我，我們應該質疑任何能快速輕易地帶來一種清晰感的資訊，那種「啊哈！」的感覺。我們應該利用那個感覺，當作尋找那個資訊可能是錯誤的一些細節的提示，就像打電話到梵蒂岡去問一樣，必須理性對待這一點，否則我們就會發瘋。但是，這對我們想了解的主題來說，是非常重要的。

范德・海告訴我同樣的事。「我認為，這就是找到與自己想法相矛盾的想法能發揮作用的地方。」他說。「你不會想要只是強化一個既定的信念。」

與阮教授和范德・海談過之後，我意識到自己的「線上大腦」正扮演著一個中間人的角色，阻止我獲得真正的新體驗。我們很少再次進入完全未知的世界，好比我無法在做任何事之前不先上谷歌搜尋。

舉一個簡單卻無所不在的例子，一項最近的調查發現，絕大多數的人在看過線上評論之前，不會去一家新的餐廳。資訊消費者的大腦開始運轉，我們想知道我們應該期待的一切，以及應該如何點餐，因此向一名線上中間人諮詢，像是 Yelp 網站。

同樣的狀況也發生在看電影與電視節目、閱讀、旅行、買產品等事情上，如果能事先搜尋與偵查，我們會更自在地跨出這一步。

但問題是中間人並不總是把我們的最佳利益放在心上。賓州大學的研究人員稱線上評論是一把雙面刃。理論上，如果它們能幫助我們做出更明智的決定，那很棒，麻煩的是，他們寫道：「許多線上評論都有一個系統性的問題——往往過度表現最極端的觀點……使得我們很難從線上評論中得知真實的品質。」

以餐廳以及人們可能如何與為何評價為例，當我們評論時，把一次多樣化的體驗歸結為一種星級價值，但人們喜歡或不喜歡一家餐廳，有不一樣的理由。

例如，趕時間的人可能重視便捷的服務，而希望獲得一次漫長曲折經驗的人，可能會因為食物上得太快而感到惱火。其他人可能重視餐廳的氛圍，而另一些人可能只想要好吃的食物，不管餐廳是否跟一間報稅服務中心有同樣的美學素質。有些人可能想要大一點的分量，而其他人可能想要小分量的菜。因此當我們在寫一則評論時，經常會根據自己對餐廳最重視的事情去評論，但是當我們在閱讀一則評論時，卻會假設評論者的價值觀與我們相同。

如果趕時間的人非常快就拿到食物，就會給那家餐廳五顆星；相反地，如果食物來得很慢，她就會給出一顆星的評價。但如果我們不關心食物多久才出來，她的評論就會誤導我們。

或許最重要的是，線上中間人也會改變我們從發現中得到的獎賞，在我們做一切事情之前都先進行搜尋，會扼殺新的體驗。

還記得贊托說過的，我們會從必須更努力去做才能實現的事情中得到更深刻的獎賞。例如，當我們查詢餐廳評論時，就會扼殺好奇心，並消除探索、無法預測性與發現所帶來的深刻獎賞，就像澤拉使用了告知哪裡會有珍貴的鹿角與頭骨的地圖，而非自己去玩那個遊戲；或者我們事先就知道吃角子老虎機的滾輪會如何落下。

我想到，我和太太最愛去的餐廳，沒有一家是從網路上發現的。我們找到最愛的越南餐廳，是透過跟一個說越南語的人聊天，詢問她最常去的餐廳以及原因。我們第一次碰巧發現現在最愛的墨西哥餐廳，是在開車到拉斯維加斯一處舊城區時，看到一家餐廳的招牌上一幅老墨西哥婦女的漫畫與「玉米粉蒸肉」（tamale）這個詞，決定賭一把。

當然，這種概念不只適用於餐廳，也適用於各種經驗。每一次做某件真正新奇與未知的事情時，我們都能成為自己小小的、日常英雄旅程中的英雄。這聽起來有點蠢，但是人類總是從進入所謂的荒野、找到更綠的草地中獲取意義與深刻的獎賞，在這個匱乏的世界裡，我們必須這麼做。

但是今天，進入未知世界可能讓我們脫離匱乏循環，透過匱乏循環的第二與第三件事，能停止廉價資訊帶來的無法預測的獎賞，並轉變成更真實且有意義的事物；也會打斷快速重複性，把快速無意義的資訊，轉變成更慢、更值得記住的資訊。

這是把線上的匱乏循環轉變成真實世界中積極的豐盛循環，就像澤拉沒有帶著地圖去搜尋鹿角一樣，我們可以利用這個循環，建立正面的習慣與經驗，然後以一種更真實又令人驚奇的方式過生活。

• • • • • • •

這並不代表透過網路探險沒有用，也不是說你永遠都不該使用Yelp、爛番茄評分或其他評論網站，但我們確實需要理解其限制、過濾機制、演算法，以及那些可能使我們錯過的東西。多付出一些努力可能創造出豐盛循環，有些科技人員正意識到這一點，並深入思考。那麼，我們該如何平衡新科技與使人類保持健康的事物呢？

我打電話給約翰・漢克（John Hanke），他是領導谷歌地圖（Google Maps）與谷歌地球（Google Earth）開發的電腦工程師。

把整個地球上傳到谷歌地球與地圖之後，漢克想要一個新專案。當時谷歌正要進入擴增實境（Augmented Reality），即AR的領域。AR將電腦生成的內容與真實世界結合，創造出一種互動體驗。漢克是世界地圖軟體領域的第一把交椅，但他是透過設計遊戲才進入科技界。他作為科技創業家賺到的第一桶金，是在青少年時，還住在只有九百八十二人的德州十字平原鎮（Cross Plains）。漢克編寫了一款雅達利遊戲，把它寄給一家銷售讀者設計遊戲的雜誌社。

但是身為一個德州西部的孩子，漢克還參與了體育運動、童子軍活動與四健會[註5]。他留意到，結合戶外運動、探索，以及親近大自然，可以增強身體、心靈與創造力。科技的東西對他來說很簡單，他也很喜歡。但他也意識到，為了得到最佳的健康與幸福，必須用戶外活動來抵消看螢幕的時間。

抱著那個想法，漢克在二〇一〇年創立了Niantic，想把科技與他對戶外探索、活動與社群等好處的想法結合在一起。

「我們建立了許多APP的原型，這些APP與你在地圖上的位置、你所在區域的相關資訊

5 譯註：4-H，美國的一個非營利性青年組織，使命是「讓年輕人在青春時期盡可能發展潛力」。四健代表健全頭腦（Head）、健全心胸（Heart）、健全雙手（Hands）、健全身體（Health）。

有關。」漢克告訴我。「我們的第一個APP叫做《實地考察》（Field Trip）。」

《實地考察》在二〇一二年推出。要了解它，可以想想你上一次的公路旅行。你可能經過了好幾個寫著：「歷史古蹟：一哩」或「文化遺址：二哩」的高速公路路標，或是經過一棟很酷的老建築，它激起了你的興趣，卻不足以讓你停下來，因此你略過了那個地點，沒有得到可能相當迷人的當地知識。《實地考察》APP就像有個見多識廣的導遊隨侍在旁。

漢克說，當你接近一個有趣的地點時，「《實地考察》會提供相關的資訊。我們想凸顯世界上這些隱藏的珍寶。」你可能正在遛狗，而這個APP會提醒你，你經過的房子是法蘭克・洛伊・萊特[註6]設計的住宅，並提供建築與歷史的細節；或者可能會解釋，你此刻站立的角落，是美國獨立戰爭中的重要遺址。

不久之後，漢克意識到兒子的童年與他的相當不同。「那時我兒子十一歲，很愛電玩遊戲，但不是很常出門。」漢克告訴我。「因此我在想，如何利用兒子對電玩遊戲的興趣，同時又能讓他多出去外面探索與活動呢？」

接著便是他的下一個遊戲，名為《虛擬入口》（*Ingress*）。「想法是，我們利用從《實地考察》得到的數據點與有趣的地方，根據這些打造一個遊戲。」漢克說道。

《虛擬入口》利用智慧型手機與全球定位系統把一個遊戲世界疊放到真實世界上。把《虛擬入口》想成是奪旗遊戲[註7]，但發布到整個世界，並且有個科幻背景的故事。玩家選一個隊伍，透過走到不同的區域去「奪取」新區域。

這款遊戲成了一種狂熱崇拜的現象，被下載高達一千萬次，玩家很瘋狂。漢克說，Niantic開始「收到來自人們的訊息，說他們之前都久坐不動，而這款遊戲卻讓他們開始一天走兩萬步」。

那些狂熱的追隨者之一，就是寶可夢公司（Pokémon Company）的負責人石原恆和。寶可夢是全球收入最高的跨媒體公司，從二〇二一年起就超過一千零五十億美金，營收比米老鼠、漫威與星際大戰還要高。一場合夥關係就此蓬勃發展。

「因此我們將許多從《虛擬入口》而來的相同概念融入一款新遊戲中。」漢克告訴我。它使用全球定位系統的數據，把虛擬的寶可夢放到真實世界的有趣地方。玩家一邊四處走，一邊使用那個APP去定位、捕捉、訓練與對戰顯示在螢幕上的寶可夢，彷彿它們是在玩家所處真實世界的位置。他們稱這個遊戲叫《寶可夢GO》（*Pokémon GO*）。

它受歡迎的程度就跟麥當勞一樣。在二〇一六年這個遊戲發行的兩個月內，已經被下載了超過五億次，目前下載量已突破十億大關。

「你認為它為什麼會如此叫座？」我問漢克。

漢克知道利用循環的遊戲會吸引我們。「這些循環模仿真實生活中的獎賞行為，」他告訴我。

---

6 譯註：Frank Lloyd Wright，美國二十世紀最偉大的建築師，著名的作品包括紐約古根漢美術館、東京帝國飯店等。

7 譯註：capture the flag，一種西方傳統遊戲，進行方式是由兩隊人馬互相前往對方的基地奪旗，必須把敵方的旗從敵方基地帶回自己的基地。

「你做了某件事，然後得到一個獎賞，並急於再得到一個獎賞。在真實人生中，可能是得到食物，或做了某件生存所需的事，而你在生理上的進化就是為了得到獎賞。電玩遊戲有點像是複製了那個循環，只是一般的電玩遊戲，只要坐在沙發上就能得到那股推動力：你被升級，感覺更強大，覺得很棒，而且想繼續做更多。但它算是一種欺騙，因為你實際上並沒有做對自己有幫助的事。」

「透過把那個遊戲循環移入真實世界，我們結合了你從電玩遊戲中得到的虛假推動力，以及真實人生中確實對你有益的事。」漢克告訴我。「所以，你抓到一隻寶可夢，感覺很好，但你也可能在戶外走了一公里才能抓到那隻寶可夢。你與五個朋友碰面，想進行團體戰，因為需要好幾個人才能打敗一隻頭目寶可夢。因此你在這個極為吸引人的遊戲循環中，同時也有面對面的社交時刻，你與人們合作，到戶外運動，做了這些人們進化為了保持健康與幸福而做的行為。」

你也探索了世界上的新部分，漢克說道。「我們從《實地考察》APP學到，我們不想隨機挑選地點，把人們送去那裡抓寶可夢，例如不想指引某人去沃爾瑪超市的停車場，而想送他們去歷史標記處、公共藝術裝置或真正有趣的本地企業。我們收到許多人的訊息，他們說了這樣的話：『嘿，我住的鎮上溪邊有一座歷史悠久的磨坊，我不知道關於它的事。我跑去那裡抓一隻寶可夢，發現了鎮上的有趣歷史，看到也了解一個很酷的地方。』」漢克說。

《寶可夢GO》讓許多「沙發馬鈴薯」走到戶外和運動。「許多人基本上沒有動力為了運動的好處而去運動，完全沒關係。但是，這些人會被現在的運動設施排除在外。」漢克說道。「我們的遊戲，像是《寶可夢GO》觸及到很多這樣的人，給了他們一個更好的理由，外出、走動與社交。當它吸引人們並解鎖那一點，情況就可能徹底改觀。」

倫敦政經學院（London School of Economics and Political Science）的科學家研究了《寶可夢GO》的崛起如何影響憂鬱症的發病率，觀察《寶可夢GO》的使用高峰期之前與期間的心理健康搜尋數據。科學家寫道：「我們認為《寶可夢GO》的問世，這一款鼓勵戶外體能活動、面對面社交與接觸大自然的手機遊戲，可能減輕遊戲玩家非臨床形式的輕度憂鬱症。」

這對漢克來說不是新聞，他告訴我，Niantic經常在他們舉辦的社群活動中聽到人們減重超過一百磅、改善了身體或心理健康，或結交了玩《寶可夢GO》的新朋友。《寶可夢GO》玩家共同走了超過一百億哩的路，而且還在增加中。「成了有些人去做健康的事情所需的推動力。」漢克說。

漢克設計了一個等同於父母親把健康的蔬菜偷偷放進孩子的起士通心粉裡的電玩遊戲，把匱乏循環轉變成一種可以幫助人們的豐盛循環。

他意識到大型科技公司利用匱乏循環的強大力量與責任。「科技就在這裡，不會消失。」漢克告訴我。「因此要把它塑造成對我們有幫助、且不會摧毀我們的東西，取決於我們。如果只是不管它，坐視其發展，很多壞事就可能發生。這需要付出大量有意識的努力，不斷地一再重複，才能把它控制住。」

他說：「這種當前網路與消費者科技的表現形式具有潛在的強大力量，因為它能模仿這些為了其他事物而演化、且對我們的生存是必要循環的方式。這些循環目前在本質上被一種虛假的系統所借用，科技系統變得很擅長模仿這些古老的獎勵途徑。我可以告訴你，當你把人工智慧應用到那上面時，絕對很可怕。你可以進入像是抖音這樣的APP，點擊個幾次，它就會確切知道會觸發哪種獎勵，讓你看得更多，它也會給你更多那些東西。」

抖音是目前最善於利用這種循環力量的APP。「最後的結果可能是人們整天坐在房間裡滑影片，沒有好好吃飯，沒有得到教育，不跟人見面，只是某種存在。」

未來將會有比抖音更能加劇匱乏循環的新APP，但也會有APP利用匱乏循環，引導我們去做對自己有益的事，像是Strava與Sandlot，提倡通常以團體形式進行的戶外運動；或是iNaturalist，讓我們走入大自然去發現與學習不同植物與動物的物種。意識到我們何時與為何落入匱乏之循環，並找方法把它轉變為豐盛循環，最終仍取決於我們。

「我們通常不會明白，我們的行為在多大程度上並非有明確意識的選擇，而是由這些被劫持的潛意識化學作用所驅使。」漢克告訴我。「會造成可能被稱為成癮的東西，如果你不想那樣稱呼它，它就是高度受到激勵的重複行為。」

• • • • • •

人生中最偉大的旅程從來都不是已知或舒適的，它們的獎賞不是目的地，也不是那裡的食物、遮蔽處或虛擬寶可夢，而是沿途如何面對未知與不適。它們是成為我們自己故事中英雄的機會，去培養我們希望人類擁有的技能：勇氣、承諾、適應力、韌性等等，以及進行更深層次的參與，同時增進身心健康。

E・B・懷特（E. B. White）的書《小不點司圖爾特》（*Stuart Little*），是關於一隻被人類家庭收養的小公鼠的故事，沒有結局。

懷特後來發表意見，說那個結局令他「很苦惱」。「不是因為我覺得它有什麼問題，而是因為孩子們似乎堅持要把生命整整齊齊地打包好。」他寫道。「我的……讓司圖爾特繼續追尋的理由，是要指出追尋比找到更重要，而旅程比到達目的地更重要。這對年幼的孩子來說，是個太大而無法理解的概念，但我還是把它扔給了他們。他們終究會趕上它的。」

每一次，當我們卸下追尋、消除費力的探索，就等於放棄了旅程。

請記住馬斯洛的需求層次理論，大部分時間，我們以步行探索世界，去搜尋滿足底層需求所需的食物、物品與資訊。

豐盛的世界代表許多人不再需要去做那些事，那是件好事，但仍舊是問題。

這也是一個有趣的機會，如今基本需求已得到滿足，我們可以探索馬斯洛需求層次的頂層，也就是「自我實現」的需求。那片代表意義與幸福的內在荒野，感覺是下一個探索的好地方。

順道一提，教宗根本沒有領那該死的薪水。

CHAPTER 11

幸福

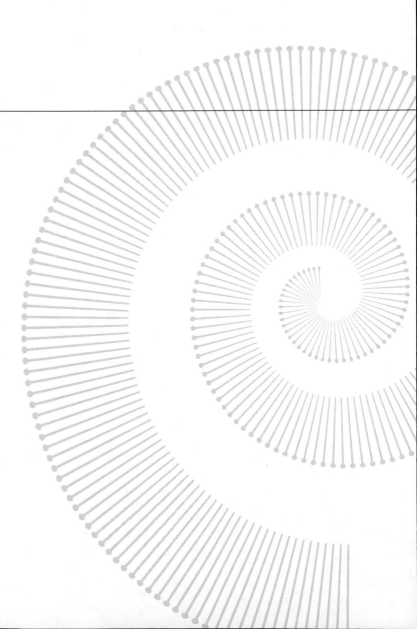

Happiness

布蘭登修士給了兩道清楚的指示，在到達瓜達盧佩聖女修道院（Our Lady of Guadalupe Monastery）之前，我要做兩件事。

他告訴我，第一件事，「你一定要讓自己熟悉《聖本篤規條》（*Rule of Saint Benedict*），那是我們修道院生活的核心。」那是一部兩萬字的宣言，指引修士在修道院的生活。《規條》的第四章列出七十二項「善行的工具」，被定調為「靈性工藝的工具」，基本上是更大的法令與戒律之書當中的規定。

這七十二項規條中，有些是明顯可行的。像是第三條：「不可殺人。」簡單。或是第四條：「不可通姦。」更簡單，我太太是最完美的人，而修道院幾哩之內唯一的女性，是修道院裡的修女。或是第四十五條：「要畏懼地獄。」如果我聽過有關地獄的一切是正確的，它似乎很令人畏懼，當然要認為地獄是可怕的。

但是某些規條就比較微妙了，像是第三十九條：「不當愛發牢騷的人。」和第二十七條：「不可罵髒話。」或是第一、四十一、四十二、四十九、五十八、六十、六十二與七十二條，全都提到「上帝」這個詞，我這輩子大部分時候都與上帝維持一種斷斷續續的關係。

第二件事，我得準備好要做體力活。「一定要帶工作服與靴子。」布蘭登修士說。把你的抱怨與嬌嫩的雙手留在家裡，準備勞動吧，我的孩子。「懶散，」《聖本篤規條》寫著。「是靈魂的敵人。」

不，這不會是那種我花一大筆錢，盤腿蓮花坐，一個禮拜什麼事都不做的修道院僻靜，希望當我終於得以與大師共處十五分鐘後，能得到開悟或類似的東西。

布蘭登修士甚至不會說我的到訪是一次僻靜。自六世紀以來，本篤會修道院一直有接待來賓。《規條》的第六十一章寫著：「如果一名朝聖者……從遙遠的地區來到這裡，想作為修道院的客人住下來，只要他對這個地方的習慣能感到滿足，而且不會用多餘的要求來打擾修道院，只是對所見的一切單純地感到滿足，就可以如其所願地接待他，他想待多久就待多久。」

瓜達盧佩聖女修道院坐落在新墨西哥州（New Mexico）希拉國家森林（Gila National Forest）的邊緣。它是高原沙漠中的精神定錨，固定住這片向北方延伸，由起伏的鐵鏽色山脈、深邃的峽谷、冷杉、雲杉和松樹交織而成的荒野，如一張三百萬英畝的網。要到九千人口的銀城（Silver City），大約要開三十分鐘的泥土山路。最近的主要機場則在車程三小時的德州艾爾帕索（El Paso）。

為什麼要造訪瓜達盧佩聖女修道院，我無法用有連貫性或說服力的話語來解釋。但我想那跟我想探索第六十一章的最後一句話有關：要「單純地感到滿足」。我想開始了解偶然看到的一些研究，它們顯示本篤會修士已用意想不到的方式破解了幸福密碼。

學者已正式研究幸福數十年了，在這些科學家中，有許多人對自己的研究非常有信心，甚至提出了想要幸福就「必須」遵循的具體建議。感覺像是：如果不照著他們說的去做，我們就過不了關，也無法獲得幸福。

但我對這項幸福研究變得有點懷疑，讀過之後，我發現了研究設計上的缺陷，像是研究如何設定、調查的對象是誰、調查的方式是什麼，以及如何衡量幸福；有點類似營養科學的問題。

但它仍然是受歡迎的研究，美國人似乎對於幸福的匱乏循環最為著迷，每個人花在健康產品上的錢多於其他國家。畢竟，「追求幸福」是寫在我們的「獨立宣言」裡「不可剝奪的權力」。基本上，我們已把幸福的匱乏循環寫入我們的定義文件中——不斷追求、追求，再追求。

但是數據顯示，我們遠比其他已開發國家的人更不幸福。根據（相當令人沮喪的）新研究，每一代美國人都比上一代感覺更不幸福。

但也不是說世界上其他地方都幸福無憂，各種數據都顯示，我們正在經歷一種如大衛・布魯克斯（David Brooks）所說的「全球性上升的悲傷浪潮」。英國的研究人員分析了一九六五至二〇一五年間發行的十五萬首流行歌曲的歌詞，他們寫道：「例如，『愛』這個字的使用，在五十年內減少了一半。」「恨」這個字在一九九〇年之前尚未出現在流行歌曲中，如今一年可以在二十至三十首暢銷歌曲中發現它。同樣地，「喜悅」與「幸福」兩個詞減少了，而「痛苦」與「遺憾」卻增加了。另一群研究人員則分析數百萬條新聞標題，發現明顯變得更負面。全球性的不幸福感在二〇二一年達到歷史新高。一項大規模的研究發現，「負面情感——擔憂、悲傷與憤怒——在世界各地都不斷上升。」

但就像齊曼內人一樣，這些修士似乎有自己封閉的生活實驗室。他們的生活方式、找到「單純滿足」的方法，與來自全國各大學設立的「幸福實驗室」的一些建議，並不一致。

我開始閱讀有關聖本篤的生平與思想的資料。在他成長的時代，羅馬及其子民已成為匱乏大腦失控運轉、負面的研究案例，他是如何長大的？但是，本篤成功找到了一個擺脫匱乏大腦循環的方法，他寫道，這種方法既不「嚴酷也不繁重」。

本篤相信，修士與大眾都應該擁有足以符合需要比例的東西，但是不可太多，這個原則適用於一切：食物、財產、影響力與其他類似的東西。

他稱此為「比例」，那是認可每個人都有不同的需求與性情。大多數宗教都宣揚適度或中庸之道，但是本篤了解「適度」對每個人來說都不一樣。對一個人來說的足夠，可能對另一個人來說太多，對其他人來說也可能太少。本篤甚至教導我們，克己以及擁有太少，通常會激起驕傲，一種「自以為道德上高人一等」的自大態度。他認為，擁有太多或太少，都會分散對最終目標的注意力。

本篤明白我們都在追求幸福，那是我們所有行為背後的最大目標，會驅動匱乏的大腦，也會驅動匱乏的循環。但我們共同的悲劇不是找不到幸福，而是在各種錯誤的地方尋找它。如同本篤在羅馬注意到的，我們在物質財產、權力與尊敬，或是吃東西、喝酒之類轉瞬即逝的歡愉中尋找它。我們陷入匱乏循環中，相信**這一次**吃角子老虎機的符號會排成一列，我們會得到永恆的勝利。

希拉荒野的邊緣一片漆黑，我已在旁邊是黑暗松樹的蜿蜒泥土山路上開了將近半小時，開始懷疑我迷路了。

然後，遠光燈照到了道路兩側、兩根二十呎高的灰泥柱子，每根柱子上都有一座十字架。兩根柱子向外擴展成巨大的弧形牆面，右邊的柱牆上有裝飾性的磁磚，描繪出瓜達盧佩聖女的圖像，方形的藍色字母拼寫著：

MONASTERIO（修道院）

DE NUESTRA SENORA（聖母的）

SANTA MARIA DE GUADALUPE（瓜達盧佩的聖瑪麗亞）

我穿越柱子到了另一邊，前方是一座蓋成H形的建築物，兩邊各有至少三十呎高，其中一邊建築上八呎高的細長拱形窗戶照射出燈光。布蘭登修士幾小時前曾發簡訊給我，教我去那座燈仍亮著的建築。

名叫勞倫斯的修士正在裡面等我。

他露出牙齒與牙齦，開心且恭敬地笑著跟我握手。他身穿厚重的深褐色連帽長袍，袍子垂落到地上，蓋住高筒棕色工作皮靴，是那種你會穿去耕田或入侵一個小國家的靴子。

他戴著圓形無框眼鏡，頭髮剃光。如果他沒有穿長袍，我可能會以為他是個正在體驗「力量瑜伽」（power yoga）的科技業工作者。我和他跳上我的車子，沿著泥土路行駛四分之一哩，來到修道院。

這座建築群塗抹著淺褐色的灰泥，屋頂蓋著赤陶土瓦片，質樸的西班牙西南部風格，一座五十呎高的鐘樓矗立在角落。

勞倫斯修士與我走上一段小台階，進入一個拱形的露天入口。他指著右邊有雕刻、中世紀模樣的雙扇門。「那是禮拜堂。」他輕聲地說。「夜禱（Matin）時間是清晨三點二十五分整。」

「嗯，抱歉，但什麼是夜禱？」我問道。勞倫斯修士疑惑地看了我一眼。大多數造訪修道院的朝聖者是天主教徒，因為教宗是天主教徒。另一方面，我唯一參加過的天主教禮拜，是七歲時一位保母拖著我去參加的聖灰日註1集會。

「夜禱是我們一天中的第一場禮拜儀式。」他說。

接著他推開一組更大的棕色雕刻雙扇門，我們便走進了露天迴廊。西班牙磁磚在腳底下感覺很光滑，寬敞、有屋頂的走道勾勒出一處花園區的輪廓，裡面種滿了火紅色與黃色的玫瑰，還有一座裝飾華麗的噴泉。

我們走近另一組中世紀模樣的木門，勞倫斯修士開了門，帶我走進去。

那個房間是長長的矩形，有二十呎高的天花板。硬木桌旁排著等長的手工雕刻木椅，每個座位前方都有一只大馬克杯，上面放著一個盤子。六呎高的十字架懸掛在後牆上，俯瞰著一切。

「這是我們用餐的地方。」勞倫斯修士說。「早餐是早上七點，在早上六點、第二場禮拜儀式『晨曦禱』（Laud）之後。這裡是你的座位。」他說。我甚至還有自己的名牌。「麥可・伊斯特」用古英文字體寫在一塊木頭上。我坐在其中一張桌子的盡頭，旁邊是寫著「保羅修士」的名牌。

勞倫斯修士在我們要離開餐廳時停了一下。「喔，對了，早餐是自助式的，想吃什麼就吃什

---

1 譯註：Ash Wednesday，大齋首日，通常是復活節前四十天，天主教神父會在信徒的額頭上用灰劃上十字，象徵悔改。

麼。」他說。「我們是站著吃早餐，所以不要坐下。」他把門再多打開了一些，又再次停下來。「喔，而且我們吃飯不說話。」

當我們往回走向禮拜堂時，勞倫斯修士安靜地指出建築群中更多的門與通道。有一間廚房，幾間會議室，以及一間巨大的圖書館。居住區在二樓。住在瓜達盧佩聖女修道院裡的四十位修士，每一位都有自己十呎平方大的房間。每個房間裡有書桌、椅子、書架、單人床與衣櫃，衣櫃裡存放修士的四套衣服：祈禱用的兩件黑色長袍、兩件勞動時穿的深棕色長袍，還有殺手級的工作靴。

勞倫斯修士跳進一部九〇年代的豐田 T100 皮卡車，我跟在他後面，沿著泥土路開了半哩，到達客房區。那就像一間「別花太多錢，因為他們可能會拆了它」的 Airbnb 大型出租房產，裡面有一堆宿舍風格的臥房與公用的一切設施。除了聖女貞德或瓜達盧佩聖女的帶框畫像之外，牆上大多是空蕩蕩的。

「修道院院長是聖女貞德的忠實粉絲。」勞倫斯修士一邊說，一邊陪我走過一條昏暗的長廊。他打開我房間的門，裡面有一張單人床、一把木椅、一個木頭衣櫥。沒有電視，沒有網路，我的手機也沒有訊號。

我的計畫是在修道院待一星期，把自己融入祈禱、生活、在土地上工作的修士之中，他們通常沉默不語，遠離社會。

「明天早上見。」勞倫斯修士輕聲說。我聽見他沉重的靴子在走廊上發出咚咚的腳步聲，當他穿越客房前方停車場的泥土路時，靴子發出嘎吱嘎吱的聲音。引擎啟動聲響起，輪胎輾過碎石，漸漸消失在夜色中。

• • • • • • •

十三世紀多明尼加修士與哲學家托馬斯・阿奎那（Thomas Aquinas）這麼說道：「在（人們）無數甚至相衝突的欲望底下，我們可以看見一個欲望，為人類所有的渴望提供了一致性、意義、力量和決定。所有（人）追尋想要的事物都是因為一個理由：他們認為它會滿足自己，相信實現渴望會使自己幸福。」

「幸福，」他寫道，「是所有人類活動的目標。追尋幸福是所有人類欲望、野心得以滿足的共同點。」

一個孩子渴望地看著寵物店櫥窗裡的一隻小狗，他之所以尋找狗，是在尋找幸福。一名礦工在煤礦坑裡苦幹，即使工作是很嚴酷的苦工，他尋找煤礦，是相信工資將會帶來幸福。一個銷售總監努力談成一筆大生意，她在尋求一筆佣金，因為相信那筆佣金終究會帶來幸福。當我們吃下第二份食物、為了激怒某人而在網路上留下侮辱性的訊息、再次於亞馬遜網站購物或做任何事，我們會採取那個行動，都是因為我們認為那會使我們幸福。當我們陷入匱乏循環，就是為了幸福。即使是我們最糟糕的想法，也是在尋找幸福。

但是，為什麼？阿奎那解釋，人們「天生對於幸福所需的一切，有本能的渴望」。

早在一八七二年，科學家就開始證明阿奎那是對的，那時達爾文開始發表他的創見，關於情緒在進化中所扮演的角色。

當人類在混亂的環境中進化時，本書所探討的欲望有助我們生存。每當我們使用毒品，或得到更多食物、財產、聲望或資訊，就會因為愉快或喜悅的感覺而得到獎賞，從而產生「幸福」這種神祕又有價值的感覺。

但是那種感覺轉瞬即逝，明天我們又得再次爭奪匱乏的資源，那是某種匱乏循環。我們會把握機會改善生活，在等待無法預測的結果時懸念，然後在成功時體驗幸福。但是，這份幸福只是短暫的快感，我們會再度被拋回不滿意與渴求之中，進入追尋我們認為能帶來愉快與喜悅的解決方案的下一個焦慮與懸念之中，一輩子都在重複這個循環。

但是這個循環讓我們活了下來。當我們進化時，持續的幸福會殺死我們，在我們的心理硬體中，它比較像是個錯誤而非功能。如果有任何東西可以永遠滿足我們，我們就會放棄承擔生存所需的任務，然後死去。因此我們活在一個幸福的匱乏循環之中。

這就是英國的神經科學家所說的，持續的幸福之所以沒有生物學基礎的原因。科學家仍然無法指出大腦中控制幸福的單一區域，不過，幸福不只在大腦掃描上模糊不清，整體來說也模糊不清。

數千年前的思想家與現代的科學家都曾試圖定義幸福，解釋幸福是什麼，以及如何讓幸福持續，可惜一直不太成功。

在今天，字典定義「幸福」為「感覺或表現出愉悅或滿足」，但是查看「愉悅」與「滿足」的定義，又回頭指向「幸福」這個詞。

其他人也發展過幸福的定義，但是並不令人滿意。希臘哲學家塞內卡（Seneca）說，幸福是「（享受）當下，不焦慮地依賴未來」。戴爾・卡內基（Dale Carnegie）說，幸福是「由我們的心態所主宰」的某個東西。對艾蜜莉・狄金生（Emily Dickinson）來說，幸福「僅僅是活著本身」。對約翰・藍儂（John Lennon）來說，幸福是一把溫暖的槍。這些定義如此不同，並不令人驚訝。

新加坡的研究人員發現，幸福的定義可能取決於我們成長的地方。人們最常想起「幸福」的感覺，以及幸福的情境，在不同的文化中有所差異。科學家發現，在西方，人們談到幸福時最常出現的主題是「興奮與歡樂等有活力的情緒」以及自尊；在東方，人們則會提及「平靜與寧靜等較冷靜的狀態」。

而你體驗幸福的方式，在一生中會不斷改變，根據有形與無形的各種因素，像是你在哪裡出生，被誰撫養長大，以什麼維生、與誰交往等等，每一個時刻、想法與行動，都會造成影響。

因此，我們無法給幸福一個嚴格的定義，或許是最好的。考慮到幸福難以捉摸的本質，科學家寫道：「大自然不鼓勵滿足的狀態，因為那會降低我們對可能威脅生存事物的警覺心。」

問題是，今天我們不再面臨那麼多的生存威脅，現代的世界迅速而努力地把豐盛推向我們，滿足了基本的生存需求。但我們的大腦仍持續丟棄幸福感，彷彿它們是腐爛的垃圾。

經濟學家布萊德・德隆（Brad DeLong）解釋，在工業革命之前，過得舒適的人必須「透過從他人身上奪取、而非找到為每個人製造更多東西的方式……來獲得這種舒適。」換句話說，如果想要幸福，可能必須讓其他人不幸。

但是今天，德隆寫道：「不到九%的人口生活在一天大約賺兩美元、我們認為『極度貧窮』的地方，從一八七〇年大約七〇%降到這麼低。」這個數字已根據通貨膨脹調整過。「而即使在（最貧窮的）九%當中，許多人仍可取得有巨大價值與力量的公共衛生與行動電話通訊科技。」

我們已把不可思議的經驗變成日常生活的面貌。德隆寫道：「許多人已經習慣於日常生活的幸福程度，以致完全忽略了令人驚奇的事。在今天，即使是最富有的人，即使在人類歷史上第一次擁有比足夠還要多的東西，我們都很少認為自己不尋常地幸運與幸福。」

我們生產足夠的食物、住所、衣服與物品，沒有人**必須**挨餓、淋濕、受凍或缺乏必需品（當人們缺乏必需品時，通常是分配與政治的問題）。但是，正如那些英國神經科學家發現的，匱乏的大腦仍然渴望並緊抓著情緒的擺盪，無法維持幸福的感受。

同樣的循環在過去有助於生存——幸福之後隨之而來的是不滿足，一生不斷重複——如今則使我們看不見現代生活有多麼令人驚奇，同時引導我們在所有錯誤的地方追求幸福。

研究一貫地顯示，金錢、權力、聲望、食物、酒、物品、地位——阿奎那稱之為「世俗的」愉悅，而你我可能稱之為美國夢——通常不會帶來持久的幸福。例如，從一九七五到一九九九年，美國人並沒有變得更幸福，即使根據人均GDP，他們的財富增加了四三%。有證據顯示，當我們擁有更多機會得到更多那些東西，就變得**比較不**幸福。美國從二〇一五年左右開始經歷一次嚴重的幸福衰退，而在二〇一八年疫情之前，說自己「非常幸福」的美國人數曾降到歷史低點。

或許進化至渴望更多的一切事物的大量匯集，加上幸福工業複合體——對幸福的沉迷與推動——令我們感覺並不純然喜悅的日子彷彿都有問題，且引導我們追求錯誤的事物。英國的神經科學家寫道：「假裝任何程度的（不滿足）都是異常或病態的，只會助長不足與挫敗感。」有鑑於我們的本能，他們寫道：「不滿足不是一種個人的失敗，差得遠了，（它）使你成為人類。」

有趣的是，本篤似乎不關心幸福。在《規條》的兩萬字當中，「幸福」或「快樂」這兩個詞根本沒出現過。但或許遵循《規條》生活的結果，就會產生幸福。至少那是艾力克斯・畢夏普（Alex Bishop）的信念，他是奧克拉荷馬州立大學（Oklahoma State University）的教授，曾廣泛研究本篤會修士與修女。他研究人類的整個生命週期：是什麼使我們活得長壽、健康與幸福。

我在抵達瓜達盧佩聖女修道院之前跟畢夏普談過。

「本篤會的人有很高的生活滿意度。」他說。「有更高的使命感與意義感，比一般大眾還要高。你也會在針對他們的其他研究中看到這一點，他們愉快、健康、幸福。」

而原因並不完全符合我們所聽到的關於幸福的說法。「關於幸福有很多的混淆與悖論，」他告訴我。「它有如此多變數，可以立刻改變。」不只是我們自己的幸福，也包括我們對幸福的了解。「我想那就是這些本篤會社群變得有趣的地方。」畢夏普說。「那是一種相當簡樸的生活風格。」

我清晨五點半醒來，趕不及禮拜堂裡舉行的夜禱，已經晚了兩小時又五分鐘。我在修道院才待了八小時，就違反了規條第三十七與三十八條所說的「不可昏昏欲睡」與「不可懶惰」。

黑暗吞噬了荒野，我離開客房時，一陣寒風讓一組懸掛在後廊上的風鈴發出叮噹聲。一道小小的閃光燈照亮了通往禮拜堂、兩側是森林的半哩泥土路。我的車燈勾勒出從路的傾斜面間歇升起的松樹與杜松樹的輪廓，微風吹來鼠尾草的味道，上方的天空是一張白色的星星之網，天空似乎沒有起點，樹木與山丘似乎沒有盡頭。

我坐在四張硬木長椅中的一張椅子上。清晨六點，修士魚貫而入，穿著黑色的連帽長袍，沉默不語。每一位都朝著祭壇跪下，然後在長木椅之外沿著牆壁排列的架高靠背木椅上就座。

然後儀式開始。

「上主為王，萬民因而戰慄驚恐，他坐於革魯賓[註2]之上，大地震動；」他們用拉丁文吟唱著，音樂在石牆與硬木屋頂之間迴響。「熙雍[註3]的上主，偉大堂皇，崇高尊貴，而超越萬邦。」

這間修道院是少數僅存、仍百分之百遵守《規條》的修道院之一。第十六章要求修士每一天都一起祈禱與吟唱八次，沒有例外。

夜禱在凌晨三點二十五分，晨曦禱在凌晨六點，第一時辰（Prime）在上午七點四十五分，第三時辰（Terce）在上午九點半，第六時辰（Sext）在中午，第九時辰（None）在下午兩點，晚禱（Vesper）在下午五點；最後，睡前禱（Compline）是在晚上七點，這些集會的吟唱都是來自「時辰禮儀」（Liturgy of the Hours），是一連串為了唱出對神的讚美與感謝而寫的禱詞。

大約有兩萬多名像他們一樣的本篤會修士，分布在全球四百座修道院，他們僻靜，把生命奉獻給比自己更大的事物。

西元四九四年，十四歲的本篤移居羅馬求學。這座城市與羅馬帝國正在迅速墮落。歷史學家說，頹廢是導致墮落的關鍵因素。根據教宗庇護十二世（Pope Pius XII）的說法，本篤「留意到各種態度舉止中的異端……私人與公共道德毀壞，許多人（特別是那些優雅的年輕人）令人悲哀地沉浸在享樂的泥淖中。」本篤寫道，羅馬社會「正在垂死，而且它還在笑」。

這是十四世紀的伊斯蘭學者伊本・赫勒敦（Ibn Khaldun）注意到的現象。他發現社會以一種類似的模式崩壞。社會的創始者在嚴苛的條件下辛苦工作來建立它，這些嚴苛的條件需要並發展出社會凝聚力，如同今天可能在軍隊所看見的情形。但是，隨著時間推移，後代的人變得太遠離最初獲得繁榮與維持社會所需的困境與工作倫理。這些世代變得軟弱自在，並抱持一種理應我得的態度。這從內部摧毀了社會，同時令它容易受到攻擊，那也正是羅馬發生的事，儘管已過了大約五百年。

本篤是這麼說的：就像驕傲是墮落的前兆，過度也是。

因此本篤迅速離開。教宗庇護十二世寫道，本篤「自願告別舒適的生活與腐敗年代的魅力，

---

2 編註：Chémbim，又稱智天使，出現在《聖經》中，是有翅膀、服從上帝的天使。

3 編註：Sion，指耶路撒冷或泛指以色列。基督教稱為錫安。

以及光明未來的引誘與光榮的職務……離開羅馬，他找到荒涼偏僻的地方，讓他能把自己奉獻給……默觀（contemplation）。」

「默觀」也是個須小心對待的詞。

這個詞在精神與智性領域中都有出現。柏拉圖將它視為超越知識，以了解什麼是**善的**，且永遠是**善的**。在〈詩篇〉第二十七篇第四節中，它是「瞻仰神的榮美」。猶太哲學家邁蒙尼德（Maimonides）將它定義為一種認可道德完美的精神性行為。巴哈伊（Baha'i）信仰的創始人巴哈歐拉（Bahá'u'lláh）認為它是對美、神、科學與藝術的反思。伊斯蘭先知穆罕默德（Muhammad）則將它視為對人生、人生的意義以及阿拉與人類福祉的思考。

因此，這個詞具有深刻的精神內涵。世俗的定義顯示，它代表試圖讓我們理解比自身更大的事物。

那麼，我們要如何進行「默觀」？本篤的做法是逃到義大利蘇比亞科（Subiaco）山丘上的洞穴裡。他追隨早期基督教隱士的腳步，像是在西元兩百五十年逃到埃及沙漠的底比斯的保羅（Paul of Thebes）與聖安東尼（Anthony the Great）。這些沙漠教父與教母相信，孤獨、簡樸與犧牲，是尋找更高力量最高的形式。

庇護十二世寫道，在蘇比亞科的洞穴裡，本篤「為了獲得完美與聖潔而奮鬥了三年，取得了巨大的成果……他養成了避開一切世俗事物，獨自且熱切地尋找天國事物的習慣……這種生活方式讓他的靈魂感到如此甜蜜，以致他過去從財富與安逸中體驗過的樂趣，如今看來都顯得令人厭惡。」

關於這個長髮、長鬍鬚的神祕主義者的消息傳開了，他拒絕舒適的世界，忍受荒野生活的孤獨苦難，最後成了一名智者。他什麼都不想要，什麼都不需要，只有冷靜、清晰的頭腦與滿足。

羅馬人開始前往尋求他的忠告，這些人都覺得生活中彷彿缺少了什麼，他們努力去完成的古羅馬的成功清單——致富、購物、成名、掌握權力、滿足下一個衝動——不一定能讓他們到達自己以為會到達的地方。

本篤為這些人提供了好消息。從他獨自在洞穴中的三年苦行經驗，他了解到孤獨能啟迪人心，但我們或許不用像他那樣極端。有點像是「這個嘛，我很高興我做了這件事，所以我知道你不必這樣做。」為了幫助他人，本篤開始創立修道院。

他會建立一座修道院，招募十二名修士，確定一切都運作良好後，再去建立另一座，以此類推，直到建立了十二座修道院。它們是修士可以過修道院生活，並幫助大眾進行默觀的地方。

本篤在西元五百一十六年寫下《規條》來指引那些修道院。《規條》最終成了西方修道院生活的標準指南，無論修士是否隸屬於本篤會。那是因為，按照真正的本篤風格，《規條》「既不嚴酷也不繁重……（他）試圖用愛來管理門徒，而非用恐懼來統治他們。」教宗庇護十二世寫道。

庇護十二世解釋：「本篤會之家的社群生活緩和與軟化了獨居生活的嚴苛。這種生活並不適用於所有人，對某些人來說甚至是危險的。」《規條》在適應性、慎重、周到，以及嚴厲與溫和的平衡上，一向都被認為卓越非凡。

本篤天生就了解，一成不變的規則通常會讓太多人陷入困境。修士們有句俗話：「對有些人來說，更多是理所當然的。對其他人來說，更少才是。」例如，善於社交互動的修士或許會被指派能多說話的工作。禁食的日子也有個別差異，概念是吃對你來說感覺像是犧牲的食物量。大多數的修士避免吃肉，但有些修士，尤其是做最辛苦體力活的年輕修士，就會吃肉來補充體力。

本篤教導，這種尋找足夠、知足的生活制度，能讓我們專注在真正重要的事情上：我們發現，日常生活中並不缺少比自己更大的事物。本篤相信，我們會在幫助他人、體驗與創作有創意的作品、學習新事物、平衡分配獨處與和他人相處的時間，以及在大自然中保持覺知之中，找到更高的目的與滿足。最重要的是，深思我們認為巨大永恆的祕密事物，就是「巨大永恆的祕密」，並讓它指引我們。

本篤的生活哲學可用一句話來總結：「祈禱和工作。」這是本篤會的座右銘。

修士們會在一項獨特的行業中一起實踐信仰、助人與勞動。例如，有一家修道院裡都是專業的酪農，另一家有金屬工匠，還有一家有能織出很棒的羊毛斗篷的牧羊人。然後，這些修道院會交換他們所創造的東西，如此就能彼此支持，也會賣給大眾來募款，不需要他人施捨。

太陽開始從希拉國家森林中升起，光線照入禮拜堂，在木製平台上留下了圓形的斑駁亮光，那是修士們站立的區域，因人們多年來跪著禱告而磨得光亮平滑。

修士們已唱頌了三十分鐘。「難道我不是主嗎？除了我沒有別的神嗎？」他們的聲音與大清早的蟋蟀合唱、公雞啼叫混合在一起。偶爾，一、兩位修士會獨唱一段經文，但大多數時候，修士們就像老鷹樂團（Eagles），和諧地一起唱頌，而且很少保持不動，因為經文叫他們要往後靠向硬木長椅、踏出一步站直身體、鞠躬、跪下。

我原本期待會看到一群符合美國退休者協會（AARP）資格的男人，因為我讀過關於越來越少年輕人加入宗教組織的統計數據。但多數的修士都比較年輕，有些只有二十歲。勞倫斯修士告訴我，修道院的平均年齡是三十歲。

一名較年長的修士唱頌一段最後的禱文，然後一行人魚貫地走出一道側門。我從正門離開，一名修士——高大、光頭、身穿長袍——打開通往迴廊的雙扇門。勞倫斯修士示意我走到餐廳門口。

我進入餐廳，空氣中充滿現煮咖啡的香味，跟典型的路邊小餐館一大早飄出的濃郁味道相同。咖啡是這家修道院賺錢支付帳單的「勞工」，他們一週會烘焙一千兩百磅的咖啡豆，但已訂購了一部新的烘焙機來增加產量。

幾位修士安靜地站在椅子前方，用馬克杯吃東西。我和幾個人一起拖著腳步走向擺滿早餐的硬木長桌，這裡大多數食物都是從土地上摘取、生產與準備的，有麵包、優格、牛奶、格蘭諾拉麥片、水果、雞蛋與蜂蜜。

修士們拿的分量很少，畢竟，規條第十四與第三十六條告訴我們，要「熱愛禁食」與「不要當個大胃王」。因此我用勺子舀取了一點在地製作的優格到馬克杯，然後撒了一點格蘭諾拉麥片在上面。

我們都安靜地站著吃東西。我啜飲了咖啡，我承認，我是個對咖啡有點講究的人（而我真心希望咖啡是我唯一會講究的東西），我熟悉烘焙、豆子的來源、風味的描述等等。

這杯咖啡完全不是我熟悉的那種行家、第三波[註4]、自負的東西，它就是**咖啡**，只是好咖啡，沒有柑橘風味或深焦糖甜味之類的東西，不費力、柔和、實在，很像修士。

• • ● ● ● • •

在禮拜堂又進行了幾次儀式與午餐過後，我坐在客房的前廊上，此時一部一九八九年的破舊雪佛蘭 Silverado 2500 加速駛來，其中一位修士單腳跳下車，穿過他製造的灰塵後出現，把那部皮卡車停下來。

他大約六呎三吋高（約一百九十一公分），結實的一百九十磅重（約八十六公斤），如果他不是位修士，我可以想像他身在一個建築團隊的模樣。他看起來還不到三十歲，或許是二十八歲。

他穿著棕褐色長袍，戴著雷朋飛行員太陽眼鏡，頭髮剪成所謂的剃髮式，大部分都剃掉，只留下繞著頭部一圈的頭髮。那是一種引人注意的外觀，我在古老的修道院畫作與版畫之外從未見過。這裡大多數的修士都剃光頭，但那些走上成為神父與導師之路的人仍然堅持剃髮傳統。

他伸出手說：「嗨，我是卡耶坦修士。」修士在成為修士時會得到一個新名字。修道院的院長會以一位聖者的名字為他們命名。卡耶坦修士就是以聖卡耶坦（Saint Cajetan）為名，祂是失業者、賭徒與好運的守護神，我家鄉拉斯維加斯的賭徒們就經常帶著有聖卡耶坦畫像的硬幣。

「我聽說你今天會跟我一起工作。」卡耶坦修士說。

「聽來不錯，我們要做什麼？」

他指向靠近客房的一大堆石頭。「要把那堆石頭撿起來，然後搬到那邊。」他說，同時指著一處二十呎（約六公尺）外的地點。

我花了好久時間才意識到他在開玩笑。我輕聲笑著。「嗯，我猜那可能像是運動，」我說。「你知道，就是為了消耗體力而做一些耗費體力的事。」

卡耶坦修士若有所思地看著我。「是啊，不，」他說。「那樣就太傻了，而且沒有用，我們要做更有生產力的事。」

然後我就被迫坐進那部老 Silverado 裡，車子搖晃地行駛在通往迴廊的泥土路上。卡耶坦修士開車，走的是電影《飆風天王》（*The Dukes of Hazzard*）的風格，油門踩到底，沒有煞車，把那部雪佛蘭的引擎與堅硬的避震器推向極限，通過石頭、車輪壓痕與坑洞的邊緣。一大片灰塵雲在我們後面爆開並擴散，我幾乎可以聽見威倫・傑寧斯（Waylon Jennings）所唱的《飆風天王》電影主題曲開頭的 E 和弦：「只是一個好男孩／從來沒有惡意／打敗你從未見過的一切／從出生那天起就

---

4 譯註：第三波咖啡的特徵是：強調提升咖啡品質、永續發展的概念，通常是中淺焙，有創新的沖煮方法（例如手沖，虹吸等等）。

犯法。」

然後，卡耶坦與我站在一座與修道院側邊相連、十二呎見方的花園裡。我們的計畫確實剛好是搬石頭，但有更明確的目的。

「這座花園很貧瘠，所以院長想徹底清理。」卡耶坦修士說。「我們要把所有泥土與石塊都剷到桶子裡，然後搬到迴廊裡的玫瑰花園。」

當我們開始剷土時，天空變得陰暗潮濕，大雨落下。我開始在心裡祈禱這項工作可以很快結束。真的是**祈禱和工作**。

本篤在《規條》裡用了一整個章節來討論勞動，他寫道：「當他們靠雙手的勞動來生活時，才是真正的修士。」也因此，「弟兄們應該在特定的時候從事體力勞動。」有些日子，這些修士工作兩小時，有些日子則是四小時或更久。本篤對工作的本質有深刻的見解。

一天專注工作四小時似乎是生產力的甜蜜點。歷史上最偉大的思想家，如達爾文、查爾斯．狄更斯[註5]、英格瑪．柏格曼[註6]與哈代[註7]都極其信賴四小時。「一天從事四小時的創意工作大約是極限。」歷史上最偉大的數學家之一哈代說。

科學已證實本篤與哈代等人是對的。一九五〇年代，一群科學家調查了該國各種研究人員的工作習慣。相當弔詭的是，他們發現做越多工作並不會帶來越多生產力。一週努力工作二十個小時的研究人員產出最多科學論文，他們發表的研究數量，是一週花三十五個小時在實驗室的同行的兩倍。但是，那些每週工作三十五個小時的研究人員，又比一週花六十個小時在實驗室的研究人員好得多。最後那群研究人員產出的論文數量最少。

後續的研究顯示，一天工作四小時能讓我們找到努力工作與適當休息之間的甜蜜點。我們可以密集工作四小時，並把很多工作做好。少於四小時，我們會無法完成工作；多於四小時，我們可能會工作過度，因耗費體力而受傷，因花費心力而過勞，而這會影響我們未來的工作日。

好的部分是，我們可以一週七天持續每天工作四小時。儘管整個規則中提到星期天都是休息日，但許多修士在星期天都會工作，否則就沒有人可以吃飯，農場也會變得一團糟。

提供來賓食宿與自給自足，只是這份工作的實務部分。在我們劏土的同時，卡耶坦修士也在那一堆泥土上對我進行某種講道，內容是關於勞動更高的使命。〈創世紀〉第一與第二章，即《舊約聖經》的起始篇章，便告訴我們，人類是為了勞動而生的。而工作的重點不是完成它，而是去做。他說，工作可以是一種祈禱與奉獻的形式，是一種靠近比手邊工作更大事物的方法。

任何在修道院進行的工作都是為了更高的善，讓修士們更接近神、去幫助周遭的社區等等，一位本篤會修士把勞動描述為一種「對意識與正念的召喚」。他寫道：

---

5 譯註：Charles Dickens，十九世紀英國最偉大的小說家之一，作品有《孤雛淚》、《小氣財神》、《塊肉餘生錄》等。

6 譯註：Ingmar Bergman，瑞典電影導演，作品有《第七封印》、《野草莓》等。

7 譯註：G. H. Hardy，英國數學家，在數學分析與解析數論上有重要貢獻。

工作能表達我們與周遭世界的關係，因此並不總是有回報，就像生活一樣。但如果我相信（工作）只有工具性的作用（付帳單），我就永遠無法注意到它還可以是什麼。如果我過分簡化地把自我滿足與工作的價值劃上等號，就會錯過工作（即使是乏味的工作）所能產生的功效。相反地，在工作中尋找更深的層面，可能會激勵我不被工作所剝削、不要過度工作，不把人生歸納為我能成就多少事，或是把自我價值等同於工作貢獻、賺錢能力或才能。畢竟，我並不擁有那些東西，它們是訪客，不會一直打電話過來，總有一天也可能不再到訪。

請記住，這位本篤會修士不是在解釋神蹟顯現之類的事，修道院的工作很少是吸引人的，那是大量的體力勞動與雜務。

「因此我們目前在這裡做的工作，」卡耶坦的聲音從雨中傳來，「是一種象徵，一種毅力、耐心、願意為共同利益受苦的意願之象徵，去愛與接近更大的事物。」

經常有人主張許多現代工作是吸取靈魂的討厭鬼，二〇一三年，目前已過世的知名人類學家大衛・格雷伯，便提出一個他稱為「狗屁工作」（Bullshit Jobs）的理論。他在二〇一八年的暢銷書《四〇%的工作沒意義，為什麼還搶著做？論狗屁工作的出現與勞動價值的再思》（*Bullshit Jobs*）中，描述那個理論。格雷伯聲稱，今天所有的工作中，大約有三〇到六〇%是「狗屁」，而且比例正隨著時間而增加。

他寫道，這些工作造成了「深刻的心理暴力」。但是劍橋大學一個科學家團隊分析了所有數據後，他們發現，沒錯，如果你相信工作沒有用，就可能經歷幸福感貧乏，但他們寫道：「描述工作沒有用的員工比例很低且正在下降，跟格雷伯的預測也沒什麼關係。」事實上，格雷伯定義的許多「狗屁工作」，工作滿意度卻是最高的。

你看，這就是重點。只要你能被善待，並且意識到工作可能在某處幫助到某人，沒有一份工作是沒有用的。

「本篤會修士能夠從工作中獲得意義。」研究本篤會修士幸福的畢夏普說道。他告訴我，這種對於一直工作到老年的信任——從簡單任務中汲取意義——或許能解釋若用健康與滿足的程度來衡量，修士們更能好好變老的原因。

我很享受與卡耶坦修士談話的機會。與他一起工作之前，我幾乎都是保持沉默的，在這裡很正常，沉默是神聖的。

《規條》第五十三到第五十五條跟噪音有關，口中發出的噪音，談話聲。例如第五十三條是：「不愛多言。」第五十四條是：「不說無用的話。」從晚上八點到早上八點，修士們就會進入所謂「偉大的沉默」中。如同一位修女所解釋的：「除了極度必要的情況之外，這段時間禁止所有言談。」

一位二十世紀初的法國修士這樣解釋沉默的原因：「我們的沉默不只是空虛與死寂，相反地，應該更接近、也讓我們更接近生命的豐富性。」人類已讓世界的音量提高了大約四倍，研究也確實支持沉默時間的好處，它已被證實能降低壓力、提高專注力與生產力。

在工作期間交談是可以的，卡耶坦與我就有交談，但不是閒聊；每個話題都充滿了意義。「我加入修道院是因為沒有更高的召喚。」卡耶坦修士說道。「如果這沒有結果，嗯，如果我把生命奉獻給上帝，也不算是浪費時間。」

大雨已轉成毛毛雨。我不騙你，有一刻，卡耶坦修士停止剷土，看著我說：「我們做這件事是出於愛。」暫停，思考，然後結束。「愛就是展現脆弱，以及願意受傷。」之後他就只是繼續剷土，而我站在那兒像個傻子，試圖理解那句話中的層層洞見。

兩小時的工作快結束時，卡耶坦與我撣去身上的泥土。他帶著我走過迴廊，每走一步，烘焙咖啡的味道就變得越濃。他打開兩道雙扇門。一具大型的黑色咖啡烘豆機正全速運轉。勞倫斯修士站在一旁，在寫字夾板上寫一些筆記。

瓜達盧佩聖女修道院最初是透過製造家具來籌募自己的基金。「那是美麗、老式、西南部風格的家具。」勞倫斯修士說。「是手工雕刻的，用桃花心木或豆科灌木製成，每個人都喜愛那些作品。世人太喜歡了，開始要求製造更多。然後人們告訴我們，我們必須在期限之前完成這些作品，像是當一個人裝修好一間房子或想來取貨的時候。」

他停下來，露出微笑。「但我們有與現代世界不同的行程表，以及不同的使命。『祈禱和工作』中，祈禱優先是有原因的。」他說。「所以我們放棄做家具，現在做咖啡。」

法語中有一句形容詞，顯然可以描述這裡的工作風格：「un travail de bénédictin」，意思是「本篤會的勞動」。如同學者與散文家喬納森・馬萊西克（Jonathan Malesic）所說的，它描述了「一種只能透過長時間的耐心、謙虛、穩定的努力才能完成的計畫，是那種不能操之過急的事……這項工作在季度營利報告中看起來並不理想，沒有最大化工時效益，也不會領加班費。」

本篤會修士製造的任何東西都**非常精良**，經久耐用，形式與功能相符。我們可以在一千五百年前建造、至今仍然屹立的聖本篤大修道院，以及裝飾瓜達盧佩聖女修道院禮拜堂的華麗木工藝中看見這一點。

勞倫斯修士解釋用身心投入工作的吸引力，他說：「那是主動而非被動地使用時間與注意力，而沉溺於網路或電視中是被動的。」手工嗜好能創造豐盛的循環，因為它是主動且有回報的，用一種製造有形事物的方式。

製造咖啡也是如此，勞倫斯修士說。它允許修士們採取與製作家具相同、有條不紊、實際動手做的方法去製造，但是能更快速地生產更多產品。「我們可以在不會真正干擾祈禱的情況下製作咖啡。」勞倫斯修士說道。咖啡的經營始於一位修士前往巴西協助建立一座修道院時。在路上，他遇到一名擁有咖啡農園的男子，那個農園生產屢獲殊榮的咖啡豆，那時這些咖啡豆只能在巴西取得。

咖啡與其他各種專案足夠支付帳單，但修士們並不擁有任何東西，完全沒有。

「我們立下了貧窮的誓言。」勞倫斯修士告訴我。「所以我個人並不擁有任何東西，我沒有銀行帳戶，名下一無所有。」他的日常用品基本上是跟修道院借來的。澤拉應該會覺得很驕傲。

事實上，本篤會修道院是對共同生活的激進嘗試。但本篤會達成了一九六〇年代嬉皮群體未能達成的事，這項事實並未得到宣傳。一位本篤會學者解釋，修道院「要求個人貧窮，但並不提高窮困的價值，彷彿貧窮就是美德。」

如同二十世紀初期一位英國主教所解釋的，只為了沒有而沒有，是「一種弱點，而非優點。（沒有）的唯一目的、唯一的正當理由……是（一名修士）可能會比較自由。」透過與物質分離，修士們可以更自由地與一種更大的事物連結。如果一切都是大家的，那麼，除了是工作的另一項工具之外，沒有什麼東西具有特殊意義。那是裝備，不是物品。

禮拜堂的鐘聲響起，召喚著我們。卡耶坦修士告訴我，我們明天的工作將是更多的挖掘。如同《出埃及記》所說的：「你們要把更重的工作加在這些人身上，叫他們勞碌。」

•
•
•
•
•
•

我的第一天之後，是更多同樣的日子：早起，上禮拜堂，吃飯，休息，上禮拜堂，吃飯，休息，工作，休息，上禮拜堂，吃飯，上禮拜堂，睡覺。我在這種重複中發現了某種寧靜，感到更平靜、更有連結，不是社交上的連結，而是跟自己的連結。根據那份時程表生活，也讓我對這裡的修士產生更多的敬意，特別是那些二十歲的修士，他們都打算在這裡度過一生。

想像一下，有人問你：從現在到未來數十年，日曆上的任何一天，你在做什麼，而你能提供給那個人一份精確到幾分鐘的時程表。

他們的朋友與家人會去上大學、結婚、買房子、生小孩，承受工作、育兒、疾病與健康的起起伏伏，並逐漸變老。同時，這裡的修士們會祈禱與工作，如同現在與未來。

在休息時間，我會坐在客房裡閱讀，或是站在禮拜堂停車場裡一格有手機訊號、十呎見方的土地上，傳簡訊給太太。

我很喜歡了解更多關於天主教的事，這種信仰是西方文化、道德與神話的基礎，而我從未破解過聖經。

我生長的城鎮裡至少有九五%的人是摩門教徒，我是五%中的一員，即使我的大家庭中有一半的人是摩門教徒。

在後期聖徒[註8]的土地上當一名非教徒有好有壞，大多數的社區活動是透過本地的教區教會來進行，因此我很多時間都是獨自一人。有一次，一個國中女生在發現我不是摩門教徒時公開甩了我。但類似的情況通常會以較安靜的方式演出。我也看見這個信仰因為無法改變的理由而排除某些人，像是同性戀，那對身為孩童的我來說似乎很奇怪。（教會後來變得比較能接受LGBTQIA+團體與同性婚姻，雖然大多數LGBTQIA+社群的人都說教會還要做更多事。）

但也不是完全把我排除在外，有些社區裡的人會介入並幫助我。例如我十五歲時，一位摩門

8 譯註：Latter-Day Saints，摩門教的全名是：耶穌基督後期聖徒教會（The Church of Jesus Christ of Latter-day Saints）。

教的童子軍領隊注意到我在童子軍裡變得較不主動。童子軍活動遍布摩門教，而那時的我對女生與電吉他比較感興趣。這傢伙似乎把讓我贏得鷹級童子軍註9的事視為一種個人使命，而我也真的辦到了。

我也能看出，祖父母的摩門教信仰無疑使他們的生活更豐富，在祖父五十幾歲退休時給了他生活目標，把朋友介紹給他們，並給他們的人際網絡一個共同的世界觀，還給了他們一個戒酒與戒菸的好藉口。

或許是因為這個理由，我媽媽（一位單親媽媽）認為接觸一些靈性事物對我會有好處，在我還是個小孩時，就拖著我去一神普救教派（Unitarian Universalist）的教會。在那個信仰中，唯一的靈性規則似乎就是沒有規則，只有一些眾所皆知的規則，不可殺人、偷竊或通姦，知道了。除了那一點之外，人們被教導要接受每一個人，並相信他們想要的東西。在主日學校，孩子們每年會了解一種不同的宗教，我喜歡那種接納的感覺。但是，那個經驗也有點像「死之華」樂團演唱會碰上「神學一〇一」課程。靈性的東西並未完全深植我心。

到了我二十八、九歲、酒喝得最凶的時候，一個朋友問我對宗教與上帝的看法。我告訴他並引述一句話：「如果有人需要某種變戲法的故事、規則與一個對美好死後人生的承諾，才能當一個正直的人，那個人就糟透了。」我說這些話的時候正在前往酒吧的路上，打算暫時失去知覺並摧毀我的人生。

想像你把頭埋到屁股裡，無法理智思考或行事。知識分子與文化評論家卡蜜兒・帕格里奧

（Camille Paglia）在《閃耀的意象》（*Glittering Images*）一書中寫道：「譏諷宗教是幼稚的，是想像力受到阻礙的症狀。」

帕格里奧的觀點如今對我來說似乎是對的。在我清醒前的夜晚，我說出對上帝與宗教的無知看法。隔天醒來，周圍一片混亂，這種情況經常發生。但這一次某件瘋狂的事發生了，我能看見喝酒會讓我早死，彷彿一個入口打開了一會兒。我意識到，如果我在那時就經歷這件事，儘管知道它會帶來各種身心痛苦，但我可能還有機會。那大約是十年前的事，如今我已戒酒，而且就像這次的寫作一樣，還沒死掉。

我開始相信，在那一刻，有更大的力量在運作完全是可能的，幾乎像是上帝前一天晚上聽見我說的鬼話，然後說：「不信嗎?看這個，傻瓜!」

現在我相信有比自己大很多的力量，我稱之為上帝，因為語言很有限，用這個詞很方便。我也開始意識到，我不用完全理解我對上帝的想法。正如我已經提到的，如果我不承認我的信仰是動搖的，我也是在說謊。那也是當《規條》提到上帝一百二十二次時，我感到有點猶豫的原因。我必須正視這個不穩定的基礎，並與那些信仰堅定的人談論它。我其實有點嫉妒那些修士們能如此全心全意地相信。

身為一名科學記者與教授，我相信科學為我們提供了許多答案。但經過實地與生活中的各種

---

9 譯註：Eagle Scout ranking，童子軍的最高等級，大約只有五%的人能達到。

人交談之後，我學到的是，作為一個人最重要的事——最能讓一個人與一個社群的生活變得更好的事物——是無法衡量的。幾千年以來，我們透過神話與儀式接觸到這些「事物」、這些想法，接著科學出現，並開始協助解釋為何某些想法與傳統有效或無效，開始用數字、資料與數據來衡量。在這條道路上的某處，我們貶低了那些最重要的、無法衡量的事物之價值。

在我的工作與思考中，現在我把它視為科學與靈魂之間的平衡。太多科學，會失去人類經驗中最重要的面向；太多靈魂，可能讓自己進入錯覺。

我見過同時提高又摧毀生命價值的宗教理念。儘管我的信仰動搖，但我人生中最美好的事，就發生在當我與對上帝的模糊概念較為一致並忘卻自我的時候，因此，我們算是平手了。

星期天做完彌撒之後，我在迴廊外遇見布蘭登修士。「當人們遭遇不幸而受苦時，就會開始祈禱。」他告訴我。「那是有原因的。我們本能地知道有比自己更大的力量，即使我們不知道那是什麼。」研究顯示他是對的。

丹麥的科學家追蹤了疫情爆發初期、九十五個國家每天在谷歌上搜尋「prayer」（祈禱、祈禱文）這個詞的情形。這個詞達到史上最高紀錄，成長了五〇%。研究人員表示，全世界有一半的人都在祈禱新冠病毒結束。他們寫道：「這種成長是因為對宗教的需求增強：我們用祈禱來應對困境。」研究顯示，即使是無神論者，在面對壓力時也可能依賴祈禱。

這不是什麼新鮮事。例如，九一一事件之後，有九〇%的美國人轉向宗教尋求慰藉。即使我們沒有定期祈禱，也會在危難時祈禱。

「人們是天生的搜尋者，我們想要一個簡單、真實、普遍的觀點。我們不斷尋找幸福，卻通常抱持一種消極防禦的心態。我們認為幸福是在下一次休假或購物中，我，我，我，囤積，吃，喝，獲取。」布蘭登修士說道。但是，特別是當壞事發生時，「我們意識到應該求助，因此我們祈禱，有幫助。祈禱是有幫助的，很簡單、不用花一毛錢，而且只需要三十秒。祈禱是把心與思想提升到比自己更大的事物上，有心靈祈禱、口頭祈禱、冥想。」

他開始告訴我，天主教念玫瑰經的修行法。「在禱告中，你從主的生命中選擇具有超自然、神祕面向的場景，並加以思考。例如，在花園中的那個夜晚，耶穌知道隔天他將被釘在十字架上，並為所有人祈禱。」

這個修行法與禪宗的「公案」修行法並非完全不同。公案是修行者坐下來沉思，協助冥想與獲得靈性覺醒的一種令人困惑、自相矛盾的陳述、軼事、問題或言語交流。例如：「用雙手拍擊時，會發出聲音；那麼一隻手拍擊的聲音是什麼？」

公案修行者承認，公案並沒有任何該死的意義——直到它們產生意義。而當它們產生意義時，就能帶來讓我們得到解放的心理轉變。

「祈禱只有人類能做到。」布蘭登修士說。「我們可以從祈禱中得到恩典，它能直接讓我們的靈魂受益，永遠改變我們的靈魂，之後我們所做的一切可望對他人更好，從而對我們更好。祈禱能幫助我們比較不會只想到自己，以及專注於消極防禦的心態。」

冥想就像今日靈性世界的金・卡戴珊[註10]，得到所有關注。但研究顯示，冥想與傳統的祈禱都能帶來正面的觀點轉變、減輕壓力，並幫助我們更有效地控制情緒。例如波蘭的研究人員發現，佛教冥想者與天主教祈禱者在腦電活動中都體驗到相似的正面變化，兩種方法都能把他們推向與較少壓力、較多滿足感相關的腦波波段中。

研究建議，我們應該嘗試對自己最有效的方法。例如，一項研究發現，感到壓力很大的天主教徒，相對於冥想，在祈禱時的心率與其他壓力指數都大幅降低。同時，被冥想所吸引的人，可能在冥想中會表現得更好。

分析這些研究之後，我不禁感到重點不是你如何祈禱，而是你正在祈禱。因此，無論是向耶穌或阿拉祈禱、冥想公案或自己的呼吸，或者如詩人瑪麗·奧利弗解釋她自己的做法一樣：「我不確切知道祈禱是什麼，但我確實知道如何專注，如何躺在草地上、跪在草地上、無所事事並受到祝福、漫步在田野中。」只要做一些能幫助你忘卻自我的事。

當我在禮拜堂總共進行二十次集會之後，便發現我比較傾向奧利弗的陣營。每一天我最喜愛的時刻是在清晨六點四十五分，當修士們念完〈詩篇〉並陷入沉默的祈禱中時，我會溜出禮拜堂。我會坐在迴廊的階梯上，看著太陽從荒野中升起。我會注意到鳥是鳥，蟲是蟲，太陽俯身照亮新的一天。我不認為這些修士們保持沉默是錯的，沉默就是當我們在聆聽的時候。

• • ● ● ● • •

第五天下午兩點，我的計畫是繼續鏟那一堆泥土與石頭。我站在停車場等待卡耶坦修士，皮手套塞在帆布工作褲的後口袋。馬修神父走向我。

馬修神父主持禮拜堂裡的所有集會，他是瓜達盧佩聖女修道院的祭司，以及據我的推斷，是這裡的智者。一位修士告訴我，馬修神父會說六種語言。「我們去健行吧。」他說。

當我們穿越禮拜堂前的停車場時，卡耶坦修士開著那部雪佛蘭皮卡車慢慢停了下來，從駕駛座的窗戶探出身子。

「聽說你今天不跟我一起工作！」他喊道。

「我要跟馬修神父去健行。」我說。

「OK，好好玩！那堆泥土明天等著我們！」

卡耶坦修士踩下油門，揚起塵土與小石子。

馬修神父帶我走過一條泥土路，經過修道院的農地、溫室與雞舍。

接著我們走上一條長滿草的小徑，經過一棵茂密的松樹，上面標示著一片小型圓三角金屬飾板。大大的全大寫字母呈拱型，寫在飾板頂部的兩個邊緣間：「CONTINENTAL DIVIDE TRAIL」（大陸分水嶺步道）。

大陸分水嶺步道全長三千零二十八哩（約四千八百七十三公里），其中七百九十四・五哩從北向

10 譯註：Kim Kardashian，美國電視名人、名媛、商人。

南穿過新墨西哥州。我們將攀登穿越修道院土地的一小段步道。

步道蜿蜒而傾斜，在穿越高地沙漠時逐漸降低高度，被茂盛的黃綠色雜草所掩蓋。「今年雨下得很多。」馬修神父說。「通常會比較容易看見步道。」

我問了他一個跟其他修士同樣的問題：「你是怎麼來到這裡的？」

「我那時在上大學，對金錢的概念很著迷。」他告訴我。「我修了工程學的課，因為那時我以為這樣會賺最多錢，最後我得到了兩份薪水很高的暑期工作，但有點出乎意料。因為這兩份暑期工作，我得到了保證，一畢業之後就能有一份薪水超高的工作。」

那是一九八〇年代，在德州米德蘭（Midland），在石油公司工作。「那時石油業的景氣很好，」馬修神父說。「景氣好到在米德蘭就有一家勞斯萊斯經銷商。米德蘭是個八萬人口的城鎮，在地圖上只是位於德州西部二疊紀盆地（Permian Basin）的一個點。」

〈死之華〉的作詞人羅伯・杭特（Robert Hunter）在一九七四年寫下這段歌詞：「有時候，只要你看對了地方／就可以在最不可思議的地方看到光明。」對馬修神父來說，那道光芒閃耀在駛過米德蘭塵土飛揚的油田、一部勞斯萊斯引擎蓋上的鉻黃色裝飾。

「那顯然太矯揉造作了，跟我一起工作的人，沒有人真的想待在米德蘭，他們在那裡唯一的理由是為了錢。」他說。馬修神父解釋，那個概念就是，直到六十三歲之前，你會待在不想待的地方，做著不想做的工作，好讓你能開一部花了美國人平均收入三倍的錢買的車，然後向別人炫耀那部車；那些人也待在不想待的地方，做著不想做的工作，好讓自己也能開昂貴的車。

「我意識到金錢無法滿足我的靈魂。」他說。

馬修神父長得很像詹姆斯・卡維爾註11，只是留著修士的剃髮髮型。他戴著一頂用聚酯纖維吸濕材質製成的棕褐色寬邊遮陽帽，是喜愛戶外活動的年長者會在REI戶外用品店買的類型。他的棕褐色工作長袍垂到Timberland登山靴的鞋舌上。

接著他開始說出與阿奎那呼應的話：「這種對財產、頭銜或金錢的追尋，都是在追尋幸福。我們說服自己，下一件東西、成就、餐點、喝酒、升遷或加薪將會令我們幸福。」他說。「這些事都沒有錯。假如我喝一杯酒是要放鬆並享受一些朋友的陪伴，完全沒問題。如果購物是為了實現一個更大的目標，那也很棒。但這些事物可能會帶來虛假而短暫的快樂，而我們可能會追求那份快樂。許多人利用這些事物與經驗分散自己的注意力、逃避現實與對某件事感到麻木，那樣就具有破壞性了。」

馬修神父六十歲，行動力卻像年齡只有他一半的人，上坡沒有走得慢，腳下也沒有遲疑。研究本篤會修士幸福感的畢夏普告訴我，他研究過的大多數修士往往終身都能維持健康的體重，並且在人生大部分時間裡保持行動能力。這要歸功於《規條》，請記得，它會檢驗暴食，並要求修士們每天都要活動與工作。「如果你能保持行動並巡視你的環境，將帶來更多的生活滿足感，那

11 譯註：James Carville，美國民主黨戰略家，曾幫助柯林頓贏得一九九二年的總統大選。「笨蛋！問題出在經濟。」這句名言便是出自他口。

就是修士與修女似乎擁有較高的生活品質，以及在老去時更幸福的原因之一。」畢夏普告訴我。

二十分鐘後，馬修神父在陽光下一小塊露出地面、厚實的灰色花崗石旁停下來。石頭周圍有幾棵梨刺仙人掌從棕褐色的泥土地裡冒出來，之外還有幾棵松樹與豚草。西新墨西哥大學（Western New Mexico University）的植物學家說，希拉國家森林裡有超過兩千種植物。

「那是響尾蛇經常出沒的地方。」馬修神父說道。「牠們會在岩石上取暖。今年牠們非常活躍，所以要注意。」

隨著高度下降，我聽見遠處小溪的聲音。「我們可以讓自己相信，世俗的事物會使我們幸福快樂，」馬修神父說道。「當我們得到時，感覺很好，但那種幸福就是不持久，然後我們搜尋下一件事物。我們生活在一座龐大的宣傳機器中，它讓我們相信，這個世界圍繞著我們運轉。我無法告訴你，我見過多少人，他們似乎擁有一切——高薪的工作、漂亮的家與車子、愛他們的配偶與家人——卻經歷中年危機，並且來到這裡。」有時修道院能提供答案，有時則否，但重要的是，他們開始提出這些問題，並尋找可能看見光明的奇異之地。

「另一方面，我也遇過很多非常富有、也非常幸福的人，因為他們的生活中有更大的事物。」他說。財富只是後來添加的東西，他們剛好有一份比其他工作相對更高薪的工作。

當我們到達小溪時，馬修神父踏過黑色的基岩。岩石在兩側傾斜並向下延伸，將河流匯集成一個小峽谷。岩石岸邊因多年來的水流而變得光滑，切割得更深。他跳過了河流。

溪流湍急地流過我們身邊，進入一座寬廣的水池，水池緊鄰著由黑色基岩形成的河岸，我們就坐在那片河岸上繼續交談。

我把自己的想法告訴馬修神父：我們以為的幸福，都是不斷交付給下一個渴望——這裡的修士可能稱之為「物欲」——長期下來似乎會導致不幸福。一旦理解這一點，幸福所需的並不如我們以為的那麼多。

「你在這間修道院就看見了這一點。」馬修神父說。「看看這裡所有的年輕男士，以及在女修道院的女士。不管有多嚴格，不管工作量多少，不管這些可能看似艱難且完全浪費時間的事，這些人全都很幸福。」

接受並克服挑戰，對我來說一向特別有獎賞，尤其是智力上的挑戰，或是在大自然中的巨大體力挑戰，像是到偏遠地區打獵或長途越野跑。「做困難的事對我們來說，似乎是有獎賞的。」我說。

「是的，那可能是有獎賞的。」他說。「在本能的層面上。但是請記住，這種感覺只能持續那麼久。你不會做那件事持續六十年，其他什麼都不做。你的身體會改變，挑戰是其中的一部分，不可或缺的一部分。但挑戰不總是身體上的，我們有身體與靈魂，你也需要照顧與挑戰身體與心智，還有靈魂。」

一顆毬果在河面往下游漂浮，我們看著它隨著水流搖擺、轉彎，最後撞進一個小漩渦裡。接著他繼續說話。「你會死——你必須面對這一點。」他說。「儘管現在的你很健康，但總有一天你會不再如此，身體會逐漸凋零。然後呢？你只剩下靈魂。因此你也要專注於這一點，需要找到更深層的意義，就是這樣。人們太專注於幸福，沒有人會隨時都完美地幸福，因為幸福是一個不斷變動的標的。最好專注在我們知道是好的事情並追尋它們，然後幸福就會變成副產品。幸福是來自於把其他一切都安排妥當，並讓它服從於最終目標。對我們來說，最終目標是尋找上帝。」

他說得對，幸福是個不斷變動的目標。即使關於幸福的科學都是不可靠的，我們並不完全了解到底什麼會令每個人都感到幸福，但仍會追尋聽說會帶來幸福的事物，然後根據可疑的數據做出決定。

數十年來有關幸福的研究，對於幸福到底有多少比例來自我們的選擇，並沒有結論。一組科學家團隊指出，五〇%的幸福來自基因，一〇%來自生活環境，而四〇%來自我們的選擇。也就是說，我們的行動決定了四〇%的幸福。但是其他研究結果顯示，選擇對我們的幸福只有一五%的比重。

但是誰在乎這個數字是多少？關鍵在於科學都贊同我們**可以**在某種程度上改變我們的觀點。正如俄國心理學家、智者與幸福研究者德米特里・列文季夫（Dmitry Leontiev）所寫的，這一點跟「我們安排生活、與夥伴相處的方式、追求的目標、手中擁有的東西，以及選擇的對象」有關。

因此問題是，什麼才是正確的選擇？我們能做什麼來改變那四〇%、一五%或不管多少%？

不同的研究以及基於那些研究而產生的受歡迎的課程、書籍與播客，推動了一種正念、感恩與社交活動的混合體。修士們當然會練習禱告，那是有別於時髦的正念冥想的一種艱困版正念形式。

他們對感恩也有類似違反直覺的方法，對他們來說，感恩並非細數得到的祝福，而是犧牲與匱乏。一位修士告訴我，簡樸與不擁有物品能幫助他們專注於重要的事情。然後，當他們真正得到一份較豐盛的餐點，或我們每天視為理所當然的稀有物品時，就成為一份他們深深感激的祝福。偶爾的剝奪會使得平凡的感覺變得不平凡。

現代研究與數千年的智慧確實顯示，如果祝福總是隨手可得，人類就很難看見並珍惜。刻意不擁有物品，能幫助我們意識到，擁有是多麼棒的事——去欣賞豐盛世界的奇蹟。這是深植於古老神話與多數宗教當中的觀念，仔細想想基督教的大齋節、穆斯林的齋戒月或猶太教的贖罪日。

我們可以偶爾花點時間待在荒野中，完全離開現代舒適的環境，或者可以挑一、兩件令人舒適的事物，暫時沒有它們一陣子，就像是困難的「重新設定」。然後，當我們把那些事物拿回來時，就能真正體會到它們有多美好。感恩經常來自匱乏，這是現代神經科學支持的觀點。

畢夏普說，我們也可以從給予中得到這一點。「把你擁有的東西送給其他人，對感恩來說很重要。」他說道。「我堅信，過著長壽、美好生活的人，始終都會把自己奉獻給服務。」

但是，現代幸福研究與建議跟修士生活方式之間最大的差距，或許是在社交，或者更確切地說，他們缺乏社交。

研究幸福的耶魯大學研究員指出，周圍有人陪伴是「高度幸福感的必要條件」。好像是說，沒有社交，就沒有幸福。

科學家指出，研究發現善於社交的人是幸福的，但是瓜達盧佩聖女修道院的修士卻是個謎。他們有彼此為伴，沒錯，但是我不知道能不能說他們善於社交，他們生命中大多時候是靜默的，基本上一天大部分時候都忽視彼此的存在。事實上，「monk」（修士）這個字來自希臘文的「monos」，意思是「孤獨」或「獨自」。

儘管這些修士缺乏傳統的社交活動，但他們是幸福的。畢夏普告訴我，社交網絡是重要的，但或許並不如人們說的，是唯一重要的事，特別是隨著年齡的增長。「修士們有所謂的預期的支持。」他說。「修士們或許沒有跟很多人交談或互動，但是他們知道，如果需要有人幫忙或只是一份鼓勵，那個人就會出現，我想那對幸福來說很重要。」

我們甚至可以在內心建立這種預期的支持。「我們發現，活超過一百歲且對自己的生活非常滿意的人，往往都有宗教信仰。」他說。「當一切都消失，一切都失去，對這些人來說也不是一切都有用時，他們仍然擁有希望。他們仍然有一些能找到慰藉的事物，就像是一種長壽的生存機制。上帝是他們可以依賴、交談、信任，且感覺會在那裡支持他們的對象。」

當然，建立良好的人際關係是有益的，但強迫性的社交可能適得其反，而過於強調社交可能使我們錯失幸福硬幣的另一面。「寂寞與孤獨之間有一個不同點，經常被混為一談。」畢夏普說道。「孤獨是有目的且刻意的。」

知名英國心理學家安東尼・史脫爾（Anthony Storr）在談到孤獨時寫道：「是個人遇見、發生在內在的某種最深遠與療癒的心理經驗，而且跟與其他人互動——如果有的話——也只有遙遠的關聯。」他的作品顯示，現代心理學過於理想化人際關係，以致可能造成誤導。

強迫建立人際關係甚至可能造成問題。正如加州大學柏克萊分校的研究者卡麥隆・安德森的研究所顯示的，社交世界與人際關係經常最令我們感到痛苦，為了自己的幸福而追求人際關係，可能變成空虛與有害的匱乏循環。

研究與常識都顯示，擁有一個你真正在乎、可以依賴的好朋友，比擁有一百萬個普通朋友要來得好。對這裡的某些修士來說，那「一個好朋友」確實就是上帝。瓜達盧佩聖女修道院的土地上有一位過著隱士生活的修士，他在森林中有一間小木屋，大約五十五歲，我只見過他兩次。他在進食時一句話也沒說。然後就踩著歡快的步伐走回荒野。

其他像這些修士一樣的人在歷史上一直存在，這些我們視為幸福典型的人，通常是透過避開社會到達幸福狀態。人們在想要尋求啟蒙與至喜時，就會退居到孤獨中，佛陀這麼做，耶穌也這麼做，被認為是十二門徒中一員的抹大拉的馬利亞，在耶穌復活之後前往法國，獨自在洞穴中度過了餘生。最早也最偉大的「沙漠教父」之一的聖安東尼，在沙漠中孤獨地生活超過三十年。達賴喇嘛說：「像野生動物般地找尋孤獨，是我唯一的抱負。」他主張我們需要孤獨，才能真正了解並改變自己。

不受影響的獨處時間可以讓我們排除外界噪音，提出更深層的問題，甚至可能使我們有不一樣的思考，更好的思考。

十八世紀的英國知識分子愛德華・吉朋（Edward Gibbon）說，孤獨「是天才的學校」。他說得沒錯。在一六六五年爆發的一場瘟疫中被單獨隔離的艾薩克・牛頓（Isaac Newton），度過了他最有成效的歲月，徹底改革了我們對數學與重力的理解。化緣修士格雷戈爾・孟德爾（Gregor Mendel）在獨自研究植物時發現了遺傳學的起源。達爾文在英國皇家海軍小獵犬號（HMS Beagle）上度過五年的旅程後，將自己獨自放逐在家中，才終於弄清楚進化論思想。可以說是史上最偉大發明家的尼古拉・特斯拉（Nikola Tesla）說：「在隱居與不受打擾的孤獨中，心智會更加敏銳而熱切……獨創性會在沒有外界影響的隱居環境中蓬勃發展。」

特斯拉對獨創性與孤獨的想法有一定的道理。孤獨也會激發創意，喬治亞・歐姬芙（Georgia O'keeffe）、芙烈達・卡蘿（Frida Kahlo）、狄金生、馬塞爾・普魯斯特（Marcel Proust）、貝多芬、賈伯斯等人，都曾利用孤獨的創造力。

新的研究證實他們都是對的。紐約州立大學水牛城分校（SUNY Buffalo）一個科學家團隊，最近發現「我們需要他人才能幸福」這個觀點的一大缺陷。他們分析現有的研究，並發現大多數的研究工作，都把焦點放在因為恐懼或焦慮而獨處的人。換句話說，這些人並不想獨處，但因為某些心理問題而獨處。

詢問一群沒有朋友、神經緊張、很害怕的人是否不快樂，會得出一些顯示擁有較少朋友會使人比較不快樂的數據，令人驚訝嗎？不會。

有鑑於此，科學家研究了他們稱為「不愛交際」的團體。這些人沒有社交焦慮或其他恐懼，只是比較喜歡獨處。如果給他們選擇，要參加一場派對或晚上獨自在家讀一本好書，他們會選擇獨自一人的派對（非常感謝你）。

科學家發現這些人在創造力上得分最高，且似乎跟他們的社交同儕一樣幸福。

這個我懂，我認為「最幸福」的許多時刻，都是獨自完成的，像是清晨在美麗的地方健行，寫作、思考，以及利用創意能量來創造某些事物。

即使我選擇這些獨處的時刻，剛開始還是有點難受，經歷過寂寞的低潮。但是，從忍受那份不適，並試圖發現更深刻的啟示中，我也體驗到了洞見。我已從這種內在深淵中走出來變得更好——有了更多的自我認識與自立能力。我意識到我不需要另一個人才能感到良好，這個變得更好的過程，就像〈耶利米書第二章第六節〉所描述的沙漠：「沙漠有深坑之地和乾旱死蔭，無人經過、無人居住之地。」

但自由就存在於簡樸之中，當我們從這道深淵中回來，就能變成一個更好的自己，更合群、樂於助人、感恩與富有同理心，更珍惜良好的人際關係。

進一步追問時，研究幸福的人員承認，歷史上有數百萬人在深刻的孤獨中找到巨大的意義與滿足感。但他們警告：孤獨並不適合「普通人」。我不同意，修士們也不會同意，數千年的神話與文化傳統更不會同意，到底誰是普通人？

如果不去探索那道深淵，我們可能會阻止自己得到豐富的幸福、意義、連結與洞見，它能幫助我們變得非凡。如同一位十九世紀的無名修士在談到孤獨時所寫的：「如果你猶豫是否要把自己拋向深淵，你會冒很大的風險。」

這就是大家所說的，幸福是不斷變動的標的。我們了解什麼會使一些人幸福，但不是每個人。

當我們追尋聽說會令我們幸福的最新事物時，就是在根據一直在改變的可疑數據做出決定，彷彿我們總是在徹底改變生活，以遵守幸福研究的最新發現。

馬修神父望著地平線說道：「我們只是把生活中的一切都安排妥當，並使其隸屬於終極目標，也就是追尋上帝。如果你只專注於自己與自己的幸福，那麼你將會先壓垮別人，接著也會摧毀自己的幸福。我們最後會得到幸福的方法，就是忘記自己並愛上帝。」

當然，上帝並不是所有人的答案，差得遠了。但是，或許一切都要回過頭來，意識到我們並非宇宙的中心，還有比我們更偉大的事物存在。我們不一定能量化這些事物，也不能在轉瞬即逝的享樂、名聲、追蹤人數、金錢、物品或APP中找到它們。我們的福祉不是取決於任何一個終點，而是一段時間內所有行為的平均值。同時，還要有意願去探索內心深處的自我，而非匆匆追尋下一件我們認為會帶來幸福的事物。靈性反對匱乏的大腦催促我們進入的一切，並要求我們去做深刻的努力。

這是透過讓機會消失，來擺脫幸福的匱乏循環。我們追尋的機會不再是「感到幸福」，如同馬修神父說的，尋求幸福本身可能適得其反。機會反而變成對自己與他人都有幫助的一連串結果。而隨著行動帶來無法預測的獎賞逐漸累積，我們就會發現自己是幸福的。

馬修神父看了看錶，四十分鐘後就要開始晚禱，因此我們起身走上蜿蜒的步道回到修道院。當我們到達禮拜堂時，他停下腳步轉向我。

「如果你不介意我說的話，我認為你在尋找。」他說。「所有的旅行與學習，都不會讓你在地球上的任何地方找到想要的事物。你需要擺脫時間與空間的限制，找到更大的事物，那份追尋自從人類誕生以來就一直在進行當中。」

他繼續說道：「問問自己，我應該怎麼度過人生？我應該去哪裡？應該做什麼？我是誰？這一切美麗的秩序代表什麼意義？這些是你必須認真問自己並回答的問題，只有你能辦得到。最終，就是你與更大的事物。這是所有人類生命的一齣戲，成為其中的一員是值得的。」

所以，或許幸福是一場充滿戲劇性的努力，是一場看似沒有目的地、漫長而艱辛的徒步旅行，地形很崎嶇，天氣也並非總是完美，而是緩步走進一個深淵。但在路上的某個時刻，透過努力讓每一步都與立即的渴望較為無關，我們就會明白自己是幸福的，即使旅程尚未結束。

後記

現在我們應該做什麼？

在修道院的最後一天，我進入了夜禱的禮拜堂。修士們在清晨三點二十五分全都魚貫地走進來，就像他們每天做的，也像他們餘生會做的一樣。

「我的救恩、我的光榮全在於天主，我的堡壘、我的護衛全基於天主。」

我在昏暗的燈光中聆聽他們的唱頌在石牆上迴響，一道冷風從窗戶與門的縫隙中灌進來。十五分鐘後，我起身走回車子，再度開上那條蜿蜒的泥土路，返回拉斯維加斯。

九小時的車程中，我都保持靜默，那是個絕佳的時機，讓我開始思考過去兩年對匱乏大腦的調查，以及它如何改變了我。

我正行駛在空曠的雙線道公路上，起伏的乾燥平原橫貫交錯，後照鏡中可以看見太陽正在升起，身後的天空完全變成金色。我回想起這趟旅程初期的一次對話。

在前往伊拉克研究成癮症之前，我飛到聖地牙哥去見了邁克・莫雷諾（Mike Moreno）。莫雷諾現在與科技新創公司一起合作，但他在中東待了超過十年，為各種政府機關工作，包括擔任美國中情局多年的行動官員，大部分時間都處於伊拉克戰事最激烈的時期。

他答應教我一整天的生存速成課程，對我的處境來說，他是合適的老師。

他到機場來接我，把我的背包扔進他的休旅車後座，後座還放著一個裝滿封箱膠帶、手銬、繩索、束線帶、頭罩與槍的圓筒包。

莫雷諾與我駛過港口，朝內陸而去，深入美墨邊境崎嶇而多山的沙漠。我們沿著泥土路上坡與下坡行駛，兩側都是乾枯的灌木叢，被無情的炎熱所吞沒。我們在美國這邊、距墨西哥的特卡特（Tecate）十哩遠的地方，發現了一處很少人去的小峽谷。

軍人們全副武裝，身穿防彈背心，周圍還有另一群同樣也是全副武裝、身穿防彈背心的軍人。他們在武器與人數上都有保障。

「你在伊拉克所做的事，跟我為中情局做的事非常相似。」他說。「我們都是獨自工作，且大多數時候都毫無防備地處在動態環境中，從消息來源取得資訊。我知道你能從消息來源取得資訊，但如果事情出錯時，你需要學會如何生存。」

莫雷諾提到如何避免危險與綁架的方法這些深刻的理論，但也包括了如果被綁架，我應該如何逃脫。

首先，我學到了軟技能，像是如何與當地人互動，什麼樣的行為有可能讓綁匪開始把我當成一個人。「伊斯蘭國不會輕易放你走，」他說。「但是在對的時刻說對的話、做對的事，可能會讓他們做一些稍微鬆開你束縛之類的事，而那可能就代表一次機會。」

然後，我們談到了硬技能。如果我的雙手被手銬、束線帶或封箱膠帶綁在身前或身後，要如何逃脫。如果某人把槍口對著我的臉，或從身後靠近我，用槍指著我的頭，又要如何反應。如何強行逃出汽車的後車廂，如何有效地使用一系列他要我購買的城市逃生工具，如何增加在槍擊中存活的機率。

我們的對話偶爾會被直升機螺旋槳吵雜的轉動聲所打斷。美國邊境巡邏隊（U.S. Border Patrol）會從空中固定巡視這個區域。那一刻我們才意識到，我們正在做的事看起來可能像是第四級重罪。莫雷諾遮住手中的假槍，我也藏起被綁住的手腕，我們倆大笑起來。

最後，我們都曬紅了皮膚，坐在他的休旅車後擋板上。「我們剛剛談到的所有技能，」莫雷諾說道。「你永遠都不需要使用——直到你真的用了，你的性命將取決於它們。」

他繼續說道：「但我希望你離開時能知道，如果事情出了差錯，你的生存將取決於活下去的意願。有些人就是放棄了，但逃離與活下來的人都有求生的意志。他們絕不離開，絕不放棄，緊抓住生命，忍受痛苦，投入努力，從不停止做出將他們推向生存方向的困難選擇。」

他說，那終究是一種選擇，然後停了下來。

「說實在的，我很羨慕你要去伊拉克。」他告訴我。我們剛剛花了八小時談論我的旅程對長壽不盡有利的理由。「為什麼？」我有點懷疑地問道。

「這個嘛，」他說。「那裡有一種對生活與使命的純粹與專注。那種人類生活條件與人類經驗的極端狀態，把生命推入非常清晰的焦點，會以一種你永遠無法回頭的方式重新校準你，會提醒你，什麼才是生命中真正重要的事。」

我讀過類似的描述。提姆・歐布萊恩（Tim O'Brien）在《負重》（*The Things They Carried*）一書

中寫到在越南當兵的經驗。「就戰爭的核心而言，它或許只是死亡的另一個名字，但任何士兵都會告訴你，如果他說實話，那種接近死亡會帶來相對應的接近生命。在一次交火之後，總是會有一種活著的巨大喜悅。」

後來我問朋友賈拉・蕭（Jaala Shaw）這件事，她花了許多年教導在阿富汗這種衝突地區生活的孩童。「這些嚴苛的環境，是地球上我最喜愛的地方，」她告訴我。「不是因為衝突，而是因為儘管環境嚴苛，人們與我在生活中發現的意義。有些人認為我渴望危險，並不是這樣，它跟實際生活比較有關。當你隨時都可能死去時，你就會學到要活得更有意義。」

另一個朋友約漢斯・博登（Yohance Boulden）是位軍人，曾在阿富汗與伊拉克出過五次任務，也說出了類似的看法：「我不認為我會忘記在那裡的時光。」他說。「在戰爭中，我們認為理所當然的事變得令人興奮，而且你會珍惜它們，會因為信件、熱食、熱水澡而激動不已。當你的決定感覺會產生最終結果時，你會感到最有活力、最專注。」

我從伊拉克回來時打電話給莫雷諾。「我懂了。」我告訴他。我解釋關於伊拉克強迫人們所過的現在式生活，如何有一種違反直覺、賦予生命活力的感覺。我的頭總是轉來轉去，注意周遭狀況，每一個行動感覺都很重要。

而我只在那裡待了一星期。我了解我待的時間越久，風險越高，不只是身體上，也包括心理上的風險。

「我對於自己在那裡的時光，有很多內疚。」莫雷諾告訴我。「那裡的環境肯定對我的心理健康造成負面影響，但也使我變成一個更好、更懂得感恩且更有用的人，它完全改變了我對問題的看法。」

「創傷後壓力」與「創傷後成長」只有一線之隔，有些人經歷過像莫雷諾、蕭與博登那樣的經驗，再也沒有真正回來過。

「我只是不知道如何解決這個問題。」莫雷諾談到他複雜的感受。「我不想讓我的孩子經歷我所經歷的事，但他們需要生活中的經驗才能擁有觀點，且不會把事情視為理所當然。當然，不只是我的小孩，而是每一個人。」

從修道院開車回家的路上，我思考了許多關於生存意志的事。歷史上絕大部分的時間，我們的祖先都必須實踐生存的意志。每一天，我們都在努力追求更多，在匱乏循環的推動下堅持下去。而當我們找到正在尋找的事物時，會體驗到深刻的獎賞。正如贊托說的：「那份額外的心理價值感，鼓勵我們在未來堅持不懈，並給予我們繼續尋找的能量。我認為那被轉譯到現代世界，就是人類會珍惜必須花更長時間、更大的努力才能得到的事物。」

但過去的匱乏循環，與現在的有所不同。過去，我們渴望愉悅與輕鬆，但很少得到；匱乏循環在短期內具有挑戰性且令人不適，但長期下來卻能得到獎賞，生存的意志是被迫的。

今日生活的偉大奇蹟是，生存不再需要不斷實踐意志，但那種保障也蘊藏著危險。

博登告訴我：「今天我覺得最困擾的是，人們抱怨瑣事、浪費時間。看到人們浪費時間真的令我很苦惱。人們在我身上貼標籤，認為我只是個急躁的退伍軍人。但我認為那是珍惜每一刻，知道我正在看著時間流逝。」這是退伍軍人常見的說法。在進入極端嚴苛的環境中旅行之後，我在自己身上也看到了這一點，我們只有一次度過人生的機會。

現代世界中經常存在的匱乏循環已發生了翻轉。今天它把我們推入短期的舒適，像是改變心智的物質、線上娛樂與採購。有意識且適度地使用這些事物，都是美好而有趣的。但我們可能會因為有趣之外的理由，太常、太輕易地逃離到現代的匱乏循環中——以長期的獎賞、成長與意義為代價，這就是問題浮出表面的時候。

這些都是身體、心理，甚至是靈性層面的問題，但我們還是很難離開這個循環，因為它感覺很好，且能短期擺脫它所導致的問題。這對我們來說太自然了，我們在做自己這個物種一直在做的事——除了是在一個全新的遊戲領域之外。這就是我們游泳的水域，贊托籠中的鴿子只是因為需要像是鍛鍊生存意志的東西，才會賭博。

我在旅途上遇見的人都很像提塔利克魚，那種離開水中尋找其他東西的古老魚類，也像贊托被釋放到野生環境中不再賭博的鴿子，或是像莫雷諾、蕭、博登、澤拉、范德·海與那些修士，全都讓自己置身於強迫產生生存意志的境地。

莫雷諾說：「我們要如何傳遞這些經驗的教訓，但不用讓人們實際經歷？我想其中一部分是在日常生活中冒一些小風險，追求能建立觀點的冒險與經驗。」

這些風險與冒險可大可小，逃離到匱乏循環中而產生的問題通常是個訊號，指出是時候做出強迫產生生存意志、令人不適的選擇了。

拉斯維加斯吃角子老虎機的工程師告訴我，一個被困在匱乏循環中的人只會因為三種理由停下來：機會消失、獎賞不再流入，或重複速度減慢。

當某種物質或行為給我們一個簡單的機會來解決問題，並且非常短暫地改善生活時，我們就學會上癮。但正如阿卜杜勒—拉扎克醫師告訴我的，我們可以努力以一種不同的方式去解決問題，並為自己創造更好的新機會。

我們可以抵制數字的吸引力，將複雜的人類經驗濃縮為一個簡單的遊戲，而這些經驗的複雜性是美麗的。我們可以為自己決定，希望行為帶來的獎賞是什麼，不必是按讚數、追蹤人數、成績、薪水、排名與分數。我們可以用不同的目標來發明自己的遊戲，那個目標能強化我們如何使用時間以及與他人互動的方式，這些目標比較難以衡量，卻比能量化的任何事物更有意義得多。

我們可以透過吃類似齊曼內的食物，來減緩深植在現代食物體系中的快速重複性，那些是人類吃了數千年的食物。而且，如果必要的話，可透過不在家中存放會引誘我們的食物，來完全消除這種機會。

我們可以透過用「裝備，而非物品」的眼光來檢視購買的東西，從而降低購買頻率。採取一種實用的心態，應用在目前與未來的個人物品上，完成更多真正能提升生活並賦予意義的事。擁有「對得起它們的重量」的物品，並用我們擁有的東西發揮創意解決問題，能得到深刻的獎賞，通常也會帶來更好的結果。一旦我們體驗過那些獎賞，未來的購物可能帶來的那種無法預測的獎賞，就會變得不那麼誘人。

我們可以抗拒資訊消費者的大腦，以及它對確定性與回答所有未知的渴望。我們可以意識到，在網路上閱讀的資訊所帶來無法預測的獎賞，通常是一種誤導，並不總是能改善生活或帶來理解，而且通常會使我們非常焦慮。我們可以做過去的人類所做的事：鍛鍊探索動力，發掘地圖上與我們思想中的新天地。我們可以走向世界，努力去了解未知，那才是會帶來智慧、理解與豐富人生的事。

我們可以把匱乏循環轉變成豐盛循環，也就是說，找到具備匱乏循環的三項要件、但能幫助我們做出有益事情的嗜好，像是澤拉搜尋鹿角，或是漢克的《寶可夢 GO》。許多大自然中的活動會把我們推入那個循環中，例如釣魚、賞鳥、蒐集石頭，與更多模仿匱乏循環的事。不，那種重複性不會像上網看抖音或玩吃角子老虎那麼快——我們不會每兩秒鐘就抓到魚或看到白頭鷹——但那些活動所需的更多努力，能帶來更多獎賞。在過程中，我們在做的是一直都對自己有益的事。

也可以是探索一個新地方，看看可能帶來什麼無法預測的獎賞，可以簡單到像是嘗試一家新的餐廳，但不事先上谷歌搜尋。或是從搜尋幸福改變成搜尋某件實際的事，這件事能在過程中增進幸福感，像是幫助他人、做下一件對的事、更了解自己。

我們還可以利用匱乏循環獲得更多自己想要的事物，可以運用在職場上，讓同事更投入。知名的行為心理學家凱倫・布萊爾（Karen Pryor）提到，會為員工舉行特別的驚喜午餐聚會的雇主，通常會比把特別午餐聚會列入行事曆的雇主，得到員工更好的回饋與更高的忠誠度。同樣是午餐——但是無法預測的獎賞更令人興奮。或者，如果希望孩子表現良好的行為，我們可以盡早定期獎勵孩子，但之後慢慢改變成無法預測的獎勵。請記得，大多數物種都會厭倦每次做某件事時都得到同樣的獎賞，那就變成了工作，發放隨機的獎賞更有可能讓人們保持興趣。因此，下一次小孩打掃房間時，就給他們一個獎勵——起初每次都給，然後只有偶爾才給。

每當我們發現自己陷入一種不好的行為時，就應該尋找那個循環。以留在爛關係裡為例，如布萊爾解釋的：「如果你跟一個迷人、有魅力、性感、有趣又體貼的人建立了關係，後來那個人漸漸變得比較難相處，甚至會辱罵人，但是他偶爾仍會展現好的那一面，當你得到那些美妙的『增強作用』——迷人、有魅力、性感、有趣又體貼——時，你將會為那些越來越罕見的時刻而活。」無法預測的獎賞，會使我們待在原地太久。但是，一旦我們意識到正在發生的事情，要離開就會變得比較容易。

改善生活仍需要忍受短期的不適，才能獲得長期的成果，這種觀念應該仍舊指引著我們今日的行動。

匱乏的大腦自然會抗拒這一點，到目前為止，做困難的事還是沒有意義。那些修士教導我，涉入這個黑暗的深淵，提出關於自己與意圖、更困難的問題，並讓答案指引我們，可能會令人感到不適、沮喪，有時甚至是黑暗的。但是有意願去到那裡，儘管面臨層層挑戰，只要喚起活下去的意志，就能讓人生值得活下去。這就是人類的故事。約瑟夫・坎伯在分析了數千年跨越不同文化的神話之後，這樣解釋人類的故事：你害怕進入的洞穴中蘊藏著你正在尋找的寶藏。

當我深思讓我改變最多、變得更好的經驗時——使我更加懂得感恩、活在當下、有同理心與樂於助人的經驗——全都是困難的。當我在經歷戒除酒癮的地獄時，人生也全面得到改善，我必須重新學習生活並實踐，並且努力修復過往外在與內在的殘骸。

那是個不斷進化的過程。當我與馬修神父坐在小溪邊，告訴他，在身體與智能上挑戰自我得到多麼大的獎賞時，他幫助我剝除了生活的另一層洋蔥。「沒錯，從本能層面來看，可能會得到獎賞，但請記得那只能維持這麼久，而最終可能具有破壞性。」他說。「你還需要照顧並挑戰身體與心靈，還有你的靈魂。」

他幫助我看見：當我離開成癮症的匱乏循環時，又陷入了一種新的匱乏循環，完美主義的循環，我開始從事困難的運動、沉迷於工作等等。我變得害怕失敗或看起來很糟——暴露出任何殘骸。在這個匱乏循環中，我感受到短期的滿足，以及以數字來衡量進展的清晰度，像是薪水、榮譽與書籍銷售數字。

了解匱乏大腦的旅程，帶領我開始嘗試調整生活的循環，開始拆解為何我一開始就一直追求更多——從酒精到榮譽。這通常是痛苦的工作，審視自我的鐵鎚很沉重，生活的循環也不是那麼容易改變，但是當它改變時，就會揭露更多事情。我正漸漸涉入那個不確定的深淵，並找到更深層的、我不知道的事。

那個深淵迫使我以新的方式去鍛鍊生存意志，我也開始愛上鐵鎚的重量。或許敲擊的重點不是真正要去轉變那個循環，而是要在敲擊時改善身為一個人的狀態，去讓手長繭、建立持久力、提升生活技能並活出自己的人生。

或許對你來說也是如此。當我在巴格達與那兩位伊拉克的情報員埃哈布和納多恩在一起時，他們問我，為什麼要跟他們談話。

「我在寫一本書。」我說。

埃哈布從口中吹出檸檬味的菸時露出微笑。「你在這裡不會賣出很多書，」他說。「我們沒有看很多書。我們有問題，書是給過著輕鬆生活的人看的。」我們全都大笑起來。

他當然是在開玩笑，但我經常想到他的笑話，因為那蘊含了一個真實的要素。

當拉斯維加斯大道出現在車子擋風玻璃的前方，我記起十九世紀那位無名修士寫下的字句：

「如果你猶豫是否要把自己拋向深淵，你會冒很大的風險。」

致謝

感謝我太太莉亞（Leah），在我進行這個計畫時提供的所有協助與幽默感。感謝妳聆聽我不停流動的想法，閱讀本書的初稿，並幫助我改善它，這份作品因為妳而變得更好。

感謝我的兩隻狗：Stockton 與 Conway 幫助我記住規條第六十二條：別太把自己當一回事了。

感謝我能幹的母親，感謝妳所有的支持，以及鼓勵我去追求寫作。

感謝我的編輯 Matthew Benjamin。我們現在已進入脾氣暴躁的老夫老妻狀態，這令我們的書變得更好。願我們在未來的計畫上變得更老、脾氣更暴躁。

感謝我的作家經紀人 Jan Baumer 與 Steve Troha 閱讀我的文字並支持我。

感謝所有閱讀本書早期版本並提供意見的朋友們。最重要的是 Trevor Kashey，感謝他類似邪惡博士的卓越意見。你幫助我掌握本書中的許多主題，我永遠感謝你的思想與友誼。

還有 Bill Stump、Bill Stieg、Ben Court、Ebenezer Samuel（聽說他私底下很喜歡「混合健身」〔CrossFit〕）、Cynthia Shumway、Jason and Emily McCarthy、Tom Thayer、Brady Holmer 與 Tyler Daswick，本書因為你們所有人而變得更好。

感謝本書中願意與我談話、接待我、回答我連珠炮問題的所有人。很感激贊托、薩爾、阮教授、薩泰爾、莎拉維茲、霍爾、勞丹、基文納特、羅素、古爾文、范德・海、普雷斯頓、漢克、羅斯、畢夏普等等。我要特別向伊拉克與亞馬遜的朋友們致意，感謝莫雷諾與澤拉讓我在陌生之地得以保全性命。當然還要感謝瓜達盧佩聖女修道院的修士們迫使我剝開生活的洋蔥。

最後，感謝每一位花時間與注意力閱讀本書的人，希望你們從中得到一些能改善人生的東西。

國家圖書館出版品預行編目（CIP）資料

大腦不滿足：打破「匱乏循環」，在數位浪潮中奪回生活主導權／麥可・伊斯特（Michael Easter）著；林慈敏譯. -- 初版. -- 新北市：方舟文化，遠足文化事業股份有限公司，2024.05
360 面；17×23 公分. --（心靈方舟；56）
譯自：Scarcity brain : fix your craving mindset and rewire your habits to thrive with enough.
ISBN 978-626-7442-11-1（平裝）

1. CST：行為心理學　2. CST：社會心理學

176.8　113002722

心靈方舟 0056

大腦不滿足

打破「匱乏循環」，在數位浪潮中奪回生活主導權

Scarcity Brain: Fix Your Craving Mindset and Rewire Your Habits to Thrive with Enough

作　　者　麥可・伊斯特（Michael Easter）
譯　　者　林慈敏
選題策劃　邱昌昊
封面設計　蔡佳豪
內頁設計　Atelier Design Ours
內頁排版　吳思融
主　　編　錢滿姿
行銷經理　許文薰
總 編 輯　林淑雯

出 版 者　方舟文化／遠足文化事業股份有限公司
發　　行　遠足文化事業股份有限公司（讀書共和國出版集團）
231 新北市新店區民權路 108-2 號 9 樓
電話：（02）2218-1417
傳真：（02）8667-1851
劃撥帳號：19504465
戶名：遠足文化事業股份有限公司
客服專線　0800-221-029
E-MAIL　service@bookrep.com.tw
網　　站　www.bookrep.com.tw
印　　製　中原造像股份有限公司
法律顧問　華洋法律事務所　蘇文生律師
定　　價　480 元
初版一刷　2024 年 5 月
初版二刷　2024 年 6 月

Scarcity Brain: Fix Your Craving Mindset and Rewire Your Habits to Thrive with Enough
Copyright © 2023 by Michael Easter
All rights reserved including the right of reproduction in whole or in part in any form.
This edition published by arrangement with Rodale Books, an Imprint of Random House, a division of Penguin Random House LLC

有著作權・侵害必究
特別聲明：有關本書中的言論內容，不代表本公司／出版集團之立場與意見，文責由作者自行承擔

缺頁或裝訂錯誤請寄回本社更換。
歡迎團體訂購，另有優惠，請洽業務部
（02）2218-1417#1124

方舟文化官方網站　方舟文化讀者回函